伊犁师范学院学术著作出版基金资助出版
伊犁师范学院《课程与教学论》重点学科建设基金资助出版
《新疆高校多元文化课堂有效教学：学生学习体验视角》（2016YSBS03）
伊犁师范学院博士科研启动基金资助出版

西北边疆经济文化
研究丛书

边疆少数民族地区高校教师
社会资本与教学绩效关系研究

冯晖 / 著

知识产权出版社

全国百佳图书出版单位

图书在版编目（CIP）数据

边疆少数民族地区高校教师社会资本与教学绩效关系研究/冯晖著. —北京：知识产权出版社，2017.8

ISBN 978 - 7 - 5130 - 4417 - 2

Ⅰ.①边… Ⅱ.①冯… Ⅲ.①少数民族—边疆地区—民族地区—高等学校—教师—社会资本—关系—教学能力—中国 Ⅳ.①G645.12

中国版本图书馆 CIP 数据核字（2016）第 198464 号

责任编辑：齐梓伊　　　　　　　　　　责任校对：谷　洋
封面设计：张　冀　　　　　　　　　　责任出版：孙婷婷

边疆少数民族地区高校教师社会资本与教学绩效关系研究

冯　晖　著

出版发行：知识产权出版社 有限责任公司	网　　址：http：//www.ipph.cn
社　　址：北京市海淀区气象路 50 号院	邮　　编：100081
责编电话：010 - 82000860 转 8176	责编邮箱：qiziyi2004@ qq.com
发行电话：010 - 82000860 转 8101/8102	发行传真：010 - 82000893/82005070/82000270
印　　刷：北京中献拓方科技发展有限公司	经　　销：各大网上书店、新华书店及相关专业书店
开　　本：720mm×960mm　1/16	印　　张：22.25
版　　次：2017 年 8 月第 1 版	印　　次：2017 年 8 月第 1 次印刷
字　　数：320 千字	定　　价：58.00 元

ISBN 978-7-5130-4417-2

序

收到冯晖博士的专著已有数月，一直拖到现在才有时间认真拜读。我不是高教专家，不敢对书稿妄加评论，但由于在高校工作多年，对书中几个关键词"边疆少数民族高校""高校教师""社会资本""教学绩效"颇有兴趣，而且有切身体验，读完后心有戚戚，想就此谈几点感想。

学界对高校教师的研究不算太多，对高校教师教学绩效的研究更是寥寥，究其因，大致有二：一是片面强调"学高为师"，忽视高校教师的教学属性，甚至很多名校博士任职后接受短期的职前培训后就登上高校讲台，并未接受真正的教育教学能力训练；二是高校教师普遍存在重科研轻教学、"教学倦怠"等现象，愿意对教学效果进行反思、总结和研究者寥寥无几。这种状况近年来有一定改善，许多高校成立了教师发展中心，帮助教师提升教学能力，从而促进高校人才培养水平的发展，但事实上改变并不明显。冯晖博士的研究旨在探讨影响高校教师教学绩效的因素，进而寻找提升高校教师教学质量的途径，仅此一点，该研究就很有现实价值。

我在大学工作了20年，说实话，对如何提高教学绩效不是没有思考，但显然不如冯晖博士思考得全面深刻。比如说20世纪50年代全面学苏联、组建教研室，我认为就是很好的制度，顾名思义，教研室就是研究教学的机构，可惜后来大多教研室或取消，或名存实亡，不再研究教学了，书中提到的"建构教师学习共同体"大约可视为教研室传统的非制度化的变种与发展。

在通常观念中，教学，尤其是高校教学应当尊重个体，提倡教学自由，因此，教得好不好，完全取决于高校教师个体的因素，比如敬业精神、专业水平、指导能力、表达能力等，与外界社会关系不大。高校教师教学自主权理应得到尊重，但绝不是"闭门造车""孤军奋战"，每个教师必须与不同学科、不同专业的教师进行交流与合作，这样才能扩展视野，不断提升教学能力。冯晖博士的研究结论证明了教师的社会资本对教师教学绩效的积极的、正向影响作用，虽然是间接影响，但这种影响无疑是巨大的。

在论证这种影响力客观存在的同时，冯晖博士还提出了两个核心观点，这是本研究的深刻之处。

其一，研究探讨了教师社会资本与个体教学绩效的作用机制，即这种影响是如何产生作用的，她认为教学效能感与教学知识的获得在社会资本与教学绩效之间起到了中介作用。当教师教学效能感水平较高时，教师结构性社会资本与关系资源社会资本对教学绩效的促进作用均会得到增强；当教师拥有的教学知识越多时，教师结构性社会资本与关系资源社会资本对教学绩效的促进作用就会越大；与此同时，教学效能感对教学知识的获取行为也具有积极作用，当教师教学效能感越强，教师获取教学知识的行为也会得到增强，进而对教师教学绩效的提高也有利。这是一种综合性的研究模式，将高校教师的教学绩效置于社会资本、心理动机、知识获取构成的网络之中，很有说服力。

其二，研究探讨了高校教师社会资本的生成及其深层作用。社会资本是近年来社会科学领域的热门概念，将之引入教育研究领域也非首创，然而，将社会资本理论运用于高校教师教学研究则是第一次。本书研究的重点是在明确以提高教师教学绩效为目标的基础上，帮助高校认识到教学管理者应如何创造更好的社会交换关系，指导和支持教师形成自我信念，获取教学资源，进而激励教师提高教学绩效。这无疑也是一种创新，不仅扩展了教师教学绩效影响因素研究的领域，而且还引出了诸多值得进一步研究的论题。

冯晖博士长期在边疆少数民族高校工作，怀有强烈的责任感，她查阅了大量国内外资料，依据社会资本理论、动机理论、社会交换理论、社会网络理论等，实地调查边疆少数民族地区高校多元文化环境特点和教师教学问题的现状需要，将质性研究与定量研究方法相结合，不仅利用结构方程模型对基于431份边疆少数民族地区高校教师样本数据进行了分析，而且从边疆少数民族高校教师的背景信息中进一步了解教师教学绩效存在差异的真正原因，在此基础上，提出了以培育优质的教师社会资本替代教学管理、营造合作交流平台，形成发展合力、建构教师教学共同体以保障教学资源获取渠道等建议，为提升边疆少数民族教学绩效提供了理论指导。

众所周知，边疆少数民族高校的教师有别于内地，整体学历层次低，个体发展前途窄，社会资源相对匮乏，来自社会的支持较少，教师群体之间民族构成复杂，在生活习俗、宗教信仰、文化传统、教育背景、民族心理、语言文字乃至思维方式等方面均有很大差异。我曾作为援疆干部在新疆高校工作过，对此深有体会，新疆高校教师生存环境之艰辛、学术资源之匮乏、人际关系之复杂，不临其境，难以体会。从某种意义上说，多元文化的背景是一种难得的社会资源，但在边疆少数民族高校，却不可避免地成了不同民族师生交往、教师交流的障碍，如何解决边疆少数民族高校教师群体在教学绩效上存在的少数民族与汉族的差异问题，冯晖博士认为高校教师的社会资本能弥补高校内部教学管理系统中的一些不足，是教学管理的一种有益补充。优质的高校教学管理体系应充分体现出以互动、信任、协作为基础的教师社会资本导向，"当高校教师意识到自己处在一个和谐融洽的社会关系环境中，便可以突破文化的障碍"。因为社会关系和谐，才能产生团体归属感，并因此产生强烈的工作动机，增强教学效能感，最终提升教学绩效。这一结论在边疆少数民族高校尤其有现实针对性。

不仅如此，我觉得该项研究成果对每位高校教师都有启发借鉴意义，不仅是边疆高校教师。因为教师对高校一旦产生强烈的归属感，就能从具有凝聚力的师生关系、同事关系和上下级关系中获取教学资源，进而提升教学绩效。因此高校在教学管理中就可以通过高校内部制度、规范、文化等因素的建设，促进教师社会关系向社会资本转变。

冯晖博士曾经与我同事，其学术热情、教学态度与为人处世令我十分欣赏，本书是其攻读博士四年期间的最终成果，可以视为其学术道路上的里程碑之作，在此对她表示祝贺，并期待将来可以读到她更多的著作。

本书出版之际，冯晖博士嘱我写序，内心不免惴惴，担心一不小心说了外行话，但为了她的这份学术执着以及我曾经工作过的伊犁师范学院，仍欣然接受，写下以上文字，不敢称序，勉强算是一篇读后感罢。

施克灿
（北京师范大学教育历史与文化研究院院长）
2016 年立秋于北京

目 录

第一章　引　　言

第一节　研究缘起

教育研究缘起于教育问题，教育研究的价值取决于教育问题本身的价值和意义。自 20 世纪 80 年代社会资本概念提出以来，社会资本为社会科学研究提供了一种新的解释范式，因而成了社会科学领域（包括政治学、社会学、管理学、应用经济学和组织行为学等）的研究者们感兴趣的主题。不同研究领域的学者运用社会资本概念来解释宏观层面的国家或地区等的集体行动力，中观层面的组织绩效、产品创新、知识共享等，微观层面的社交网络、工作或学习成绩、个人求职、工作报酬、个人权利及影响力等。越来越多的学者、政策制定者、组织利益相关者认识到，高水平的社会资本是社会共同体健康、繁荣的重要决定因素，健康的社交网络系统不仅能促进信息交流，还可以促进智力资本的发展。[①] 大学是社会共同体的一个缩影，[②] 教师的社会资本水平与学校的绩效水平密切相关。教师通过社会关系网络

---

① Nahapiet, J. , Ghoshal, S. Social Capital, Intellectual Capital and the Organizational Advantage, Academy of Management Review, 1998（2）: 242 – 266.

② Sergiovanni, T. J. Building Community in Schools. San Francisco, CA: Jossey-Bass, 1994.

所创造的社会资本，很大程度上取决于教师人际关系的本质和连接强度以及通过关系网络所获得的可利用的资源，它创造了教师教学行为的社会心理环境，对教师的观念和行为的影响是必然的。而这种观念和行为的变化也会直接或间接地导致教师教学行为和教学结果的改变，引起教学绩效的变化，因此，教师利用自身社会关系网络获取教学资源是教学成功的关键之一。我国边疆少数民族地区高校是一个由多民族师生组成的群体，由于不同民族的文化和民俗风情的差异性，教师的社会关系网络也具有同质性的特点，而高校又承担着少数民族地区高层次人才培养的重任，关系着民族地区经济的发展和社会的稳定。目前高校的教学质量相对较低，提高各民族教师的教学水平是高校工作的重中之重。因此，从社会资本的视角来探索和分析边疆少数民族地区高校教师社会资本对教学绩效的影响机理具有一定的理论和现实意义，是一个具有研究价值的现实教育问题。

一、高等教育大众化进程中提升高校教师教学绩效的趋势要求

自 1999 年《中共中央国务院关于深化教育改革全面推进素质教育的决定》提出了"扩大高等教育的规模，通过多种形式积极发展高等教育"的决议以来，我国高等教育的规模不断扩大，办学层次也不断提高。2002 年，我国高等教育的毛入学率已经达到 15%；2013 年，高等教育毛入学率达到了 34.5%，[①] 高等教育已从精英阶段跨越式进入到大众化发展阶段。然而，高等教育在大众化进程中必将引起高等教育在办学理念、培养目标、课程设置、教学模式、管理方式等方面的一系列变化，入学标准的降低使大学生数量大幅度增长，而大学教育资源的紧缺又必然会引起大学教学质量"稀释"的问题，高等教育

---

① 中华人民共和国教育部：《2013 年全国教育事业发展统计公报》，载 http：// www.moe.edu.cn/publicfiles/business/htmlfiles/moe/moe_633/201407/171144.html，访问时间：2015 年 1 月 5 日。

大众化在解决"教育机会"问题的同时,"教育质量"问题却随之而来。正如前联合国教科文组织总干事费德里科·马约尔所说:进入新世纪,"人们更加深刻地认识到了高等教育对于经济和社会发展的重要作用,然而,全世界几乎所有国家的高等教育,实际上都处于危机之中"。① 在这里,高等教育处于危机之中的根本原因就是大众化所带来的教学资源匮乏、教学质量下降。由此可知,高等教育大众化进程中所带来的教育质量问题已成为世界高等教育所面临的普遍问题,解决高等教育质量问题是迫在眉睫的战略问题。

为了促进高校教学质量的提高,教育行政部门在政策上大力呼吁加强大学教学,《2003—2007年教育振兴行动计划》中提出了"五年一轮"的普通高等学校教学工作水平评估制度,第一轮本科教学水平评估工作已于2008年上半年结束,有592所高校接受了评估。② 然而,本科教学评估并没有从根本上提升高校教学质量,无论是教学实践还是教学研究,问题依然突出,因此引来了社会各界以及教育界内部的各种非议,甚至出现了存废之争。③ 教育行政部门再次调整高校教学评估策略,从强调外部评估转向高校内涵式发展,期待通过提升高校教师在教学上的绩效水平,以促进教学能力的发展,提高教学质量。2007年,教育部颁发《关于进一步深化本科教学改革全面提高教学质量的若干意见》,强调了高校内部质量监控和绩效评价体系;2010年国家颁发的《国家中长期教育改革和发展规划纲要(2010—2020年)》(以下简称《纲要》)更加关注和重视高等教育质量提升与高等教育内涵式发展的重要性,强调了高校实施绩效评价的重要意

---

① 联合国教科文组织:"高等教育变革与发展的政策性文件",见赵中建编:《全球教育发展的研究热点:90年代来自联合国教科文组织的报告》,教育科学出版社1999年版,第130页。

② 吴晶、于春生:"教育部:本科教学评估对高等教育发展功不可没",载 http://news.xinhuanet.com/newscenter/2008 – 04/26/content_8052839.htm,访问时间:2016年6月1日。

③ 赵立莹、刘献君:"本科教学评估:理性反思与现实选择",载《中国高教研究》2008年第10期,第17~20页;吴东方、司晓宏:"对我国高校本科教学水平评估工作的评价与反思",载《陕西师范大学学报(哲学社会科学版)》2009年第1期,第122~128页。

义。关于如何通过教学绩效提升教学质量的探索，存在不同层面的解决策略，归纳起来大致有三种观点：

第一种观点是高等教育政策制定者、利益相关者等从人力资本的角度来谈高校的教学质量保障，他们相信，在 20 世纪 60 年代，企业界通过对员工的教育和培训，在提高员工自身素质的基础上促进了企业绩效的提高。同样，这一人力资本理论也可运用到教育领域中，他们预测，教师的人力资本（如知识、技能、能力、个性等）与教师教学绩效呈正相关，教师达到了规定的素质要求，教学绩效就能提高，从而促进高校教学质量的提高。于是高校制定了各种人才计划，如人才招聘计划，人才引进计划，教师培训计划，教师出国学习、进修访学计划等，使教师整体素质得以提升。然而，研究表明人力资本的技术与工具理性却将员工塑造成了功利的"经济人"，员工成为企业发展的工具，甚至在发展中慢慢失去了自我的存在，在利益竞争中，人际关系越来越紧张，矛盾和问题不断增多，因此，提高教师的人力资本并未有效地促进教师教学绩效的提高、改变高校的教学质量问题，反而教育的功利性突出了教师"经济人"角色。

第二种观点是高校管理者从评价理论视角，强调高校内部对教师教学绩效进行评价是促进教师发展、提高教学质量的关键，他们预测通过建立高校内部的教学评价机制，加强对教师教学的管理，就能督促教师增加教学投入，提高教学绩效。但研究表明，它并没有实现预期目标，评价中矛盾突出，没有取得实质性的结果，甚至评价者与教师总是处于一种对立关系之中，教师对评价产生抵触情绪，甚至出现教学倦怠现象，高校在运行教学评价的过程中，往往会不同程度地遭受到来自教师的抵制与反对，这自然给教师的发展带来了负面的影响。[①]

第三种观点是由教育研究者提出，他们从社会学视角主张通过建

① 骆兰、薛艳、唐国强："论高校课堂教学质量评估指标体系的构建"，载《高教探索》2006 年第 6 期，第 55 页；董培："对现行教师评价体系的几点思考"，载《沈阳大学学报》2003 年第 2 期，第 92 ~ 93 页；孙涛："高校教学评价制度存在的问题及其对策研究"，载《北京教育》（高教版）2006 年第 11 期，第 46 ~ 48 页。

立共同体以促进教师专业发展，从而达到提升教学绩效的目的。共同体意在强调人与人之间的紧密关系，强调共同体的精神意识及成员对它的归属感和认同感。教师共同体是"教师基于共同的目标和兴趣自愿组织的、旨在通过合作对话与分享性活动促进教师专业成长的教师团体"，[①] 共同愿景、信任、合作和信息沟通是共同体的基本要素。在这个团体中，教师们尊重多元，相互交流、互相支持，积极创建和谐的工作、学习环境，建构新知识，积聚新资源，其目的在于帮助教师更好地教，学生更好地学。[②] 教育研究者认为，教师人力资本与教师教学评价对于促进教师教学绩效、提高教学质量是重要的，目标是好的，但事实表明，无论是对教师整体素质的要求还是评价指标体系的建立，基本是将一些优秀教师或标准化评价指标的相应元素剪切和粘贴在一起的整体效果，这样只能是加剧了现有教育系统中的问题。事实上，高校教师教学问题最主要是源于学校缺乏重视教学的人际氛围，教师单打独斗式的教学缺乏来自教学管理者、同事及学生的支持，从而造成教师的效能感缺失、社会资源不足而教学绩效难以提升等问题；评价中的人际矛盾及其所带来的人际关系的紧张气氛不利于提升教师教学绩效这一目标的实现。对高校教师而言，由于教师劳动的独特性，教师的实践性教学知识与理论知识同等重要。教师在教学中会遇到不同的教学问题与现象，需要每位教师发挥各自的智慧，运用自己所拥有的教学知识及经验来解决各种新问题、解释各种教育现象，但仅仅依靠教师个人的力量往往难以完成，需要教师不断地与外界进行知识和经验的共享与交流以探索解决问题的新方法。

二、边疆少数民族地区高校教学的特殊性

我国是一个由 56 个民族组成的统一多民族国家，其中 55 个为少

---

① 胡鸿保、姜振华："从'社区'的词语历程看一个社会学概念内涵的演化"，载《学术论坛》2002 年第 5 期，第 123～126 页。

② Kilpatrick, S., Barrett, M., & Jones, T. Defining learning communities. Retrieved from www. aare. edu. au/03pap/jon03441. pdf, 2013 - 6 - 10.

数民族，少数民族主要分布在经济相对比较落后的西部和边疆地区，占有国土面积的 64%。新中国成立之前，边疆少数民族地区的高等教育几乎是空白；为解决国内民族问题，1950 年，国务院批准了《培养少数民族干部的试行方案》，开始在少数民族地区兴办高等教育，培养各民族高级专门人才，并将其正式纳入我国高等教育的范畴。边疆少数民族地区高校遵循"教育补偿、教育平等、教育多元"的理念，采取特殊教育政策和特殊教育模式展开教学，培养对象主要是少数民族地区具有不同民族文化背景的少数民族学生和汉族学生，师资队伍和管理队伍也都是由具有合理民族结构的成员所组成。在人才培养、办学方向、学制等方面，边疆少数民族地区高校与普通高校没有什么区别，但由于各民族师生在文化背景、语言文字、生活习俗、宗教信仰、思想认同和思维方式等方面均存有差异，高校内具有独特的多民族文化和民族心理，教学既具有普通高校教学的共同特征，也具有浓厚的民族地域特色，主要体现在教学对象具有多样性的文化背景、学科专业特色、教学语言、教材及教学方式等方面。教学的主要特点是：通过设置包括民族语言、文学、艺术、地方史、宗教史、人类学、文化学等社会学科领域，以及各种民族文化研究所、预科教育、双语教学、双文字教材等具有民族特色、文化特色的学科、专业及课程，实施文化多元教育，以促进各民族之间的了解与融合，更好地推进和维护民族团结和祖国统一。

与其他普通高校相比，边疆少数民族地区高校在教学模式上有其自身的独特性，主要表现在教学对象文化背景的多元性和教学组织的多样性方面。

1. 教育对象的文化背景

从教育对象的文化背景来看，教学体现了多民族、多文化特征。边疆少数民族地区高校的生源主要是来自少数民族地区内的各少数民族和汉族高中毕业生，还包括少部分国际留学生，主体是少数民族学生。因此，民族多样性是高校教学对象的一个重要特征，主要表现在教学对象的族源背景和文化背景的丰富性上。

教学是"以促进学习者在有目的的活动中受到影响的一套事件"[1]的活动过程，高校的教学是以选择、传承和创造人类文化为主要内容，由于教学对象的特殊性，边疆少数民族地区高校在不同民族背景中的教育教学活动，都须尊重各民族的文化差异，构建具有民族特色的教学体系以推进不同民族文化之间的彼此理解、认同和融合，因此在多元文化背景下的教学具有丰富多样的性格特征，塑造着不同性格的身心全面发展的民族群体成员。边疆少数民族地区高校的建立与发展，其目的就是要充分满足来自于不同民族群体的教学对象的文化背景，使高等教育的教学模式更能适合不同文化背景学生的身心发展特点，有效地促进少数民族教学对象的学业成就。

作为重要的教育机构，学校是学生文化适应的重要场所，不管是在哪一阶段或者在何种形式的学校内，对于少数民族学生而言，都将影响他们对多元文化的适应，学校的文化环境也影响少数民族学生对文化的认同感和归属感。研究者指出，在多元文化社会里，文化的不连续性成为导致少数民族学生学业失败的主导因素。[2] 因为在普通学校教育中，文化的差异常常会给少数民族学生带来文化压力，甚至使其难以适应主流文化，从而降低情感的满意度，常常会出现回避或者排斥接受学校教育，弱化对主流价值观的认同，从而出现文化边缘化现象，这样，学业成就自然降低。在边疆少数民族地区高校中，教学对象主要是以少数民族为主，因此，课堂教学更加关注多元文化背景。从教育层面上看，无论是双语教学模式还是校园文化建设，都将为各少数民族学生提供有利于其身心发展和适应学校生活的文化环境，唤起学生的文化认同感和心理归属感。

2. 教学组织特点

从教学组织来看，学科专业、办学层次和教学方式等方面各有特色，在学科专业上，设置了民族特色学科的专业和非民族类专业课程

---

[1]　Gagna, R. M. , Wager W. W. , Golas, K. C. & Keller, J. M. Principles of Instructional Design, Thomson Wadsworth, 2005：1.

[2]　冯增俊：《教育人类学教程》，人民教育出版社 2005 年版，第 271 页。

教学。边疆少数民族地区高校的培养目标是为少数民族地区培养"民汉兼通"高级专门人才，因此，高校教学的特色和优势主要在于开展了具有民族特色学科的专业教学。民族语言、民族艺术、民族理论与民族政策、民族发展史等这些特色学科专业的教学与研究已成为边疆少数民族地区高校教师的基本使命。与此同时，随着办学的发展，通用专业学科课程也逐渐增加，逐渐趋向于向综合性大学方向发展，这些课程在教学中所采用的教学方法基本上与普通高校没太大差异，但在大学英语、计算机应用等学科教学上，考虑到学生的文化背景、知识基础和认知能力的特点，经探索发现，分层教学所取得的教学效果更好一些。

在办学层次上，发展了多层次教学，设立了预科教学。我国普通高等院校结合自身的发展和办学目标，设有研究生、本科、专科、函授教育等多层次教学，在边疆少数民族地区高校教学中，除设立了这些层次的教学外，还设有不同于普通高校的主要特色教学——预科教学模式。预科教学在边疆少数民族地区高校建立之初就设立了，预科班学生是从参加高考的少数民族考生中录取，各高校可根据自身的培养目标和要求，适当降分，择优录取，学习年限一般为一年，学习期满，经考试成绩合格，直接进入相关院系的本、专科学习，其学制与该校本、专科学制相同。1984 年 3 月，教育部、国家民委颁发了《关于加强领导和进一步办好高等院校少数民族班的意见》，进一步强调要加强高校民族预科班的教学和管理，并明确规定预科教学的基本任务："根据少数民族学生的特点，采取特殊措施，着重提高文化基础知识，加强基本技能的训练，使学生在德育、智育、体育几个方面都得到进一步发展与提高，为在高等院校本、专科进行专业学习打下良好基础。"总体而言，预科教学是边疆少数民族地区高校的重要组成部分，体现了办学的特色，是我国政府为促进少数民族地区各项事业的发展而实施的一种战略，充分反映了各民族追求平等发展的诉求，从而也使边疆少数民族地区高校的发展被提升到关系少数民族事业发展的高度。

在教学方式上，实施汉语教学和双语教学。在边疆少数民族地区高校，每个院系都包括汉语部教学和民语部教学，汉语部主要是由母语为汉语及民考汉的师生组成，实施汉语言教学；民语部是由母语为少数民族语言的师生组成，学生是以民语言的形式参加高考的，即民考民学生，主要使用双语教学。在民语部，开设有少数民族语言文学专业，如藏语言文学、维吾尔语言文学、哈萨克语言文学、蒙古语言文学等专业，高校根据专业课程需要开展双语教学，进行正规化的语言培训，除这些语言文学专业外，民语部其他专业学科在教学过程中，也要求少数民族教师实施双语教学。双语教学即用民族语言和汉语言（普通话）进行教学，也就是使用少数民族学生母语进行相关专业课程教学的同时也使用国家通用语——普通话进行专业课程教学，其基本要求是：在教学过程中，少数民族教师有计划地将少数民族母语言和汉语言作为教学媒体，使学生能在两种语言能力及两种语言所代表的文化学习上达到顺利而自然的发展。双语教学主要有两大目标，一是让学生获取相关学科知识，使学生打下坚实的学科知识基础；二是培养和提升学生运用第二种语言的能力，使其能够熟练地运用两种语言进行交际、工作和学习，成为"民汉兼通"的人才。在这里，第二种语言只作为教学的手段而不是教学的内容或科目。

为提高教学质量，边疆少数民族地区高校非常注重对教师的教学管理，通过制定系列教学管理规章制度，以加强对教师教学绩效考核的方式来提高教师的教学能力，达到提升教学质量之目的。教学绩效考核的方式主要有两种：一种是对教师的课堂教学效果进行评价打分，包括学生评教、教学督导听课与评课、同事评课等；另一种是每学年末对教师的教学研究进行评定，如教改课题、教学论文的发表等。

三、教学实践中的个人困惑

作为我国高等教育体系的特色组成，边疆少数民族地区高校教学与师资状况的特点是，教学主要包括民语部教学和汉语部教学两大部分，师资队伍主要是由少数民族教师和汉族教师组成，且少数民族教师占 **60%** 以上。少数民族教师主要负责民语部教学（以维吾尔族、哈萨克族、藏族等族教师为主），汉族教师主要负责汉语部教学（汉语部还包括回族、蒙古族、锡伯族等民族教师）。自 20 世纪 90 年代中后期，我国边疆少数民族地区陆续推行中小学民汉合校政策和双语教育政策，高校因此也从教学目标到教学内容，从教学要求到教学评价等方面发生了很大的变化。对于民族学生主要是实施双语教育（少数民族母语和汉语），汉族学生也要求能精通少数民族语言，培养"民汉兼通"人才，所以民语部要求少数民族教师要由过去只用单一母语教学转向双语教学，即成为双语型教师，尤其是在少数民族双语学生入学的最初两年，需要双语型教师帮助他们顺利渡过语言难关，为后面的专业课与汉族学生合班学习创造条件；对于汉语部教师，要求快速适应多元文化课堂教学，也就是说，汉语部教师过去的教学对象主要是由母语为汉语的学生组成，而现在面临的是民汉合班的课堂教学，即由单一文化课堂变为多元文化课堂。少数民族学生包括民考汉和双语学生，他们的汉语水平参差不齐。少数民族学生能否高质量地完成学业达到顺利走向社会的最终目的？高校是否能真正担负起培养在语言能力上和文化上都兼通的"民汉兼通"人才的重任？需要民语教师顺利转型为双语型教师，汉语教师顺利地适应多元文化课堂教学，采取灵活多样的教学方法，将课堂中的共性与个性有效结合。这对民、汉教师来说无疑都是一大挑战。

对于少数民族教师来说，在教学过程中，因汉语水平偏低，即使汉语过关，但因不懂专业汉语，一般只能用本民族母语教学，双语教学在观念上也均未引起师生双方的重视，因而教学效果差。在教学方法和手段上，由于少数民族语言文字的特殊性，教师利用现代化教学手段教学的能力欠缺，信息化建设进展缓慢。在教学学术方面，教师们比较关注专业领域的科学研究，对教育理论与教学改革的相关问题不够关心，在教育教学方法研究方面涉猎不够，双语教师更因缺少民族教育氛围而无法形成研究热潮。[①] 同时，由于国家对民族学生高考

---

① 陈瑛："内蒙古民族高等教育现状及发展对策研究"，内蒙古农业大学 2008 年硕士学位论文，第 24 ~ 25 页。

的诸多优惠政策，大部分民族大学生尤其是双语大学生，基础知识相对薄弱，对学科知识的学习缺乏兴趣和自信，学习主动性差，没有自主学习意识和习惯。对于少数民族大学生来说，他们基本都有宗教信仰，这往往会形成少数民族学生注重权威的思维方式，例如阿訇、喇嘛等在信仰伊斯兰教和佛教的少数民族同胞中拥有很高地位，且阿訇和喇嘛类似于教师这种社会角色，所以这些少数民族学生对教师都怀有一种敬畏，不敢主动与教师进行交流沟通，尤其是与不懂民语的汉族教师交流时更感觉有压力。此外，由于少数民族学生都有自己本民族的语言，在接触到单一的汉语言形式教学时，既难以理解和接受汉族教师用汉语授课的知识，也很难用汉语进行思维和顺利交流。笔者在多元文化背景的民汉合班课堂教学中发现，少数民族学生都具有很强的自尊心，在课堂上，他们总担心被教师点名回答问题，尤其是双语学生，害怕汉语说不好会受到别人的嘲笑，所以在课堂上他们很少会积极主动回答问题，哪怕是最简单的问题，有时甚至老师让其念一段文字都不敢开口，这样很容易导致课堂教学中师生之间、生生之间难以形成良好、融洽的互动氛围。同时，这些因素也往往会影响到少数民族学生学习能力的提高，因此他们的学习成绩大部分都不够理想，每学期需要补考的人数较多，甚至有一部分少数民族学生因学习成绩达不到学校要求而不能顺利毕业，这对学校整体的教学质量产生了一定的影响。对于汉语部的教师而言，因一时难以适应多元文化的课堂教学，缺乏教学成就感体验，教学效能感普遍较低，甚至产生了教学倦怠。笔者在教学中也有过同样的感受：过去站在讲台上会忘记所有的烦恼，全身心投入教学，有种强烈的自我实现成就感，而现在再也找不到这种感觉了。民族学生在课堂上一问三不知，布置作业完不成，考试不及格也根本不在乎，提出批评时，他们还会抱怨听不懂教师讲课，这样教师对教学产生一种厌倦感也就在所难免。从某种程度上来说，这也反映了高校汉语言教师缺乏对多元文化课堂教学方法的探索和思考，对各民族文化所形成的思维特点缺少把握和理解。同时，由于不同的民族具有各自不同的文化特征，教师之间的合作基本都是局限于本民族教师之间的，与他民族教师之间的交往并不多，甚至还会出现排挤其他民族的现象。那么，在教学中到底如何才能真正做到克服不利于提高教学质量的因素？如何才能促进教师对多元文化的真正了解、把握和理解，并能提升教学绩效？这是笔者经常思考也备感困惑的问题。

高校在对民语部和汉语部教师进行教学绩效评估时，如果按同一指标要求，往往会呈现出很大的差距，为了调动少数民族教师教学的积极性，教学管理者在评估过程中往往会对民语部教师出台一些优惠政策，在教学上和研究上都会降低对他们的评估要求。那么高校的这种不公平的政策措施到底是否能真正起到鼓励民语部教师教学积极性的作用？是否又有利于调动汉语部教师教学的积极性？是否有利于所有教师教学绩效的提升呢？在多元文化背景的高校里还能否寻找到一种比制度更有利于提高所有教师教学积极性和教学绩效的方法？正是由于对来源于高校日常教学实际工作中的这些教育现象的反思，使笔者对这类问题产生了强烈的研究兴趣。换言之，对这些问题的厘清对于切实提升边疆少数民族地区高校教师教学绩效和高校整体教学质量具有重要的现实意义，也是当务之急。

第二节　核心概念界定

一、教师社会资本

从词源意义上来看，社会资本这一概念是由物质资本、人力资本的概念演变而来的。古典经济学将资本作为推动社会经济发展的根本动因之一，认为它是给人带来收入和利益的资产，是有形的物质形式；20 世纪 60 年代，美国经济学家舒尔茨（T. Schultz）认为，受过教育和训练的员工更能有效地提高劳动生产效率，增加物质财富，于是提出了可以带来智力增值、具有非物质形式特征的"人力资本"概念。之后，文化资本、权力资本等概念应运而生，社会学家认为人与人之间的各种人际联系和互动也能带来利益，同样具有价值增值的效力，"社会资本"概念由此而生，人们围绕着社会资本是"来源于社会网络关系的、可投资和利用的资源"① 这一命题展开研究。法国著名社会学家皮埃尔·布尔迪厄（Pierre Bourdieu）认为，社会资本是一种存在于人们熟悉和认可的体制化社会关系网络之中的实际或潜在的资源集合体。② 美国社会学家詹姆斯·科尔曼（Coleman，J. S.）认为，社会资本是人们为了实现共同的目的而在一定的结构内，通过社会关系，利用有用的资源进行的活动。③ 美国社会学家林南（Lin，N）结合布尔迪厄的"社会关系网络"和科尔曼的"社会结构资源"等社会资本思想，认为社会资本是一种嵌入在社会结构中的公共资源，个体不能直接占有但可通过有目的性的行动，从自己的社会关系中直接或间接地获取。④ 林南的这一定义体现社会资本的关键要素——有用的资源、社会网络和获取资源的行动。本研究以林南关于社会资本的概念为基础，认为教师社会资本是作为社会行动者的教师所拥有的社会资本。它源于教师的社会关系，其本质是一种潜藏在教师社会关系网络中的社会资源。从功能角度看，它嵌入在高校教师社会关系的网络之中，其中，学生、同事和教学管理者等都是这个网络中的重要节点，教师与他们之间建立起理解、信任和合作，将有助于教师情感投入与获取有价值的资源，终将促进教师实现教学行为目标，提升教学能力，进而提高工作绩效。教师社会资本即嵌入教师的社会关系网络之中，教师可投资、获取和利用，并最终实现教学期望的有效（现实和潜在）社会资源的总和。

① Son，J.，Lin，N.，Social Capital and Civic Action：A Network-based Approach，Social Science Research，2008（3）：330 – 349.

② Bourdieu，P. The Forms of Capital. In J. G. Richardson（ed.）Handbook of Theory and Research For The Sociology of Education，New York：Greenwood Press. 1985：241 – 258.

③ Coleman，J. S. Social Capital in the Creation of Human Capital，American Journal of Sociology，1988（94）：95 – 120.

④ Lin，N. Social Capital：A Theory of Social Structure and Action，New York，NY：Cambridge University Press，2001：29.

二、高校教师

"高校"作为一个具有一定层次的教育机构，是一个历史的概念，在不同的历史时期，"高校"的内涵也不同，我国《教育大辞典》中将高校解释为"按照国家规定的设置标准和审批程序批准举办的，招收高中毕业生为主要培养对象、实施高等教育的全日制大学、独立设置的学院和高等专科学校"。① 本研究将"高校"限定为我国全日制普通公办高等学校中的四年制本科院校，不包括独立设置的高等教育机构和本科层次的高职院校。之所以用"高校"而不是"大学"，是因为大学的含义更宽泛，从教育学视角来看，大学可以指宏观层面的学校群，也可以指微观层面的具体学校，而高校则更突出中观层面的高层次教育机构的教育意蕴。

在我国《教育法》和《教师法》中，认为教师是履行教育教学职责、承担教书育人任务、培养社会人才、提高民族素质使命的人。在高等教育中，高校教师不仅承担培养高级专门人才的任务，而且还要对国家的科技发展水平和社会的物质、精神文明建设贡献力量。这里的高校教师内涵主要体现了社会学意义，人们赋予教师的社会角色及社会地位，享有的权利和应尽的义务，并期待形成与教师角色相适应的行为模式。本研究中的教师或高校教师特指我国边疆少数民族地区高校的教师，即边疆少数民族地区全日制普通公立高等学校中的四年制本科院校从事教学工作的不同民族的教师，不包括行政管理人员和专职技术人员。

三、教师教学绩效

《现代汉语词典》对绩效的解释是"成绩"和"成效"，《牛津现代高级英汉词典》将绩效解释为"执行、履行、表现、成绩"。从语义的角度来看，绩效包括两个方面的内容，一是"绩"，即"成绩"

---

① 顾明远主编：《教育大辞典》，上海教育出版社 1990 年版。

和"业绩",主要表现为组织或个人的工作目标、职责和结果;二是"效",即"效果"和"效益",主要表现为组织或个人在工作过程中所表现出的效率、效益及发展潜力。由此可见,"绩效"一词的定义至少应该包含着三个要素:一是组织或个人的品质和素养;二是组织或个人在完成任务中所表现出的能力和潜能;三是完成任务的结果表现。

从学科的角度看,绩效一词最早源于管理学领域,后来这一概念经管理学领域传播到经济学、社会学及其他领域,其内涵也越来越丰富。[①] 管理学认为,绩效是组织或个人为实现其目标而实施的不同层面上的有效输出,并期望能得到应有的结果,包括组织中产生的绩效(简称组织绩效)和个体产生的绩效(简称个体绩效),而组织绩效是由组织中各个体绩效在合力的基础上形成的,即个体绩效是实现组织绩效的基础,但个体绩效与组织绩效相辅相成,不能脱离组织的方向,只有所有的个体都按照组织的目标去完成任务,达到规定的要求,组织绩效才能实现。[②] 随着知识经济的发展和组织竞争的加强,组织对员工的要求也发生了改变,基于认知和个性发展的视角,研究者提出了采用结果导向的思维方式和建立绩效契约的新绩效管理观,美国学者伯曼(Borman, W. C.)和莫特维多(Motowidlo, S. J.)在组织公民行为和亲社会行为等相关研究的基础上,提出绩效包括任务绩效(Task Performance, TP)和情境绩效(Contextual Performance, CP)两个主要因素;[③] 任务绩效与情境绩效体现了绩效的结果与过程相统一的特点,我国学者张体勤等提出以效率型、效益型、递延型和风险型四种绩效作为绩效评价指标,其中,递延型绩效就是指组织对员工绩效的评价不能仅仅只关注员工现在的成绩,更要关注员工现有

---

① Michael Armstrong, Angela Baronl. Performance Management, London: The Cromwell Press, 1998: 15 - 20.

② 仲理峰、时勤:"绩效管理的几个基本问题",载《南开管理评论》2002年第3期,第15~19页。

③ Borman, W. C., Motowidlo, S. J. Task Performance and Contextual Performance: The Meaning for Personnel Selection Research, Human Performance, 1997 (10): 99 - 109.

的知识和经验对未来发展的影响，即关注员工未来能为组织做什么，[①]它实际上就是情境绩效的表现。经济学从员工与组织的劳务关系视角，认为绩效是组织以等价交换为原则，给以薪酬作为履行承诺的员工的工资报酬，组织与员工之间是一种对等承诺关系；社会学认为，绩效是社会成员按照社会分工所确定的角色承担自己应尽的职责，绩效是社会成员的生存和保障。[②] 从管理学的视角来看，在管理实践中，人们对绩效的认识经历了从强调结果绩效到强调过程绩效，再到强调结果与过程相统一的演变过程。本研究认同"结果—过程"相整合的绩效观，借鉴伯曼等提出的二元绩效分类，认为绩效是个体或组织为实现预期目标而展开各项工作的过程和结果，包括任务绩效和情境绩效，前者主要体现在"绩"上，后者主要体现在"效"上，"绩"和"效"是客观存在的，评价者通过主观判断即形成绩效。绩效评定即在一定时间内对个体或组织实现既定目标的过程和结果的考核与评价，评定的内容包括教学数量（工作量）和质量，同时评定应将目标导向和人性导向相统一。教师教学绩效是绩效的下位概念，也是绩效理论在教师这一特殊对象中的具体应用。本研究中的教师教学绩效特指边疆少数民族地区高校教师教学绩效，即教师为实现预定的教学目标而展开各项教学工作的结果与过程，具体体现在教师教学的任务绩效和情境绩效之中。任务绩效是教师运用自身所掌握的知识和技能在完成教学本职工作上所取得的成绩；情境绩效是教师在对待本职工作上所表现出来的责任心、服务态度、团队协作、目标认同等方面的心理品质和心理行为。

四、边疆少数民族地区

我国是一个由 56 个民族组成的统一的多民族国家，汉族约占全国总人口的 92%，55 个少数民族只占 8% 左右，主要分布在西部边疆

① 张体勤、沈荣芳："知识团队的绩效评价"，载《德州学院学报（哲学社会科学版）》，2002 年第 1 期，第 1～5 页。

② 付亚和、许玉林，《绩效管理》，复旦大学出版社 2008 年版，第 10～16 页。

地区。在长期发展的过程中，各民族都形成了具有本民族特点的生产方式和生活方式、精神特质和风俗民情。从民族发展的程度上看，少数民族地区在政治、经济、科技、文化等各方面的整体发展水平较低，为了协调各民族关系，保障民族平等，保护特定少数民族的生存与发展权益，国家依据少数民族的实际状况，选择适应和满足少数民族发展需求的、有别于全国统一性的特殊政策和制度，以促进少数民族区域的发展。《中华人民共和国宪法》第 4 条规定，我国实施"民族区域自治"政策以保障聚居少数民族当家做主管理其内部事务的权利，建立相应的地区行政单元，建构平等的民族关系，设立自治机关，行使自治权，管理本区域本民族内部事务。依据《宪法》关于行政区域划分的规定，目前，我国建立了 5 个民族自治区，即内蒙古自治区、新疆维吾尔自治区、广西壮族自治区、宁夏回族自治区和西藏自治区，30 个自治州和 117 个自治县。本研究中所指的边疆少数民族地区侧重指 5 个民族自治区区域。

五、教学效能感

20 世纪初，美国著名的心理学家班杜拉提出了自我效能（Self-efficacy）[①] 概念，所谓自我效能，是指以自身为对象的思维形式，是个人对自己在特定情景中组织、实施和成功完成某项任务的成就行为的主观判断和信念。它直接影响个人的思想、动机和行为，在个体知识与行为之间起支配和调节作用，是自我调节系统中的关键要素。此后，研究者针对教师的自我效能感展开了研究，如提察内—莫兰（Tschannen-Moran，M.）等学者将教师的效能感界定为"教师在特定教学情境下组织、实施教学任务的能力"，包括教师教学技能、课堂管理及调动学生积极性等方面的效能感。[②] 吉布森（Gibson，S.）和德

---

① Bandura, A. Self-efficacy：Toward a Unifying Theory of Behavioral Change, Psychological Review, 1977（3）：191 – 215.

② Tschannen-Moran M., Woolfolk Hoy, A & Hoy, W. Teacher-efficacy：Its Meaning and Measure, Review of Educational Research, 1998（68）：202 – 248.

姆伯（Dembo，M.）在《教师效能：结构验证》（Teacher Efficacy：A Construct Validation）中将教师教学效能划分为一般教学效能感（general teaching efficacy）和个人教学效能感（personal teaching efficacy）两个独立因素，并指出教师的这两种效能感正好对应了结果预期和效能预期。[①] 我国辛涛等学者将一般教育效能感界定为教师对教育在学生发展中的作用、教与学的关系等的看法与判断；个人教学效能感是教师对自己教学的认识和评价，并修订了个人教学效能感量表。[②] 由此可知，教师通常是在分析教学任务（教师对影响教学任务实施因素的评估）和分析教学能力（教师对完成具体教学任务时自己的教学能力如何的自我评价）的过程中会产生教学效能感，这两者又影响到教师对教学目标的设计以及在教学过程中的努力程度和坚持性，形成教师对自己教学效能的判断，与此同时，教学效能感会进一步促进教师更加努力地去获取教学知识，完成其教学任务。本研究教师教学效能感特指边疆少数民族地区高校教师的教学效能感，并将其界定为：教师对自己的"教学"与"能力"的一种知觉或信念，反映了教师在教育教学行为活动过程中面对困难所表现出来的意志力。

六、教师教学知识

教学是一门科学，也是一门艺术。教学的科学性主要体现在教学过程中教师需要具备系统的学科专业知识、严谨的逻辑思维能力和科学的教学方法，以达到良好的教学效果；教学的艺术性主要体现在教学过程中教师必须全面了解学生学习特点，因材施教，善于将自己所掌握的专业知识转化为能为学生理解和解释的知识，即要将学科专业知识"心理学化"，以促进每一个学生都能在原有的基础上得到发展。这就是舒尔曼所提出的"学科教学知识（pedagogical content knowl-

---

① Gibson，S. Dembo，M. Teacher Efficacy：A Construct Validation，Journal of Educational Psychology，1984（4）：569－582.

② 辛涛、申继亮、林崇德："教师个人教学效能感量表试用常模修订"，载《心理发展与教育》1995 年第 4 期，第 22～26 页。

edge)"，① 它将特定的学科内容与学生的学习、思维等认知特点联系起来，充分体现了教师专业的独特性。因此，教师的教学知识应主要包括学科专业知识和学科教学知识两部分，教师的学科专业知识通常是在教育和人力资源培训中获得，决定着教师在教学中知道"做什么"，属于显性知识（articulated knowledge）；而学科教学知识是教师进入特定学校后在具体的教学环境中获得的结果，是一种带有个人主观经验，"具有个人化特征、难以形式化并且不易用语言与他人交流与共享，需要在一定的情境中分享才能获得的知识"，② 它决定着教师在教学中应"怎么做"，属于隐性知识（tacit knowledge）。本研究中教师教学知识特指边疆少数民族地区高校教师的教学知识，界定为：影响教师在课堂教学中的决策和行为的重要因素，决定着学生的学习效果，包括学科知识、学科教学知识与多元文化知识，侧重于学科教学知识。

① Shulman, L. Those Who Understand: Knowledge Growth in Teaching, Educational Researcher, 1986 (7): 4-14.

② Nonaka I., Takeuchi H. The Knowledge Creating Company: How Japanese Companies Create the Dynamics of Innovation. Oxford: Oxford University Press, 1995: 172.

第二章 文献综述

　　本章主要利用丰富的中、英文数据库资源，从英文 ProQuest、ISI Knowledge Web、EBSCO、Electronic Library 等检索平台到中文 CNKI、万方、维普、超星数字图书馆等数据库检索平台，还充分利用了 Google、Google scholar、Baidu 等相关搜索引擎，多形式组合社会资本（Social Capital）、教师社会资本（Teacher Social Capital）、绩效（Performance）、教学绩效（Teaching Performance，Teaching and Learning Performance）等关键词进行广泛检索，筛选后对与本研究相关文献进行阅读，并不断增补社会资本与绩效研究领域的经典文献，对与本研究密切相关的核心文献进行仔细而深入的跟踪阅读，从而为本研究奠定了理论基础。文献研究的资料大多数是在 1986～2015 年所出版的，选中这段时间是因为 1985 年布尔迪厄提出社会资本理论后引发了人们对这一概念持续的关注和兴趣，自 1986 年以来，社会科学领域的研究人员为了更好地理解人们在社会、政治和经济生活中的人际互动所带来的利益，对社会资本进行了广泛的研究，研究主题从宏观社会层面（国家、社会）到中观层面（组织、团队、社区）再到微观社会层面（个体或小团体）。本书研究主要关注的是微观和中观层面，但宏观层面的研究，如政治学家普特兰（Putnam，R. D.）（1993、1995、2000、2004）和波特斯（Portes，A.）（1998、2000）等，他们所关注的是民主政治的健康发展和国家的富裕，虽然这些问题和学校教育方面不直接相关，但研究方法对于微观层面的研究具有一定的借鉴作用。

第一节 关于社会资本研究

从字面上看，"社会资本（Social Capital）"是由"社会"和"资本"两个概念组成的，"社会"是社会学领域的基本概念，而"资本"是经济学领域的基本概念，可以说，"社会资本"是从社会学和经济学相互交叉的跨学科基础上演化和发展起来的，反映了这两个学科的融合。从社会学渊源上看，社会资本思想可以追溯到马克思和恩格斯关于社会关系中人与人之间的互动交往的思想，以及布尔迪厄和普特兰的古典社会学理论；从经济学渊源上看，社会资本的思想可以追溯到亚当·斯密（Adam Smith）对"个体间社会联系"的思想。20世纪80年代后，社会资本成为解释经济社会发展的一个重要理论，丰富了"资本"的内涵，弥补了物力资本和人力资本理论的缺憾，揭示了人与人之间深层的社会关系，为深入探索各种社会问题提供了有力的理论分析工具和解释框架。近年来，在教育研究领域，一些学者也试图运用社会资本理论来解释教育中的问题，从而为教育研究提供了新的理论视角和分析框架。

一、社会资本内涵分析

自20世纪80年代以来，社会资本概念受到了多门社会科学的青睐，如政治学、人类学、管理学、历史学等，成了一个多学科共同使用的跨学科的新概念，不同学者所关注的视角不同，理解和界定也不一样，所建构的社会资本的概念也就各异，到目前为止仍未形成一个被学界广泛接受的、统一的有关"社会资本"的定义。[1] 归纳国内外现有文献，对社会资本内涵的诠释有三种具有代表性的观点。

---

[1] Adler P. S. , Kwon SW. Social Capital：Prospects for a New Concept，Academy of Management Review, 2002（1）：17 – 40.

　　第一种，从社会资本功能的角度，认为社会资本是由社会组织结构中行动者之间的规范、信任、义务、期望、制度等基本元素构成，它不依附于独立的个人，也不存在于物质生产过程中，而是体现在结构内部成员之间的社会关系中，通过个体之间的相互交流和沟通来提高彼此间的信任，为个人行动提供便利，达到资源共享以实现组织的共同目标。比较典型的代表是当代美国著名的社会学家詹姆斯·科尔曼（Coleman，J. S.），他在《人力资本创造中的社会资本》（Social Capital In The Creation of Human Capital）① 一文中将社会资本界定为：社会资本是人们为了实现共同的目的而在一个集体和组织中一起工作，在一定的结构内，通过社会关系，利用有用的资源促进行为主体（个人的或者是合作的行动者）的某些行动。科尔曼认为，物质资本和人力资本通常是以个人物品的形式存在，而社会资本是一种表现为相互关心、相互信赖关系的公共物品，存在于社会关系内部的信息网络，具有不可转让性，人们借助于自己所拥有的社会关系网络来获取信息，从而在行动中能带来利益，所以它要求追求利益者之间进行共同合作。同时他将社会资本概述为两种表现形式：一种是义务与期望，就是说如果甲给乙提供了帮助和支持，甲相信乙会在未来给予报答或偿还的意愿，甲对乙便产生了期望，而乙对甲则承担了报答的义务，这时甲和乙之间便构成了一种相互支持和服务的关系，这种关系的稳定形式就是个人所拥有的社会资本；另一种是规范与奖惩，社会用规范的方式来约束个人的行为，对自私者行为予以惩罚而对大公无私者行为予以奖励，利用这种奖惩的方式要求个人忠于集体利益，实现集体行为目标，由此构成了重要的社会资本。社会资本是决定个人行为能力及生活质量的重要资源，在生活中不可缺少，因而人们应尽力为自己创造社会资本，在已有的人际关系中尽可能保持长期的期望和义务的关系，通过更多的互动交流和信任以维持遵守的规范，使社会资本在实践中发挥应有的作用。此外，沃尔科克（Woolcock，M.）

① Coleman, J. S. Social Capital in the Creation of Human Capital, American Journal of Sociology, 1988 (94): 95 – 120.

在研究中也认为,社会资本是一种个体社会网络中互动的规范,这种规范是建立在人与人之间信息、信任和合作的基础之上。[1] 帕斯特瑞扎(Pastoriza,D.)等学者在《作为社会资本组织的道德管理行为》(Ethical Managerial Behavior As an Antecedent of Organizational Social Capital)[2] 一文中提出,社会资本是在相互信任和互惠的社会关系中所表现出的一种组织规则和制度,能强化人与人之间的责任和认可。从功能的视角来概括社会资本的内涵,有研究者指出其最大的局限是既没有清晰地阐明社会结构所拥有的资源和结构中成员是否具有获得资源的能力,也很难区分社会资本的拥有者、来源及社会资本本身特点,因而使社会资本这一概念在用法和使用范围上比较混乱。[3] 还有研究者认为,这种社会资本的内涵隐含着只有当社会资本发挥功效的时候才能被识别,社会资本的潜在因果解释只有通过其效果才能得出,这种假设在逻辑上混淆了原因和结果的关系。[4]

第二种,从社会结构的角度,认为社会资本是从人际网络结构而来,由行动者社会关系网络的结构形态构成,行为主体利用组织内部或者组织间的网络关系获取资源,如果社会网络联系相对缺乏就很容易加速人员之间的流动。比较典型的代表是美国芝加哥大学教授伯特(Burt,R. S.),他将社会资本表述为"网络结构给网络中的各结点提供资源和控制资源的程度"。[5] 在《结构洞:竞争的社会组织》(*Structure Holes: The Social Structure of Competition*)[6] 一书中提出了

① Woolcock M. Social Capital and Economic Development: Toward a Theoretical Synthesis and Policy Framework, Theory and Society, 1998 (2): 151 – 208.

② Pastoriza D, Arino M, Ricart JE. Ethical Managerial Behavior As an Antecedent of Organizational Social Capital, Journal of Business Ethics, 2008 (3): 329 – 341.

③ Portes, A. Social Capital: Its Origins and Applications in Modern Sociology, Annual Review of Sociology, 1998 (24): 1 – 24.

④ 张文宏:"社会资本:理论争辩与经验研究",载《社会学研究》2003 年第 4 期,第 23 ~ 35 页。

⑤ 李惠斌、杨雪冬:《社会资本与社会发展》,社会科学文献出版社 2000 年版,第 89 页。

⑥ Burt Ronald. Structure Holes: The Social Structure of Competition, Cambridge: Harvard University Press, 1992.

"结构洞（Structural Holes）"理论，"结构洞"是指社会关系网络中的某成员与其他成员之间有发生直接联系的，但也有不直接联系，关系中出现了分离（disconnection）现象，从整体上看似乎在关系网络中出现了洞穴。例如，A、B 和 C 三人中，A 和 B、C 两人有直接联系，而 B 与 C 彼此之间没有关系，而是通过 A 使两人产生联系，在这个网络中，A 在三人的关系中就占有优势地位，他有机会可以直接享用 B 与 C 所拥有的资源，而 B 与 C 两人之间因没有关系，如果要享用对方的资源，使双方的资源流动起来，就必须通过 A，这样 B 与 C 之间就存在一个"结构洞"，而 A 则占据了这个"结构洞"的位置，为 B 和 C 之间的联系起中介作用，所以在这三人中，A 既拥有获取资源的机会，也控制资源流动的条件，在社会资本系统内形成各种权力关系，因而获取的利益最大。由此，伯特用"结构洞"表示非冗余的联系，一个结构洞是两个行动者之间的非冗余的联系，行动者个体之间的"结构洞"有力地推动了个体的流动、信息的获得和资源的汲取。在网络联系中，伯特进一步强调社会资本是一种互惠性联系，是个体或组织赢取竞争成功的最后决定因素，如果个体能通过社会关系网络中拥有特殊优势的"结构洞"，那么他所拥有的资源就比其他个体多得多，更容易获取经济、资源、信息和控制等多方面的利益，因此鼓励个体与朋友、同事等进行更普遍的联系，争取更多获取社会资源的机会，拥有控制社会资源的权力。[1] 从社会结构的视角来概括社会资本的内涵，将社会网络的结构作为衡量个人在网络中获得资源可能性的尺度，这些网络结构所具有的功能并不是社会资本，而是社会网络结构使用后所得到的回报。[2] 伯特将社会网络分析引入社会资本的研究中，使社会资本的研究更具操作性。但伯特在研究中只重视行动主体如何通过社会网络结构获取资源或控制权力，并不关注行动主

---

① Burt, R. S. The Contingent Value of Social Capital, Administrative Science Quarterly, 1997 (42)：339 - 365.；Burt, R. S. The Network Structure of Social Capital, Research in Organizational Behavior, 2000 (22)：345 - 423.

② 张文宏："中国的社会资本研究：概念、操作化测量和经验研究"，载《江苏社会科学》2007 年第 3 期，第 142 ~ 149 页。

体与谁取得联系以及如何从对方获取资源，这对于以"关系"为主的中国社会可能并不适用，在中国社会关系网络中，联系对象的身份和地位往往会决定行动主体是否愿意建立关系及期望获得何种资源，因此，在中国"关系"文化背景中可以借鉴社会网络分析来研究个体社会资本需要与社会联系对象相结合。

第三种，从社会网络资源的角度，认为社会资本是个体通过社会关系网络而获取的一种动态的社会资源，即嵌入于社会结构中的资源，它能促进物质资源和人力资源的增值，可以创造价值。具有代表性的主要有皮埃尔·布尔迪厄（Bourdieu，P）、林南（Lin，N）等社会学家。皮埃尔·布尔迪厄在《资本的形成》（The Forms of Capital）[①]一文中指出，资本是在劳动中逐渐积累而成的，社会资本是一种资源的集合体，包括实际的或潜在的资源在内。它存在于人们熟悉和认可的体制化的社会关系网络之中，这种社会网络赋予网络关系中那些拥有社会义务且彼此之间相互"联系（connections）"的每个人一种集体拥有的资本。在这里，布尔迪厄强调了社会关系对社会资源获取的重要性，他所关注的是个人通过投资于群体活动而不断扩展社会关系，社会关系能帮助个人获得更多他人（或同伴）所拥有的资源，而这些资源的数量和质量又决定着个人社会资本的多少。他同时还指出，行为主体通过社会资本可直接获得社会关系网络中的经济资源，如投资贷款、资金补助等；还可通过与优秀者、领导者、行业专家等之间的频繁交往而获得知识和文化资源；同时还可以通过与各种学术团体和协会之间的广泛交流与互动来获得有价值的证书以提高其智力资本。无论是哪种形式的资源获取，最终都回归到经济资本的提高上来。社会学者林南（Lin，N）在《社会网络与地位获取》（Social Networks and Status Attainment）[②]中认为，社会资本是嵌入于社会关系网络中，并期待能在目的性行动中获取回报的一种资源。林南指出

① Bourdieu, P. The Forms of Capital. In J. G. Richardson（ed.）Handbook of Theory and Research for the Sociology of Education, New York: Greenwood Press. 1985: 241 –258.

② Lin, N. Social Networks and Status Attainment, Annual Review of Sociology, 1999（25）: 467 –487.

社会资本具有三个方面的特点：一是社会资本根植于人与人的关系之中，不能被个人直接拥有，但可通过社会网络来获取；二是社会资本与物质资本和人力资本一样，是一种可以为其拥有者带来价值增值的资源；三是社会行动者的社会资源经由一定的目的性行为就转化为社会资本。在这里，林南对社会资本内涵的概括，既不同于科尔曼所说的社会关系所蕴含的功能，也不同于伯特所指的特定社会网络结构，突破了社会功能与社会结构的限制，强调了社会行动者期待回报的投资行动，并将行动主体作为投资者，社会资源作为投资活动的对象，社会结构作为投资活动的场域，行动主体在投资过程中获得收益，突出了社会资本"实践活动"的特征。我国学者燕继荣在研究中也认可了这一观点，认为社会资本就是"广泛存在于社会网络关系之中并能够被行动者投资和利用以便实现自身目标的社会资源"。[①]

社会资本的以上三种内涵解读，分别从某些方面概括了社会资本的特点，揭示了社会资本的本质，具有一定的合理性。尽管概念的界定不太一致，但对社会资本内涵的认识基本是一致的：第一，社会资本是一种资源，能给社会行为主体带来价值；第二，社会关系网络是社会资本的载体，社会行动者通过它可以获得资源；第三，社会资本具有资本的生产性，可以弥补其他资本所存在的不足；第四，社会资本的制度性，可以规范和约束行动者的行为。

二、社会资本的层次和维度研究

（一）社会资本层面的研究

在社会资本的相关研究中，社会资本的分析层次和维度一直是人们关注的焦点。我国学者燕继荣将社会资本归为个人和团体两个层面。[②] 从个人层面研究社会资本主要代表有皮埃尔·布尔迪厄（Bour-

---

① 燕继荣：《投资社会资本：政治发展的一种新维度》，北京大学出版社 2006 年版，第 88~89 页。

② 燕继荣：《投资社会资本：政治发展的一种新维度》，北京大学出版社 2006 年版，第 116 页。

dieu，P)、伯特（Burt，R. S.）[1]、林南（Lin，N.）、波茨（Portes，A.）、波多尼（Podolny，J. M.）和詹姆斯（James，N.）[2] 等学者，他们以个体为中心，认为社会资本主要是从个人的人际网络结构而来，是个人与所处的网络联结通过与其他成员的双向互动而取得的资源。个人的工具性行动可以通过社会网络摄取他人占有的资源；[3] 个人（如企业管理者）的人际关系网络和社会地位显著地影响其管理绩效、事业成功、报酬等。[4] 从团体（组织）层面研究社会资本的主要代表有特赛（Tsai，W.）和高莎尔（Ghoshal，S.）[5]、柔勒（Rowley，T）、贝伦斯（Behrens，D）[6]、普特兰（Putnam，R. D.）及我国学者张方华等。他们以研究企业、社区、国家等为主，社会资本是针对组织而言的，指某一集体的内部社会资本，通过集体成员之间关系所形成的互动网络、彼此的信任与行为规范。张方华在研究中指出，在企业内，纵向关系资本主要影响信息获取，而社会关系资本主要影响资金获取，企业的信息和知识获取能最大限度地提高企业技术创新绩效。[7] 美国政治家普特兰（Putnam，R. D.）是国家层面社会资本的主要代表，他认为"在社会组织中，组织所拥有的规范和信任对社会行

---

① Burt R. S. Structural Holes：The Social Structure of Competition. Cambridge，MA：Harvard University Pres，1992.

② Podolny JM，James N. Resources and Relationships：Social Networks and Mobility in The Workplace，American Sociological Review，1997（5）：673 – 693.

③ Lin N，Dumin M. Access to Occupations Through Social Ties，Social Networks 1986（8）：365 – 385.

④ Podolny J M，Baron J N. Resources and Relationships：Social Netwoks and Mobility in The Workplace，American Sociological Review，1997（5）：673 – 693.；Moran P. Structural vs. Relational Embeddness：Social Capital and Managerial Performance，Strategic Management Journal，2005（26）：1129 – 1151.

⑤ Tsai W，Ghoshal S. Social Capital and Value Creation：The Role of Intrafirim Networks，Academy of Management Journal，1998（4）：464 – 476.

⑥ Rowley T，Behrens D，Krachhardt D. Redundant Governance Structures：An Analysis of Structural and Relational Embeddedness in The Steel and Semiconductor Industries，Strategic Management Journal，2000（3）：369 – 386.

⑦ 张方华："企业的社会资本与技术创新——技术创新理论研究的新视野"，载《自然辩证法通讯》2003 年第 6 期，第 55 ~ 61 页。

动者的行为起着协调的作用，推动着组织的发展和效率的提高"①。

美国社会学家托马斯·福特·布朗（Brown, T. F.）② 和特纳（Turner, J. H.）在研究中将社会资本归纳成微观、中观、宏观三个层次③。其中，微观层次主要研究社会实体面对面相互作用的交往，如何透过社会网络调动资源，侧重于社会资本的获取路径；中观层次主要研究社群单元和组团单元的社会结构位置和联系类型如何带来资源，关注网络结构在群体社会资本中的作用；宏观层次主要关注的是一个国家、社会的文化、制度等因素对社会网络中联系性质的影响。他们从系统主义（systemism）角度出发认为这三个层次是相互渗透的，中观层次社会资本直接作用于微观层次，又反作用于宏观层次，同时中观层次在微观层次与宏观层次社会资本的相互作用中具有中介作用。具体而言，宏观的社会文化和制度是个体嵌入关系网络的一种背景因素，影响着个人的社会网络；微观面对面的互动交往是个体动员社会网络的具体方式，包括信任、规范等要素，不能代表是个体的社会资本；而中观层次的社会资本最为重要，因为个人的行为往往是嵌入在所归属的组织这一中观社会网络之中，社会制度与文化以及人与人之间面对面交往会影响个体行为的产生，但这种影响都需要通过社会关系网络才能实现，因此中观层次是理解社会资本概念的关键。我国学者朱国宏和桂勇将宏观和中观合二为一，将社会资本划分为宏观和微观两个层面，宏观社会资本是指"一个国家、区域的特征，包括和谐、开放的社会关系网络、有效的制度规范、普遍信任、权威关系以及合作性的社会组织等"；微观社会资本是行动者"所拥有的社会关系网络及嵌入其中的情感、信任、规则等"。④ 此外，阿德勒（Adler, P. S.）和科沃恩（Kwon, S. W.）在《社会资本：一个新概

① Putnam, R. D. Bowling Alone: America's Declining Social Capital, Journal of Democracy, 1995 (1): 66 - 78.

② 托马斯·福特·布朗："社会资本理论综述"，木子西译，载《马克思主义与现实》2000 年第 2 期，第 41～46 页。

③ Turner JH. The Formation of Social Capital//In P. Dasgupta & Serageldin, I. (Eds.), Social Capital: A Multifaceted Perspective. Washington DC: World Bank, 1999: 94 - 146.

④ 朱国宏、桂勇：《经济社会学导论》，复旦大学出版社 2004 年版，第 178 页。

念的展望》（Social Capital：Prospects for a New Concept）① 一文中根据已有研究社会关系的文献将社会资本归纳为两类：一类是外部社会资本，也称"桥梁形式（bridging forms）"社会资本，指行动者个体与个体之间的联系，主要关注外部社会关系研究；另一类是内部社会资本，也称"联结形式（bonding forms）"社会资本，指集体内部个体之间的联系，主要关注内部关系研究。这两类社会资本对组织和个人都存在利益。

综上所述，社会资本已在多层面上进行了丰富的研究，展现出了非常强大的解释力。有学者指出，社会资本在不同的层次上应该还有其他含义和内容以及前因变量和结果②，只有从多层面上开发社会资本的潜能，我们才可以更好地理解社会资本的本质。

（二）社会资本的维度研究

自 20 世纪 80 年代社会资本理论产生以来，不同领域的研究者们以不同的视角对其展开讨论，由于认识视角的不同，关于社会资本维度划分也存在有很大的差异，在已有的研究成果中，大致可分为两种观点：一种观点是社会资本可以用维度结构来衡量，另一种观点是社会资本可以用个体的价值网络来衡量。

1. 维度结构观

从维度结构视角来研究社会资本主要以西方的学者居多，有些学者从单维度结构出发探讨社会资本，有些则是从多维度结构来讨论的。在单一维度结构的研究中，伯特（Burt，R. S.）、阿德勒（Adler，P. S.）和科沃恩（Kwon，S. W.）、边燕杰等学者主张用社会网络结构来衡量社会资本，如伯特（Burt，R. S.）认为社会资本主要就是从人际网络结构而来，并提出了"结构洞（Structural holes）"理论。瑟特恩（Settoon，R. P.）等学者在研究中借鉴"结构洞"理论，运用实证的方法论证了处于关系网络中心个体的社会结构对其行为和

① Adler P. S. , Kwon S. W. Social capital：Prospects for a New Concept, Academy of Management Review, 2002（1）：17 – 40.

② Adler P. S. , Kwon S. W. Social Capital：Prospects for a New Concept, Academy of Management Review, 2002（1）：17 – 40.

结果都有重要影响。[1] 阿德勒（Adler，P. S.）和科沃恩（Kwon，S. W.）也强调了社会资本即为社会结构的观点，社会结构中包含社会关系及阶层关系，信任和规范是社会结构最基本的影响因素，而组织情境将影响着社会资本价值的高低。[2] 我国学者边燕杰通过对就业现象的研究，指出中间人与就业者和最终帮助者的关系越熟悉，最终帮助者的背景越高，对就业者就越有利。因此强关系可以充当没有联系的个人之间的社会关系网络桥梁。[3] 还有一些学者以个体在网络中的位置为社会资本的测量指标，运用实证的方法研究探讨了网络地位对个人行为的影响。[4] 以格兰罗维特（Granovetter，M. S.）、克拉克哈特（Krackhardt，D.）等学者为代表主张以社会网络联系的强度来衡量社会资本。格兰罗维特从发现资源视角提出了"弱联系优势"的概念，他在《弱关系的力量》（The Strength of Weak Ties）[5] 一文中首次将交往频率、亲密程度、情感力量和互惠交换作为四个维度，研究了社会网络关系在个人求职中的作用，并将人与人之间、组织与组织之间、个体与社会系统之间的关系纽带划分为强连接（strongties）和弱连接（weakties）两种类型，强连接主要是指人际交往比较密切，关系亲密，包括亲朋好友之间的关系；而弱连接主要是指人际交往中比较松散的关系，包括同事、同学、上下级关系等。通过对个人求职行为对求职结果影响的考察，发现求职者可以通过自己的社会网络获得

---

① Settoon RP, Mossholder. Relationship Quality and Relationship Context as Antecedents of Person and Task-focused Intersonal Citizenship Behavior, Journal of Applied Psychology, 2002 (2)：255 – 267.

② Alder, P. S. & Kwon, S. W. Social Capital：Prospects for a New Concept, Academy of Management Review, 2002 (1)：17 – 40.

③ 边燕杰："找回强关系：中国的间接关系、网络桥梁和求职"，载《国外社会学》1998 年第 2 期，第 50 ~ 65 页。

④ Kilduff, M. & Krackhardt, D. Bringing the Individual Back in：A Structural Analysis of-The Internal Market for Reputation in Organizations, Academy of Management Journal, 1994 (1)：87 – 108.；Settoon, R. P. & Mossholder, K. W. Relationship Quality and Relationship Context as Antecedents of Person and Task-focused Interpersonal Citizenship Behavior, Journal of Applied Psychology, 2002 (2)：255 – 267.

⑤ Granovetter, M. S. The Strength of Weak Ties, American Journal of Sociology, 1973 (78)：1360 – 1380.

相关的信息和帮助，找到理想工作。并指出，强弱连接在求职者中发挥着不同的作用，弱连接网络可能比强连接网络显得更有效，弱连接会使人在群体和组织之间建立起纽带关系，创造更多的局部有效信息传递途径，为个体带来相当大的优势。因为强连接中人与人之间的密切交流往往会使信息发生重叠重复现象，而弱连接中成员往往来自不同的群体，他们所带来的信息具有较大的异质性，因而对于求职者来说这些信息可能意义更大。在此基础上，社会学者林南（Lin，N.）、恩瑟尔（Ensel，W. M.）和沃杰恩（Vaughn，J.）等也对此问题进行了研究，进一步强调了弱连接中的社会资源是人们获得社会资源的一种重要途径，个人的弱连接越丰富，所能拥有的社会资源就越多。[①] 克拉克哈特从资源流动的视角提出了"强连接优势"概念，他在《强连接的力量》（The Strength of Strong Ties）[②] 一文中强调，如果个体在凝聚力与团结性都相当高的网络联结中，网络内部成员之间的相互协作与合作，将会大大地提高个人和团队的绩效，强连接往往是建立在认同、信任的基础之上，社会网络是一种高质量的网络关系。

多维度结构的社会资本研究以纳哈彼特（Nahapiet，J.）和高莎尔（Ghoshal，S.）[③] 提出的三维社会资本模型最具代表性。他们将社资本界定为：镶嵌在社会组织或个人占有的关系网络中，行为主体通过与所拥有的网络关系中其他成员相互联系而获取的实际资源和潜在资源的总和，获得这些资源所带来的利益。并将社会资本归纳为结构维（structural）、关系维（relational）和认知维（cognitive）三种维度。其中"结构维"继承了伯特（Burt，R.）[④] 的结构主义社会资本

---

① Lin, Nan, Ensel W. M and Vaughn J. Social Resources and Strength of Ties: Structural Factors in Occupational Status Attainment, American Sociology Review. 1981 (1): 118–136.

② Krackhardt, D. The Strength of Strong Ties: The Importance of Philos in Organization, In N. Nohria and R. G. Eccles (Eds), Networks and Organizations. Boston: Harvard Business School Press, 1992: 216–239.

③ Nahapiet, J., Ghoshal, S. Social Capital, Intellectual Capital and the Organizational Advantage, Academy of Management Review, 1998 (2): 242–266.

④ Burt Ronald. Structure Holes: The Social Structure of Competition, Cambridge: Harvard University Press, 1992.

理论，将社会网络分析方法引入到组织企业的研究中，是行动者之间联系的整体模式，强调了个人嵌入社会关系结构之中，并从社会关系中获取个人想要的外部资源，从中观角度分析社会关系网络结构对组织行为的影响；"关系维"继承了科尔曼（Coleman，J. S.）[1] 功能主义社会资本理论，强调了个人与他人之间的双向互动，通过网络中成员所建立的关系来获取资源，从微观层面研究组织之间对偶关系的性质对组织行为的影响；"认知维"借鉴了普特兰（Putnam，R. D.）[2] 的社会资本文化理论，探讨了集体行为发生的动机性因素，强调组织中个人为实现组织的共同目标而共同拥有的规则（code）和范式（paradigm），组织内部共同的愿景和价值观可以提高组织的社会资本，有助于组织的运行和目标的实现，从宏观层面研究社会文化对行为者行为的影响。

2. 个体的价值网络观

以个体的价值网络作为社会资本维度的研究主要以我国学者为主。如边燕杰、丘海雄、张其仔等学者以企业组织为背景，认为企业的社会资本主要是由镶嵌于社会结构的利益相关者的价值网络构成，企业与利益相关者之间的关系是互为联系、互相影响的，利益相关者各自从自身利益出发为企业提供生存和发展所需要的资源，以达到赢利的目的，这些由企业经营情境中通过人际关系的作用而形成的"关系资本"构成了企业的社会资本，这些关系资本在不同的时间和空间中所起的作用都不一样，因此可将其分为企业内部资本和外部资本两方面。边燕杰和丘海雄[3]在研究中指出，作为经济活动的企业在运营的过程中并非孤立独行，他们会通过各种各样的社会关系网络与企业内部和外部建立起不同的联系，以提高企业效率。在企业内部主要是

① Coleman, J. S. Social Capital in The Creation of Human Capital, American Journal of Sociology, 1988 (94): 95 – 120.

② Putnam, R. D. Bowling Alone: America's Declining Social Capital, Journal of Democracy, 1995 (6): 65 – 78.

③ 边燕杰、丘海雄："企业的社会资本及其功效"，载《中国社会科学》2000 年第 2 期，第 87～99 页。

建立起信任关系和互动交流渠道以促进知识、信息等资源的传递和吸收；在企业外部主要是与其他利益相关者（如上级领导、研究机构、高校、供应商、经销商、竞争者、商业顾问、顾客等）建立各种社会联系以获取有利于企业发展的信息和资源。[①] 耿新进一步将企业家社会资本分为结构维度和关系资源维度，其中结构维度社会资本包括企业家的社会网络规模（network size）、网络异质性（network heterogeneity）和网络密度（network dense）三个要素；关系资源维度包括企业家与其他企业经理人的商业性关系资源、企业家与政府部门人员的制度性关系资源以及企业家与其他各利益相关者的关系资源。[②]

在教育研究领域，一些研究者认为学校与企业一样也存在社会资本，可以借鉴企业社会资本的研究成果来探索教师社会资本的维度。如张峰在对教师社会资本与科研发展的研究中基于人际关系的视角认为，教师社会资本与亲缘、业缘和友缘三种利益相关者有关，亲缘是以家庭、宗族、亲戚等血统关系为基础，具体包括教师与家人和亲戚两种人际关系；业缘则以专业、行业、产业等同业关系为基础，具体包括教师与同事、领导、学生、同学、老师、学术圈内人士；友缘是以共同的爱好、相似的观点和其他因素而建立的非亲缘和业缘的关系为基础，主要包括教师与朋友、老乡之间的关系。[③] 何芳玲从业缘的视角对我国大学教师的社会资本与教师专业发展展开了研究，指出大学教师所拥有的社会资本主要是以业缘资本为主，即是与教师存在业缘关系的利益相关者，包括教师与师长、学友、同事、同行、学生等的人际关系，这种关系是基于信任和规范基础之上的社会关系网络，能有力地推进教师在学习与工作中与他人之间的协调行动，能给教师

---

① Yli-Renko, H., Autio E., & Sapienza, H. J. Social Capital, Knowledge Acquisition, and Knowledge Exploitation in Young Technology-based Firms, Strategic Management Journal, 2001 (22): 587 – 613.；张其仔："社会资本的投资策略与企业绩效"，载《经济管理》2004 年第 16 期，第 58 ~ 63 页。

② 耿新："企业家社会资本对新创企业绩效影响研究"，山东大学 2008 年博士学位论文，第 80 页、第 91 页。

③ 张峰："社会资本与教师科研发展"，华中科技大学 2005 年硕士学位论文，第 12 ~ 13 页。

带来价值的增值。①

三、社会资本测量

社会资本是存在于个体及组织中的人际关系，既是一种无形资产，也是一个抽象的概念。一些学者在研究中指出，由于社会资本的复杂性，目前并没有一个能达成共识的定义，所以社会资本的测量也是比较困难的。② 有研究者指出，由于没有对社会资本维度进行适当的分类，实证研究落后，难以形成统一有效的测量框架。③ 此外，试图通过以资源（source）、结果（consequences）等单一指标来测量存在很大的缺陷。④ 因此，对于如何测量社会资本也是一个具有争议的问题。总结已有的文献，基于社会资本不同的定义，学者们提出了不同的测量方法。

（一）宏观、中观层面的测量研究

普特兰⑤从宏观的角度将社会信任（social trust）、公民参与（civic engagement）和联盟（association）作为三个关键指标水平来测量城市、州或国家的社会资本，他开发了综合调查量表（General Social Survey，GSS）来测量社会信任，如大多数人是可以信任的，我相信别人的用意是好的，等等；他以公民参与组织的投票趋势作为测量

---

① 何芳玲："业缘资本与大学教师专业发展"，中南大学 2008 年硕士学位论文，第 11～12 页。

② Stone, W. Measuring Social Capital: Towards a Theoretically Informed Mmeasurement Framework for Researching Social Capital in Family and Community Life. Research Paper. Melbourne: Australian Institute of Family Studies. 2001: 24.

③ Patulny, R. V and Svendsen, G.. Exploring the Social Capital Grid: Bonding, Bridging, Qualitative, Quantitative, International Journal of Sociology and Social Policy, 2007 (1/2): 32 - 51.

④ Adam, F., & Borut, R. Social Capital: Recent Debates and Research Trends. Social Science Information, 2003 (42): 155 - 183.; Onyx, J., & Bullen, P. The Different Faces of Social Capital in NSW Australia. In E. M. Uslaner (Ed.), Social Capital and Participation in Everyday Life, London: Routledge, 2001: 45 - 58.

⑤ Putnam, R. D. Bowling Alone: America's Declining Social Capital, Journal of Democracy, 1995 (6): 65 - 78.

公民参与这一指标；以联盟来衡量调查对象在许多不同的组织中是否持有会员资格。普特兰以社会信任、公民参与和联盟作为测量社会资本的指标，这一研究在美国已有 40 多年的历史了，并一直延续到今天。人们认为普特兰的研究最大的不足是缺乏一个概念性的框架来区分社会资本的结构（structure）、内容（content）和效果（outcomes）。[1]

为了论证普特兰调查结果的有效性，帕克斯顿（Paxton，P.）和帕克（Park，S.）二位研究者运用普特兰 GSS 中的调查数据创建类似于 GSS 中的变量，并建立了概念模型。帕克斯顿在《在美国社会资本下降吗？多指标评估》（Is Social Capital Declining in the United States? A Multiple Indicator Assessment）[2] 的研究中，关注"社会资本的总体结果（aggregate outcome of social capital）"，认为发展社会资本的目的是为了"维护民主（maintenance of democracy）"，并指出社会资本是由两个组件（component）构成，一是个体社会网络结构的客观连接；二是个体社会网络结构主观联结，包括互惠、信任和积极情绪等，两个组件形成社会资本的结构和内容，两组件之间相互作用，共同产生行为能力。与普特兰一样，帕克斯顿也将广义的信任（trust of the generalized）作为社会资本的测量指标，他认为在一个民主国家，信任是很重要的，因为个人必须心甘情愿地认同别人手中的政治权力，帕克斯顿利用 1975～1994 年间 GSS 中的相关数据，重新组合了信任、公平等有用的变量，创建了一个复合测量广义信任的量表，并在一些机构（特别是宗教、教育、行政部门和立法部门）中加以运用，通过测量团队或协会中自愿加入会员的总数（正式的联结）及与朋友和邻居接触的社会参与频率（非正式的联结）的情况以说明信任的程度。与普特兰不同的是，帕克斯顿的信任模型不包括政治参与或志愿服务（公民参与），他所设计的模型及其概念的界定主要是用来解决社会资本的结构（structure）和内容（content），将社会资本与结果（out-

---

① Paxton，P. Is Social Capital Declining in the United States? A Multiple Indicator Assessment，American Journal of Sociology，1999（1）：88－127.

② Paxton，P. Is Social Capital Declining in the United States? A Multiple Indicator Assessment，American Journal of Sociology，1999（1）：88－127.

comes）加以区分，通过将结果从构造本身中分离出来，可以测试一个人的社会资本水平的变化是否影响结果变量，如投票或参与。帕克斯顿所构建的概念化模型使社会资本指标更加清晰。而帕克在 2006 年的美国社会学协会的年会上报告了自己的研究成果——《从独自到一起玩保龄球：美国社会资本衰退的重新调查》（From "Bowling Alone" to "Lattes Together"：A Reinvestigation of the Alleged Decline of Social Capital in the United States），① 研究中他提出运用四维模型来测量社会资本，四个维度中有三个是基于帕克斯顿的研究成果，他利用帕克斯顿使用的复合变量来测量个人的社会信任，利用 1972 ~ 2002 年间 GSS 中的数据，运用帕克斯顿的方法测量团体（机构）的信任，测量模型中的第三个维度是社会联结（social connectedness），与帕克斯顿提出的联盟变量基本一致，第四个维度是社会宽容（social toler-ance），他认为社会宽容就是接受或者承认他人和团体不同于自己的想法、信念及目的，或者是愿意扩大公民的自由，保护那些不受欢迎，甚至被讨厌的团体。他将宽容作为社会资本的重要组成部分，使用 GSS 中的三个二分问题测量社会宽容，如将同性恋（homosexuality）问题作为一个测量指标。将宽容作为社会资本的维度，而将接受同性恋作为宽容的一个指标，或者会受到一定的限制，对许多人来说，宗教信仰是不愿意接受甚至排斥同性恋，但研究表明，宗教信仰在一个社区（或国家）可以作为社会资本的重要因素，例如，克纳安（Cnaan，R. A.）等学者通过对美国和加拿大的一些教堂的研究发现，教堂联系或群组的宗教会产生更多的社会资本。② 坎贝尔（Campbell，D. E.）等在研究中发现，教堂人数的增多与志愿服务（volunteering）

---

① Park, S. From "Bowling Alone" to "Lattes Together"：A Reinvestigation of the Alleged Decline of Social Capital in the United States, Paper Presented at the Annual Meeting of the American Sociological Association, Montreal, Canada. 2006.

② Cnaan, R. A., Boddie, S. C., & Yancey, G. I. Bowling Alone But Serving Together：The Congregational Norm of Community Involvement. In C. Smidt (Ed.), Religion as Social Capital, Waco, TX：Baylor University Press, 2003：19 – 32.

的付出水平呈现相关性，① 因此可以预测，规范（norms）、同质性（homogeneity）和该组织或社区的集体资源（collective resources）最有可能是宗教附属组织或团体的社会资本。② 这些研究表明，研究人员需要寻找其他的一些指标来确定宽容与社会资本之间的关系。

将信任、联盟和公民参与等作为社会资本指标加以测量，为宏观、中观层面实体社会（如组织、城市或国家）提供了有用的基本信息资源，然而，它所提供的信息只是表面的，相对肤浅，就如我们了解到一个人发烧了，这只是表面现象，如果要做更深入的了解，我们就需要进一步了解发烧的真正原因是什么。因此，有必要从微观层面建构一个能识别社会资本功能的更复杂而有用的模型。

（二）微观层面的测量研究

一些研究者在深入城市贫困社区，期望能找到方法来加强在贫穷城际社区的社会资本，改善社区关系，于是他们将社会资本测量的研究从 GSS 测量转向了在特定的社区背景来中加以测量。在研究过程中，研究者将视角指向社群意识（Sense of Community，SOC）的考察（这里的社群是指人们交往过程中的社交网络，包括社区、团体、企业、民间组织、城市甚至国家等共同体组织），并发表了大量的研究成果。如朗恩基（Long, D. A.）和珀金斯（Perkins, D. D.）的《社群社会和社群意识的预测：多层纵向分析》，（Community Social and Place Predictors of Sense of Community：A Multilevel and Longitudinal Analysis），③ 梅耶（Meyer, M.）、海德（Hyde, M. M.）和詹金斯（Jenkins, C.）的《社群意识测量：街区的视角》（Measuring Sense of

---

① Campbell, D. E., & Yonish, S. J. Religion and Volunteering in America. In C. Smidt (Ed.), Religion as Social Capital, Waco, TX: Baylor University Press, 2003：87 – 106.

② Curry, J. Social Capital and Societal Vision：A Study of Six Farm Communities in Iowa. In C. Smidt (Ed.), Religion as Social Capital, Waco, TX: Baylor University Press, 2003：139 – 152.

③ Long, D. A., & Perkins, D. D. Community Social and Place Predictors of Sense of Community：A Multilevel and Longitudinal Analysis, Journal of Community Psychology, 2007 (5)：563 – 581.

Community：A View From The Streets），① 珀金斯（Perkins，D. D.）和朗恩基（Long，D. A.）合著的《社区居民对社区的归属感和社会资本：一个多层次的分析》（Neighborhood Sense of Community and Social Capital：A Multi-level Analysis），② 波罗尼（Pooley，J. A.）、科恩（Cohen，C.）和皮克（Pike，L. T.）的《社群意识能说明社会资本吗?》（Can Sense of Community Inform Social Capital?）。③ 1974 年撒拉逊（Sarason，S. B.）发表了《社群意识心理：社会心理学的前景》（The Psychological Sense of Community：Prospects For a Community Psychology），④ 在研究中首先提出了社群心理（Community Psychology）概念。麦克米伦（McMillan，D. W.）和查维斯（Chavis，D. M.）在《社群意识：定义和原理》（Sense of Community：A Definition and Theory）一文中进一步完善了社群心理的概念。⑤ 他们将社群意识定义为"共同体成员彼此成为生活中的重要组成部分，他们拥有共同的信仰，通过共同的承诺满足需要，各成员对社区有一种强烈的归属感"，认为成员身份（membership）、影响力（influence）、需求的整合与满足（integration and fulfillment of needs）和共同的情感联结（shared emotional connection）是构成社群意识的四大因素，并将其发展成四维结构模型来测量社区成员的社群意识。麦克米伦和查维斯指出，成员身份包含五方面特征，即边界（boundaries）、安全感（emotional safety）、认同感和归属感（a sense of belonging and identification）、个人投资（personal investment）及共同符号系统（a common symbol system）；社

① Meyer, M., Hyde, M. M., & Jenkins, C. Measuring Sense of Community：A View From The Streets, Journal of Health and Social Policy, 2005 (4)：31 – 50.

② Perkins, D. D., & Long, D. A. Neighborhood Sense of Community and Social Capital：A Multi-level Analysis. In A. T. Fisher & C. C. Sonn (Eds.), Psychological Senses of Community：Research, Applications, and Implications, New York：Kluwer Academic/Plenum, 2002：291 – 318.

③ Pooley, J. A., Cohen, C., & Pike, L. T. Can Sense of Community Inform Social Capital? The Social Science Journal, 2005 (42)：71 – 79.

④ Sarason, S. B. The Psychological Sense of Community：Prospects for a Community Psychology, San Francisco, CA：Jossey Bass, 1974.

⑤ McMillan, D. W., & Chavis, D. M. Sense of Community：A Definition and Theory, Journal of Community Psychology, 1986 (14)：6 – 23.

群的影响力是双向的，社群成员必须能够感受到自己对社群组织的影响是什么，否则他们不会积极地参与社群活动，同时，团体凝聚力取决于组织对其成员有影响；需求的整合与满足意味着团体成员拥有"整合社群凝聚力的力量（the integrative force for cohesive communities）"的共同价值观（shared values），有共同的需要和目标，他们相信通过和其他成员的合作更容易实现自我需求；共同的情感联结是指加强社群成员之间的关系连接，包含社群成员共同的历史、互动的质量和数量、内部活动、时间、精力和人际情感风险投资、社区内的荣誉和耻辱、社群共有的精神力量等重要要素。

社群意识测量的研究。麦克米伦（McMillan, D. W.）、查维斯（Chavis, D. M.）、侯基格（Hogge, J. H.）及万德斯曼（Wandersman, A.）[1] 等研究者共同合作，提出了社群意识指标（Sense of Community Index, SCI），包括 12 项具体内容。运用它来检验社群意识的四因素结构模型：即成员身份、影响力、需求的整合与满足和共同的情感联结，评估个人的团体意识。然而，在实际检测中，得出的研究结论却是复杂的，如查普尔（Chipuer, H. M.）和普雷蒂（Pretty, G. M.）在研究中指出 SCI 无法验证社群意识的四个因素，建议可将其发展为单因素测量工具会更合理和可靠。[2] 朗恩基（Long, D. A.）和珀金斯（Perkins, D. D.）在《社群意识指标的验证性因素分析与 SCI 的发展》（Confirmatory Factor Analysis of The sense of Community Index and Development of a Brief SCI）[3] 一文中也证实了无法验证社群意识的四因素结构，他们于是开发了一个三因素、8 个项目的《社群意识指标简要量表》（Brief Sense of Community Index, BSCI），

---

① Chavis, D. M., Hogge, J. H., McMillan, D. W., & Wandersman, A. Sense of Community Through Brunswick's Lens: A First Look, Journal of Community Psychology, 1986: (1): 24 – 40.

② Chipuer, H. M., & Pretty, G. M. H. A Review of The Sense of Community Index: Current uses, Factor Structure, Reliability, and Further Development, Journal of Community Psychology, 1999 (27): 643 – 658.

③ Long, D. A., & Perkins, D. D. Confirmatory Factor Analysis of the Sense of Community Index and Development of a Brief SCI, Journal of Community Psychology, 2003 (3): 279 – 296.

BSCI 主要是由 SCI 中的 5 个项目和新开发的 3 个项目组成。奥布斯特（Obst，P. L.）和怀特（White，K.）在《重审社群意识指标：验证性因素分析》（Revisiting the Sense of Community Index：A Confirmatory Factor Analysis）[1] 一文中使用验证性因素分析重新审视了麦克米伦（McMillan，D. W.）和查维斯（Chavis，D. M.）所认同的 SOC 中的四个因素，指出四个因素虽然具有很大程度的相关性，但反映出的是社群意识不同方面独立的结构，因此，通过验证性因素分析来决定替换 SCI 中四因素结构内容会更合理。普罗斯赫倍尔（Proescholdbell，R. J.）等研究者结合对同性恋者的测试数据，在《男同性恋的社群心理意识的测试组成》（Component Measures of Psychological Sense of Community Among Gay Men）一文中提出了三因素模型。[2] 因为没有研究能够证实麦克米伦（McMillan，D. W.）和查维斯（Chavis，D. M.）提出的社群意识四因素概念模型，麦克米伦（McMillan，D. W.）又与彼特森（Peterson，N. A.）、斯皮尔（Speer，P. W.）合作，开发了一套 8 项目的《社群意识简单量表》（Brief Sense of Community Scale，BSCS），利用 BSCS 的一阶和二阶结构来检验四维结构。[3] 此外，查维斯（Chavis，D. M.）、莱依（Lee，K. S.）和阿科斯塔（Acosta，J. D.）对 SCI 进行了修订（SCI - 2），并验证了综合社群意识量表和四个分量表均具有较高的信度和效度。[4]

　　作为社会资本维度的社群意识。梅耶（Meyer，M.）等学者在《社群意识测量：街区的视角》（Measuring Sense of Community：A

① Obst，P. L.，& White，K. M. Revisiting The Sense of Community Index：A Confirmatory Factor Analysis，Journal of Community Psychology，2004（6）：691 - 705.

② Proescholdbell，R. J.，Roosa，M. W.，& Nemeroff，C. J. Component Measures of Psychological Sense of Community Among Gay men，Journal of Community Psychology，2006（34）：9 - 24.

③ Peterson，N. A.，Speer，P. W.，& McMillan，D. W. Validation of a Brief Sense of Community Scale：Confirmation of the Principle Theory of Sense of Community. Journal of Community Psychology，2008（1）：61 - 73.

④ Chavis，D. M.，Lee，K. S.，& Acosta，J. D. The Sense of Community（SCI）Revised：The Reliability and Validity of the SCI - 2，Paper Presented at the 2nd International Community Psychology Conference，Lisboa，Portugal，2008.

View from the Streets)① 的研究中将社群意识作为社会资本的一个维度，调查了巴尔的摩低收入社区居民对社区的认知，探讨了哪些因素影响了居民的感知、社群意识结构如何测量等问题，他们得出的结论是：应该在更广泛的社会资本层面上，使用各种手段来衡量社群意识（SOC），在发展社群观念和对社群意识测量时，应引导社区成员积极参与其中，这种方法能够在特定环境中提供更丰富的数据资料。但对社区成员的培训及实施面谈或采访时需要耗费大量的时间，另外，由于高度定制的数据收集方法，难以进行比较研究或外推到更大的人群。波罗尼（Pooley, J. A.）等学者在《社群意识能说明社会资本吗?》（Can Sense of Community Inform Social Capital?）② 的研究中运用了定性和定量相结合的研究方法，通过对西澳大利亚成人社区、犹太社区的青少年、小学儿童、城市化乡村环境四个具有代表性的个案进行考察，对社会资本与社区意识关系进行了详细分析，提出了可通过提高个人的群体意识来增加社会资本，他们运用珀金斯修订过的社群意识量表来测量社群意识。波罗尼等人的研究虽然没有建立一个概念模型或提供一个对社群意识与社会资本之间关系的清晰解释框架，但对 SCI 的验证有一定的贡献。研究得出的结论是：（1）麦克米伦（McMillan, D. W.）和查维斯（Chavis, D. M.）所提出的社群意识框架适合于个案研究；（2）社群意识的关键因素（成员身份、影响力、需求的整合与满足及情感联结）倾向于受到"年龄、性别或场所"的限制。研究人员认为，由于社会资本没有一个普遍认同的标准化测量工具，SCI 提供了一个测量社会资本实际水平的可行性工具，波罗尼等学者由此进一步建议，通过访谈所收集到的质性研究资料应该被用来增强从 SCI 获得的数据，在研究中应将定性研究与定量研究相结合。珀金斯（Perkins, D. D.）和朗恩基（Long, D. A.）在《社区居民的社群意识与社会资本：一个多层次的分析》（Neighborhood Sense

---

① Meyer, M., Hyde, M. M., & Jenkins, C. Measuring Sense of Community: A View from the Streets, Journal of Health and Social Policy, 2005 (4): 31 – 50.

② Pooley, J. A., Cohen, C., & Pike, L. T. Can Sense of Community Iinform Social Capital? The Social Science Journal, 2005 (42): 71 – 79.

of Community and Social Ccapital：A Multi-level Analysis)[1] 的研究中将社会资本定义为"促进公民与机构之间合作的公民社会规范（norms）、网络（networks）和相互信任（mutual trust）"，社会资本和社群意识紧密相连，在研究中构建了一个社会资本四维结构模型，包括：社群意识（SOC）的四个维度；集体效能感；公民参与；邻近关系（neighboring）。其中社群意识（SOC）和邻近关系是社会资本非正式组成部分，集体效能感和公民参与是社会资本的正式组成部分。珀金斯在与休伊（Hughey，J.）、斯皮尔（Speer，P. W.）合著的《社会心理学视角下社会资本理论与社区发展实践》（Community Psychology Perspectives on Social Capital Theory and Community Development Practice)[2] 一文中用认知/内在心灵的维度（cognitive/intrapsychic dimensions）（包括社群意识和集体效能感）和行为维度（behavioral dimensions）（包括公民参与和邻近关系）对前面所提出的四维概念进行区分，这种区分有助于认识"社交网络的结构和内容"与"网络关系维护的特定行为"两者之间的关系。珀金斯和朗恩基（2002）将集体效能感界定为"群体行为的评价，包含集体组织和有效两方面的内涵"；公民参与是"基层社区组织（grassroots community organization）"或正式社会互动社区的代表，是集体效能感的结果；[3] 邻近关系是"非正式邻里之间的互助和信息共享"，邻里的行为是一种为维护社区成员之间关系的非正式行为。研究人员发现社群意识能同时预测组织和个人两个层面的非正式邻里的行为、正式的公民参与和非正式的集体效能。

---

① Perkins，D. D.，& Long，D. A. Neighborhood Sense of Community and Social Capital：A Multi-level Analysis. In A. T. Fisher & C. C. Sonn（Eds.），Psychological Senses of Community：Research，Applications，and Implications，New York：Kluwer Academic/Plenum，2002：291 – 318.

② Perkins，D. D.，Hughey，J.，& Speer，P. W. Community Psychology Perspectives on Social Capital Theory and Community Development Practice，Journal of the Community Development Society，2002（1）：33 – 52.

③ Long，D. A.，& Perkins，D. D. Community Social and Place Predictors of Ssense of Community：A Multilevel and Longitudinal Analysis，Journal of Community Psychology，2007（5）：563 – 581.

（三）三维度社会资本测量研究

多维度社会资本测量最著名的代表是纳哈彼特（Nahapiet, J.）和高莎尔（Ghoshal, S.）[1]，他们提出了最有代表性的结构、关系和认知三维度社会资本模型，并设定每个维度的具体测量指标，结构维度包含网络结构（network configuration）、网络连接（network ties）、专属组织（appropriable organization）三项指标；关系维度包含信任（trust）、规范（norms）、认同（identification）、义务（obligations）等四项指标；认知维度包含共同符号与语言（shared codes and language）和共享事实（shared narratives）两项指标，并运用这些指标对一个大型跨国电子公司的员工进行了问卷调查，以实证研究的方式验证了组织间社会资本与价值创造两者之间的关系。此后，三维社会资本模型在研究中被广泛借鉴，研究者依据自己研究内容的特点选用不同的指标来测量结构、关系和认知这三个维度，具体见表 2 - 1。可以说，结构、关系和认知三个维度已成为国内外学者研究社会资本的维度基础。

表 2 - 1 社会资本三维测量指标总结

	结构维度	关系维度	认知维度
Nahapiet & Ghoshal (1998)[2]	网络联接、网络关系强度、网络密度	信任、规范、认同、义务	共同符号与语言、共享事实
林亿明（2001）[3]	沟通频率、非正式互动程度	整体信任感	共享价值观
Bolino, et al. (2002)[4]	联系	信任	认同

---

① Nahapiet, J., Ghoshal, S. Social Capital, Intellectual Capital and the Organizational Advantage, Academy of Management Review, 1998 (2): 242 - 266.

② Nahapiet, J., Ghoshal, S. Social Capital, Intellectual Capital and the Organizational Advantage, Academy of Management Review, 1998 (2): 242 - 266.

③ 林亿明："团队导向的人力资源管理实务对团队知识分享与创新之影响——社会资本的中介效果"，东吴大学 2001 年硕士学位论文。

④ Bolino M C, Turnley W H, Bloodgood J M. Citizenship Behavior and The Creation of Social Capital in Organization, Academy of Management Review, 2002 (4): 505 - 522.

续表

	结构维度	关系维度	认知维度
何芳蓉（2003）①	社会性互动、网络位置	关系品质	认知系统
Kang, et al. (2003)②	强与弱联系、松散型与紧密型联系	信任	组件性知识、结构性知识
Inkpen & Tsang (2005)③	网络的连接、形态、稳定性	信任	共同目标、共同文化
Jiang（2005）④	社会互动关系	可靠性	共同愿景
韦影（2005）⑤	联系的频繁程度、密切程度、联系对象的数量（外）、所花费的时间（内）	合作中损人利己的趋向、真诚合作、信守诺言	共同语言、相似的价值取向（外）、一致的集体目标（内）
柯江林等（2007）⑥	网络密度、互动强度	信任	共同愿景、共同语言
王立生（2007）⑦	互动强度、互动质量	信任、满意、承诺	组织距离、共享愿景、冲突程度

① 何芳蓉："新产品开发团队之社会资本、知识分享与绩效的实证研究"，"国立"高雄第一科技大学 2003 年硕士学位论文。

② Kang S C, Morris S S, Snell S A Extending the Human Resource Architceture: Relational Archetypes and Value Creation, CAHRS' Woking Paper Series, 2003: 3 – 13.

③ Inkpen A C, Tsang E W K. Social Capital, Networks, and Knowledge Transfer, Academy of Management Review, 2005 (1): 146 – 165.

④ Jiang C Y. The Impact of Eentrepreneur's Social Capital on Knowledge Transfer in Chinese High-tech Firms: the Mediating Effects of Absorptive and Guanxi Development, International Journal of Entrepreneur ship & Innovation Management, 2005 (3/4): 269 – 279.

⑤ 韦影："企业社会资本对技术创新绩效的影响：基于吸收能力的视角"，浙江大学 2005 年博士学位论文。

⑥ 柯江林、孙健敏、石金涛："企业 R & D 团队之社会资本与团队效能关系的实证研究——以知识分享与知识整合为中介变量"，载《管理世界》2007 年第 43 期，第 89 ~ 101 页。

⑦ 王立生："社会资本、吸收能力对知识获取和创新绩效的影响研究"，浙江大学 2007 年博士学位论文。

	结构维度	关系维度	认知维度
吕淑丽（2008）①	单个联系的强弱、整体网络的密度、网络的连接性、网络位置的中心地位	人际信任、义务和期望、规范、身份标识	共享的语言和符号、共享的愿景、默会知识
汪轶（2008）②	接近中心性	情感信任、认知信任	共同价值观、共同语言
李志宏等（2009）③	联系强度、网络密度、网络中心性	信任	知识距离
付菁华（2009）④	产权结构、网络强度	责任与认同感、共同解决问题	跨文化差异
张鹏（2009）⑤	权力、联系的稳定性、产业内与产业间管理者纽带	信任、义务和期望	一致性、共同愿景
杜亚丽（2012）⑥	网络中心性、互动强度和网络密度	信任、义务与期望	共同语言

纳哈彼特（Nahapiet，J.）和高莎尔（Ghoshal，S.）的三维社会资本模型因为继承了社会学中社会资本相关命题的理论脉络，其概念框架具有很高的综合性。已得到国内外许多组织社会资本研究学者的认可。但该模型还存在一些局限，主要表现为：第一，分析层次上的局限。在三个维度中，"认知维"反映了宏观层面，"结构维"反映了中观层面，

①　吕淑丽："企业家社会资本对技术创新绩效的影响"，东华大学 2008 年博士学位论文。
②　汪轶："知识型团队中成员社会资对知识分享效果作用机制研究"，浙江大学 2008 年博士学位论文。
③　李志宏、朱桃："社会资本对个体间非正式知识转移影响的实证研究"，载《科学学与科学技术管理》2009 年第 9 期，第 77～84 页。
④　付菁华："内部社会资本对跨国母子公司内部知识转移绩效的影响研究"，复旦大学 2009 年博士学位论文。
⑤　张鹏："企业社会资本、组织学习和技术创新绩效研究"，山东大学 2009 年博士学位论文。
⑥　杜亚丽："社会资本对工程咨询项目绩效的影响"，东北财经大学 2012 年博士学位论文。

"关系维"反映了微观层面,这三者的关系应该是中观层的"结构维"直接影响微观层的"关系维",而宏观层的"认知维"通过中观层的"结构维"来影响微观层的"关系维",即结构维在模型中扮演着重要角色。然而特赛(Tsai,W.)和高莎尔(Ghoshal,S.)在实证中得出的结论是:中观层的结构维、宏观层的认知维与微观层的关系维具有较强的相关性,而中观层的结构维与宏观层的认知维相关性不大。[①]因此,这种分析层次受到了人们的质疑。第二,这一模型是以组织企业为研究对象的,反映的是组织层面的社会资本对智力资本的影响。因此,它比较适合用来测量组织内部社会资本,而对个体社会资本的测量自然会存在一定难度。正因为此,以后的学者在借鉴三维框架时都需要针对各自的研究问题和内容进行修订。

四、教师社会资本

教师社会资本(teacher social capital)是教师从社交网络(主要由教师所组成的)成员中获取的可用资源,它具有有利于教师自身、学生及整个学校发展的功效,是社会互动的产物,反映了学校的教学能力。[②] 关于教师社会资本的研究,在所查阅的文献中发现,已有的研究成果并不多,主要集中在师生关系对学生学习成绩的影响和教师与同事之间关系对学生学习成绩的影响两个方面。

(一) 师生关系与学生学习成绩的关系研究

美国学者赖安(Ryan,A.)在 2004 年的美国社会学协会的年会上做了《更大的公共利益:学校作为社会资本的创造者》(The Greater Public Good:Schools as Creators of Social Capital)[③] 的报告,报告指

---

① Tsai W, Ghoshal S. Social Capital and Value Creation:The Role of Intrafirim Networks, Academy of Management Journal, 1998 (4):464 - 476.

② Cheri Hoff Minckler. Teacher Social Capital:The Development of a Conceptual Model and Measurement Framework With Application to Educational Leadership and Teacher Efficacy, University of Louisiana at Lafayette, 2011:7 - 9.

③ Ryan, A. The Greater Public Good:Schools as Creators of Social Capital, Paper Presented at The Annual Meeting of the American Sociological Association, San Francisco, CA, 2004:4.

出，学校在管理上非常重视人力资本的开发，并进行了广泛研究，以确保使用最佳的方法和最有效地创造人力资本，但几乎没有关于学校作为社会资本来源的研究，而实际上，学校社会资本与人力资本一样重要。另一位学者卡布莱诺（Carbonaro，W.）在会上做了《父母、同伴和老师影响学生的努力和学业成果》（Parent，Peer，and Teacher Influences on Student Effort and Academic Outcomes）的报告，强调了学生在学校内外的社会资本对其学习结果的影响，其中，学校是社会资本的重要来源。[1] 一些学者在研究中也强调了这一点，例如，科尔曼在《人力资本创造中的社会资本》（Social Capital in The Creation of Human Capital）一文中要求学校等机构应有意识地培育年轻人的社会资本。[2] 在已有的研究文献中，对学校社会资本的研究，大多数都关注有助于学生在学校获得成功的师生关系这一社会资本的研究，学生的成功主要包括学生学习投入、学业成绩、没有辍学、退学或留级等。加西亚－里德（Garcia-Reid，P.）在《提高拉丁裔低收入家庭女生学校参与的社会资本机制考察》（Examining Social Capital as a Mechanism for Improving School Engagement Among Low-income Hispanic Girls）[3] 的研究中发现，教师的支持、朋友的支持和家长的支持及归属感直接影响着这些学生在学校努力的程度及能否积极参与学校活动，尤其是学校教师和小伙伴对她们的行为起着重要的作用。

美国运用国家数据库考察了师生关系对学生学习成绩的影响，梅雷（Meire，A.）在 1999 年的美国社会学协会年会上提交了《社会资本与青少年成就》（Social Capital and Achievement Among Adoles-

① Carbonaro, W. Parent, Peer, and Teacher Influences on Student Effort and Academic Outcomes, Paper Presented at the Annual Meeting of the American Sociological Association, San Francisco, CA, 2004.

② Coleman, J. Social Capital in The Creation of Human Capital, The American Journal of Sociology, 1988 (94): 95 – 120.

③ Garcia-Reid, P. Examining Social Capital as a Mechanism for Improving School Engagement Among Low-income Hispanic Girls, Youth & Society, 2007 (39): 164 – 181.

cents）① 一文，并将其研究成果进行了交流，他通过对青少年健康的纵向研究，考察了社会资本对学生成绩及辍学（drop out）、退学（suspension）等的影响，在他的概念模型中，认为有多种因素会影响学生在学校的表现，包括学生与父母的关系、学生与老师的关系。研究结果表明，师生关系是一个预测学生的学业成绩、辍学、退学等的重要因素。克罗尼奇（Croninger，R. B.）和雷（Lee，V. E.）在《社会资本与辍学：老师支持和指导对学业差学生的效益》（Social Capital and Dropping Out of High School：Benefits to At-risk Students of Teachers' Support and Guidance）② 的研究中，通过使用来自国民教育纵向研究（the National Educational Longitudinal Study）1988 年的数据对 10 年级和 12 年级学生进行了研究分析，检验了社会资本是否会减少学生辍学的可能性，他们选择了教师对学生努力的支持作为社会资本的指标，并对这一指标的两个方面进行测量，一方面是学生对教师提供的学习支持的认知；另一方面是教师对自己提供给学生支持的认知。研究结果表明，有教师支持，学生的辍学率减少了一半。此外，来自社会弱势群体的学生和学习困难的学生对教师的指导和帮助更加受益。克罗尼奇（Croninger，R. B.）和雷（Lee，V. E.）的发现支持了梅雷（Meire，A.）的观点。卡博纳罗（Carbonaro，W.）也使用国民教育纵向研究 1988 年的数据对《父母、同伴和教师对学生努力和学业成果的影响》（Parent，Peer，and Teacher Influences on Student Effort and Academic Outcomes）③ 进行研究，探索了家长、同伴和教师对学生学习成就（performance）的影响，在研究中，对学生学习成就的测量主要是基于教师对学生行为的观察，衡量教师社会资本的指标是

① Meire, A. Social Capital and Achievement Among Adolescents, Paper Presented at the American Sociological Association Annual Meeting, Chicago, IL, 1999.

② Croninger, R. B. , & Lee, V. E. Social Capital and Dropping Out of High School: Benefits to At-risk Students of Teachers' Support and Guidance, Teachers College Record, 2001 (4): 548 – 581.

③ Carbonaro, W. Parent, Peer, and Teacher Influences on Student Effort and Academic Outcomes, Paper Presented at the Annual Meeting of the American Sociological Association, San Francisco, CA, 2004.

教师的支持和教师在教室里的权威。与克罗尼奇和雷一样，卡博纳罗也将教师社会资本作为师生关系的函数，发现父母和同伴的社会资本和行为都与学生努力有关系，但教师的社会资本并非如此，这与梅雷的研究结果刚好相反，这可能与使用两个不同的数据库有关，因为所测量的项目不同，数据自然也会存在差异。事实上，斯托内（Stone, W.）[①] 曾对国民教育纵向研究数据库提出过批评，指出"基于一定目的所收集的原始数据与其他情形下的社会资本测量，在概念上可能存在不一致"，卡博纳罗将成就作为一个中介变量（干预因素）可能有助于发现前面两项研究之间的差异。以上研究证明了在学校环境中所形成的师生关系是一种重要的教师社会资本，它有利于学生的发展。

（二）同事关系与学生学习成绩的关系研究

学校内教师之间的关系也潜在地影响着学生学习的结果，是学生受益的另一种类型的教师社会资本。已有的文献中有三项研究涉及了教师间的社会资本对学生的影响。

第一项研究是尤喀瓦（Uekawa, K.）、艾拉吉米（Aladjem, D.）和张（Zhang, Y.）的《综合学校改革对教师资本与学生成绩的影响》（The Impact of Comprehensive School Reform on Teachers' Social Capital and Students' Achievement）[②] 的研究，通过收集 2002～2004 年综合学校改革的纵向评价（the National Longitudinal Evaluation of Comprehensive School Reform, NLECSR）数据研究教师社会资本（教师之间的社会资本）在正式学校改革中的影响，他们选取了 294 所学校作为研究的案例学校，设计了四个不同的改革项目，每所学校可以选择一个项目来实施，愿意选择两个项目的学校要求在实施过程中要有相当多的教师共同合作。研究设计的主要目的是解决两个研究问题：一

[①]　Stone, W. Measuring Social Capital: Towards a Theoretically Informed Measurement Framework for Researching Social Capital in Family and Community Life, Melbourne: Australian Institute of Family Studies (Research Paper), 2001: 24.

[②]　Uekawa, K., Aladjem, D., & Zhang, Y.. The Impact of Comprehensive School Reform on Teachers' Social Capital and Students' Achievement, Paper Presented at the Annual Meeting of the American Sociological Association, Montreal, Canada, 2006. Retrieved from http://www.allacademic.com/meta/p104626_index.html, 2014 - 7 - 3.

是特定综合学校改革会导致一些学校比其他学校需要更多的教师社会资本吗？二是社会资本能协调学校教学的改变吗？同时他们还非常关注教师社会资本是否会间接地影响综合改革学校学生的学业成绩？他们构建了衡量教师社会资本的三个测量指标：（1）集体（团队）凝聚力（collegial cohesion）（教师关系的强度）；（2）集体（团队）承诺（collective commitment）（承诺共同的目标水平）；（3）集体（团队）影响（collegial influence）（在教学方面相互影响程度）。这三个指标所反映的调查项目在数据库中是有效的，为了控制实施过程中的控制变量，研究者开发了一套实施方案指标（index）。研究结果表明，这些方案在提高教师社会资本方面比其他方案更有效，尤其是在利益相关者中明确强调共同愿景和目标的方案报告了高水平的社会资本，研究者还发现教师社会资本的调节变量（合作）对教育改革有强烈影响，那些被授权、期待共同合作来实现改革项目的教师，设计的方案更有可能完全实现，也更有可能实现教学上的改革。

第二项研究是莱娜（Leana, C. R.）和皮尔（Pil, F. K.）使用定量方法研究的《社会资本和组织绩效：来自城市学校的论据》（Social Capital and Organizational Performance: Evidence from Urban Schools）[①]项目，通过对城市学区 88 所学校的 95 个班级（包括小学、初中和高中）进行考察，探索了教师社会资本与学生在校成绩之间的关系。他们将教师社会资本划分为教师的关系社会资本（bonding social capital）和连接社会资本（bridging social capital），并预设教师的这两种社会资本对学校绩效有积极的影响，能促进教师教学质量的提高，主要表现为：一是教师与他人在相互交流中获取共享信息和技术；二是教师之间的信任关系进一步加强了教师彼此分享信息的动机；三是共同的目标和愿景促进了教师共同创新教学方法。他们在纳哈彼特（Nahapiet, J.）和高莎尔（Ghoshal, S.）1998 年提出的社会

---

① Leana, C. R., & Pil, F. K. Social Capital and Organizational Performance: Evidence from Urban Schools, Organization Science, 2006 (3): 353 – 366.

资本三个维度（结构、关系和认知）[①] 的基础上开发了教师社会资本的测量工具，这一测量工具包括教师社会资本的结构维度、关系维度和认知维度，其中结构维度包括教师社会网络连接、关系强度等，是教师社会网络成员间相互关系的总体模式表现，反映信息渠道和信息共享；关系维度包括教师网络成员之间建立起的信任、责任等关系，包括信任和诚信度；认知维度包括语言、符号、知识等，是为教师社会网络成员间的相互表达和理解提供资源，表现为共同的理想、价值观和目标（注：纳哈彼特和高莎尔开发的模型主要是解释社会资本如何促进新的知识资本在一个组织内的创建）。教师社会资本的调查由18 项（三个维度都为 6 项）组成，主要是解决教师之间的信息共享程度、信任程度、共同愿景、价值观和目标；学生在数学和阅读标准化测试中的成绩代表研究中学校绩效这一因变量；家长对教学方法、课堂教学材料和学习机会的满意度作为衡量学校教学质量水平。研究者预设教师社会资本会提高学生的成绩，因为通过教师与教师之间的沟通交流，会为学校提供更多、更好的信息和资源。最后得出的研究结论是："关系社会资本和连接社会资本是学生在阅读和数学测试中取得何种成绩的重要决定因素，是教学质量的重要预测因子。"莱娜和皮尔建构的教师社会资本理论模型解决了教师社交网络的结构和内容，将结果（如学生成绩）从社会资本建构中分离出来，但模型并没有确定产生结果的中介行动或行为。

第三项研究是佩恩犹尔（Penuel, W.）和里尔（Riel, M.）等运用混合方法研究的《教师专业交流在学校社会资本中的分析：社会网络视角》（Analyzing Teachers' Professional Interactions in a School as Social Capital：A Social Network Approach），[②] 通过量化研究和质化研究相结合论证了教师间的社会资本与学生成绩具有相关性。他们运用

[①] Nahapiet, J. , Ghoshal, S. Social Capital, Intellectual Capital and the Organizational Advantage, Academy of Management Review, 1998（2）：242 - 266.

[②] Penuel, W. , Riel, M. , Krause, A. , & Frank, K. Analyzing Teachers' Professional Interactions in a School as Social Capital：A Social Network Approach, Teachers College Record, 2009（1）：124 - 163.

混合方法比较了在"校长的改革承诺"及"学校为教师提供改革所需的资源"等方面基本相似的两所小学，重点了解在教师社交网络中存在有什么样的资源与专长以及完成改革的努力程度，通过社会网络、问卷调查和访谈等方法相结合，收集大量数据对学校教师在正式和非正式场合的交流和互动进行分析。其中，社会网络主要分析教师间的相互作用；调查和访谈主要分析教师在学校的资源流动和专长。教师在学校里人际关系的结构和内容分析显示出教师社会资本的不同水平，越成功的学校教师越容易获得学校的资源和支持，有更多参与讨论和做计划的机会，也有更强的集体责任感。这三项研究结果表明，存在于教师工作关系中的社会资本，有助于学校教育改革的成功，有助于学生学业成绩的提高。对于那些期望提升教师教学能力，提高学生学业成绩的学校，教师社会资本似乎是一个很有前途的研究领域，教师社会资本对教师教学绩效提升的影响对于未来的研究具有重要意义。

第二节　关于绩效研究

一、绩效概念辨析

随着社会经济的发展，组织对员工的要求越来越高，绩效已成为一个具有丰富内涵的概念，绩效测量的研究也日益引起人们的重视，由于测量的目的不同，测量的结果自然存在较大差异。研究视角不同，对同一个体的绩效测量结果也不同，同样，在绩效的界定上也有不同的观点。通过对相关文献的阅读与梳理，国内外学术界对个体绩效研究主要有四种不同的观点：

第一种观点：绩效即结果。持这一观点的研究者认为绩效就是个体在工作中所达成的工作结果，将结果作为工作导向，通常是以工作业绩的形式表现出来，个体"做到了什么"和是否"做正确的事"是评价绩效的关键点，人们往往将这一观点称为"绩效结果论"。结果论的代表主要是以美国管理之父泰勒（Tailey，R）所创立的科学管理理论为基础，倾向于用员工单元产出记录来表述绩效，认为绩效是在一个特定的时间框架内行为记录的结果。布罗姆伯奇（Munsterberg，H.）是最早从个体的视角对绩效展开研究的学者之一，他早在1913 年就提出了绩效即结果的观点，[①] 后来瑞切特（Richard，S.）也赞同这一观点，认为绩效就是个体在活动中所创造的产出记录。[②] 伯纳丁（Bernardin，H.）等学者进一步验证了他的这一观点，并论证了组织的战略目标、个体的满意度以及投资都与工作结果密切相关。艾利奥特（Elliott，R.K.）认为绩效是员工完成工作任务，实现组织或个人目标，在行为过程中所表现出的工作成绩或行为产生的结果。[③] 有学者将这种以结果来衡量的绩效称为角色绩效，[④] 墨菲（Murphy，K.）将角色绩效界定为"一个人在其工作的组织或组织单元中与特定工作职责与责任相联系的任务完成"。[⑤] 韦伯尤姆（Welbourme，T.）认为角色绩效就是一个人的工作产出的数量和质量。[⑥] 这种结果观将"整体增长、总成本、技术效率以及组织效果"理解为影响组织总体生产力的重要因素，通过量化的标准来评价个体绩效，但这种评价方法经常会受到一定条件的影响，如评价单元的客观基础条件的有利与否等，并且人们的主观努力程度往往也难以体现，不利于产生激励作用。

---

① Munsterberg Hugo. Psychology and Industrial Efficiency, Boston：Houghton Mifflin. 1913.

② Richard S. Williams. Performance Management, London：International Thomson Business Press 1988：173 – 175.

③ R. K. Elliott, The Third Wave Breaks of Accounting, Accounting Horizons 1992（6）：61 – 85.；Bernardin H. John, Jeffrey S. Kane, Susan Ross, et al. Performance Appraisal Design, Development, and Implementation, InG. Ferris, S. Rosen, D. Barnum, eds. Handbook of Human Resource Management, Cambridge, Massachusetts：Black ell, 1995：92 – 93.

④ Katz D, Kahn R L. The Social Psychology of Organization, New York：Wiley, 1978：131 – 134.

⑤ Murphy K R, Sharella A H. Implications of the Multidimensional Nature of Job Performance for the Validity of Selection Tests：Multivariate Frameworks for Studying Test Validity, Personnel Psychology, 1997（50）：823 – 854.

⑥ Welbourme T. M, Johnson D E, Erez A. The Role-based Performance Scale：Validity Analysis of a Theory 2 Based Measure, Academy of Management Journal, 1998（5）：540 – 555.

第二种观点：绩效即行为。随着研究的深入，绩效即结果的观点受到新观点的挑战。研究者逐渐认识到许多工作结果并不一定是个体行为所致，产出记录只是一种现象，可能还会受到一些其他因素的影响，因此对绩效的关注由结果转向了个体的行为上，认为绩效是与工作目标相关的行为表现，行为活动最终导致行为结果，个体要取得某种结果必须在过程中控制好行为，即重视过程导向，将"如何做"和是否"正确地做事"作为评价的依据。人们往往将这一观点称为绩效行为论。有研究者指出，因为绩效的多因性，个体的行为绩效体现在过程中而并不是完全体现在结果中，行为过程与人际关系等都会影响个体绩效，绩效是个体的行为过程而并非工作成绩，表现了个体的工作效率和潜能，行为因素能反映绩效的本质特征。[1] 坎贝尔（Campbell，J. P.）在《绩效理论》（A Theory of Performance）一文中强调了个体绩效本质上是一种行动，而并不是行动的结果，认为"绩效是与组织目标有关的实际行动表现并能观察得到的，应该与结果区分开来，因为结果会受到系统因素的影响"。[2] 他将个体对任务的熟悉程度、努力程度、遵守规定、有利的人际关系等因素都纳入了绩效中。这一观点的理论基础主要是以梅奥为代表的行为科学理论，强调以满足个体的需要来推动劳动生产率的提高。可以说这种观点将个人的努力程度纳入了绩效的考核标准，突出了组织对个人工作的认可，这对提高个体的工作效率将产生积极影响。但因过于抽象在评价中往往很难精确量化，有学者指出，如果只是依靠管理员或专家的主观打分评定的方法，很难做到公平合理，这样自然也会有一些消极的因素存在。[3]

第三种观点：绩效即结果和行为的统一。持这一观点的学者们认

① Campbell JP, Ford P, et al. Development of Multiple Job Performance Measures Representative Sample of Jobs, Personnel Psychology, 1990 (2): 278 - 300.

② 王奇等编著：《高等教育绩效评优研究》，高等教育出版社2012年版，第2页；Campbell JP, McCloy RA, Oppler SH, et al. A theory of Performance. In: Schmitt N, Borman WC (Eds.). Personnel Selection in Organizations, San Francisco: Jossey-Bass, 1993: 35 - 70.

③ Boman. W. C. Motowidlo S. J. Expanding the Criterion Domain to Include Elements of Contextual Performance,. Schmitt W C. Borman (Exls) Personnel Selection in Organizations. Sanfrancisco: Jossey-Bass, 1993: 71 - 98.

为，将绩效看作是单一的"结果"或单一的"行为"都具有一定的局限性，都有失偏颇。只关注"行为"的绩效不利于对效率的促进；只关注"结果"的绩效则不利于过程的投入。所以，个体的行为应与组织目标相吻合才能产生高绩效，绩效既包括任务的结果，也包括完成任务过程中的行为和素质，是结果和行为的整合。布罗姆布朗彻（Brumbrach，A.）在绩效管理（Performance Management）一书中提出"个体的行为是在工作中表现出来的脑力和体力支出的结果"，"行为是结果的工具，行为本身就是结果"。[①] 这一比较宽泛的概念越来越得到认可，我国学者在对绩效展开研究时也基本认同这一观点，仲理峰，时勘在研究中指出，绩效应包括应该做什么和如何做这两个方面，组织在对个体绩效进行管理时，需关注到投入（行为）和产出（结果）两方面。[②] 杨杰等人应用了结果与行为相结合的思路，以实证研究的方式，提出了绩效评价的三维度：特质、行为、结果，并以此建立指标。[③] 总体而言，绩效是行为和结果的整合这一观点日益得到理论界的支持，这些观点对于探寻如何考核教师教学绩效有着重要的引导作用。

第四种观点：绩效即能力。随着知识经济的发展，企业对知识员工的需求量不断增大，依据知识员工自身特点和工作性质的差异，许多学者提出了对知识员工的绩效考核不仅仅是知识，更要注重知识工作者的工作能力，强调能力对知识工作者绩效考核的重要性。澳大利亚学者赫斯科兹（Hesketh，B.）和艾尔沃兹（Allworth，E.）在研究中分析了环境适应能力对员工绩效的作用，并提出了适应性绩效（adaptive performance），指出在对员工的绩效考核中应增加适应性绩效考核。[④] 杰尼森（Janssen，O.）等学者通过实证研究发现创造力与

---

① Brumbrach，A. Performance Management，London：The Cromwell Press，1988：14 – 15.

② 仲理峰、时勘："绩效管理的几个基本问题"，载《南开管理评论》2000 年第 3 期，第 15～19 期。

③ 杨杰、方俐洛、凌文铨："绩效评价的若干问题"，载《应用心理学》2000 年第 2 期，第 53～58 页。

④ Hesketh，B.，& Allworth，E. Adaptive Performance：Updating the Criterion to Cope with Change，Paper presented at the Second Australian Industrial and Organizational Psychology Conference，Melbourne. 1997.

员工工作绩效、工作满意度呈显著相关，提出了创新绩效（creative performance）这一概念，并从创新愿望、创新行动、创新成果和成果应用四个维度开发了创新绩效问卷，在研究中杰尼森还验证了员工绩效目标定位可以改善与管理者的关系，这种关系将有助于个体的创新性绩效的提高。[1] 哈恩特（Hunter，J. E.）、斯科密特（Schmidt，F. L.）在研究中指出员工的一般认知能力影响并能预测其工作绩效，[2] 基于这些研究基础，格罗勒（Gerald，R. F.）等学者进一步研究了能力与绩效的关系，发现除一般认知能力外，员工的社交能力、沟通能力等能力因素也与工作绩效呈现显著相关性。[3]

二、绩效结构分析

在绩效概念研究不断深入的同时，绩效结构也成为研究者关注的主题，最初人们依据对绩效内涵的理解，只是从"行为"或"结果"一维的视角对绩效结构展开研究。1964 年美国学者卡特兹（Katz，D.）在《行为科学》杂志上发表了《组织行为的动机基础》（The Motivational Basis of Organizational Behavior）一文，指出绩效结构并不是一个单维度概念，要使组织有效的运转，组织中的个体需具备三类基本行为，即自觉地加入并留在组织中；自愿地达到各类绩效标准；自发地参与组织之外的活动。[4] 之后，研究者们开始从多维视角来研究绩效结构。如坎贝尔（Campbell，J. P.）在《工业和组织心理学中的绩效预测模型》（Modeling the Performance Prediction Problem in In-

---

① Janssen, O., Nico, W., Van Yperen. Employees' Goal Orientations, The Quality of Leader-member Exchange, and The Outcomes of Job Performance and Job Satisfaction, Academy of Management Journal, 2004, 47 (3): 368 – 384.

② Hunter, J. E. & Schmidt, F. L., Estimation of Sampling Error Variance in the Meta-analysis of Correlations: Use of Average Correlation in the Homogeneous Case, Journal of Applied Psychology, 1994 (2): 171.

③ Gerald, R. F., Witt, L. A. & Wayne, A. H.. Interaction of Social Skill and General Mental Ability on Job Performance and Salary, Journal of Applied Psychology, 2001 (6): 1075.

④ Katz, D. The Motivational Basis of Organizational Behavior, Behavioral Science, 1964 (9): 131 – 133.

dustrial and Orangizational Psychology）① 的研究中将工作绩效划分为八个维度，特殊工作任务熟悉度（job-specific task proficiency）、非特殊工作任务熟悉度（non-job-specific task proficiency）、工作成就的展示（demonstrating effort）、维护个人的学科（maintaining personal discipline）、书面和口头沟通任务的能力（written and oral communication task proficiency）、促进同事和团队的绩效（facilitating peer and team performance）、监督/领导（supervision/leadership）和管理/实施（management/administration）。在这八个维度中，前三个维度被认为是工作绩效的主要组成部分。墨菲（Murphy，K.）和莎莱勒（Sharella，A. H.）② 在研究中将工作绩效分为以工作任务为导向的行为（task-oriented behaviors）、以人际关系为导向的行为（interpersonally oriented behaviors）、缺席行为（down-time behaviors）和破坏性/危险行为（destructive/hazardous behaviors）四个维度。这些研究也说明了研究者认同绩效的构成不是单一的，归纳以上绩效结构维度模型，他们主要强调的是两大方面的绩效，一是员工所从事的技能性活动；二是员工与同事、领导及组织之间的人际关系。这表明对员工的绩效分析不仅需要考虑员工在完成任务过程中的努力程度，而且工作环境对员工完成任务也很重要。因此，美国学者伯曼（Borman，W. C.）和莫特维多（Motowidlo，S. J.）提出著名的二维绩效结构模型。

"任务—情境"二维绩效结构。伯曼（Borman，W. C.）和莫特维多（Motowidlo，S. J.）通过对 991 名在职空军技师的测试，将个体工作绩效划分为任务绩效（Task Performance，TP）和情境绩效（Contextual Performance，CP）二维结构，即"任务—情境"二维绩效结

---

① Campbell, J. P. Modeling the Performance PredictionProblem in Industrial and Orangizational Psychology. In M. D. Dunnette & L. M. Hough（Eds.），Hankbook of Industrial and Organizational Psychology，Palo Alto：Consulting Psycologists Press，1990：687 - 732.

② Murphy K R，Sharella A H. Implications of the Multidimensional Nature of Job Performance for the Validity of Selection Tests：Multivariate Frameworks for Studying Test Validity，Personnel Psychology，1997（50）：823 - 854.

构。[①] 克罗曼（Coleman，V. L.）和伯曼（Borman，W. C.）在已有研究的基础上，将情境绩效划分为人际关系公民行为绩效（interpersonal citizenship behavior performance）、组织内公民行为绩效（organizational citizenship behavior performance）、工作（任务）责任感行为绩效（job/task citizenship behavior performance），形成了基于行为的"人际关系—公民行为—责任感"绩效结构。[②] "任务绩效—情境绩效"二维绩效结构不仅强调了团队协作的组织文化，也对个体尤其是知识工作者个体的工作性质与绩效特点予以了重视，因此，自提出以来一直受到研究者们的关注，我国学者王晖、李晓轩等运用实证方法对非管理人员绩效结构进行研究，验证了任务绩效和情境绩效的二因素绩效结构模型，进一步支持了二维绩效结构观。[③]

"任务—情境—适应"三维绩效结构。在二维绩效结构的基础上，澳大利亚学者艾尔沃兹（Allworth，E.）和赫斯科兹（Hesketh，B.）提出将适应性绩效（adaptive performance）作为绩效的第三个维度结构，并运用实证研究的方法验证了任务、情境和适应性三个绩效维度的独立性，形成了"任务—关系—适应"三维绩效结构模型。[④] 普拉克斯（Pulakos，E. D.）等学者专门针对"适应性绩效"的结构与影响因素进行了研究，提出了适应性绩效的四大维度：处理问题能力（包括紧急事件、工作压力、不确定的工作情境等）；适应性（包括人际适应性、文化适应性、身体适应性等）；接受新知识与新技能；创造性。[⑤] 我国管理学研究者也将此模型引入到管理领域，对管理人员

① Borman，W. C.，Motowidlo，S. J. Task Performance and Contextual Performance：The Meaning for Personnel Selection Research，Human Performance，1997（10）：99 - 109.

② Coleman，V. L，Borman W. C. Investigating the Underlying Structure of the Citizenship Performance Domain，Human Resource Management Review，2000（10）：25 - 45.

③ 王晖、李晓轩、罗胜强："任务绩效与情境绩效二因素绩效模型的验证"，载《中国管理科学》2003 年第 4 期，第 1 ~ 10 页。

④ Allworth，E.，Hesketh，B. Construct-oriented Biodata Capturing Change-related and Contextual Relevant Future Performance，International Journal Selection & Assessment，1999（2）：97 - 101.

⑤ Pulakos，E. D. et al. Adaptability in the workplace：Development of aTaxonomy of Adaptive Performance，Journal of Applied Psychology，2000（4）：612 - 624.

和知识员工展开研究，但由于文化因素等差异，研究结论与西方有一定的差异。孙健敏、焦长泉从任务、个人特质和人际关系三个绩效维度对中国管理者绩效结构进行了研究，并指出，任务绩效维度与任务—情境绩效模型中的任务绩效维度存在明显的差异，"个人特质绩效"维度是对任务—情境绩效模型的拓展。[①] 张敏在研究中指出：与任务绩效和情境绩效概念相比，适应性绩效是一个更宽泛的概念，是在新的环境条件下对绩效结构的重要补充。[②] 陈亮、段兴民通过对组织中层管理者的工作绩效研究，证实了任务绩效、情境绩效和适应性绩效在中层管理者的绩效结构中是不可分的。[③]

四维绩效结构。我国学者在二维、三维绩效结构模型研究的基础上进一步扩展，在研究中提出了四维绩效结构，如温志毅在对管理者绩效结构的研究中，指出管理人员的工作绩效结构包括任务绩效、人际绩效、适应绩效和努力绩效四个维度[④]；韩翼在对雇员工作绩效结构的研究中，将雇员工作绩效划分为技术核心（任务绩效）、公民气候（情境绩效）、学习过程（学习绩效）和创新行为（创新绩效）四个维度[⑤]，并运用实证进行了检验。

绩效结构研究的发展，为绩效管理提供了理论依据和实践指导，从绩效结构的发展过程看，二维绩效结构是在前人研究的基础上总结而来的，在这一结构模型中，既注重工作的结果，也注重工作的过程；既关注对职业任务的完成，也关注对待职业任务完成过程的态度，比较全面地反映了处于发展中的组织对个体成员的基本要求。因

---

① 孙健敏、焦长泉："对管理者工作绩效结构的探索性研究"，载《人类工效学》2002年第3期，第1~10页。

② 张敏："适应性绩效：教师绩效结构的新发展"，载《高等工程教育研究》2007年第2期，第103~106页。

③ 陈亮、段兴民："基于行为的组织中层管理者工作绩效评价结构研究"，载《管理工程学报》2009年第2期，第44~49页。

④ 温志毅："工作绩效的四因素结构模型"，载《首都师范大学学报（社会科学版）》2005年第5期，第105~111页。

⑤ 韩翼、廖建桥、龙立荣："雇员工作绩效结构模型构建与实证研究"，载《管理科学学报》2007年第5期，第62~77页。

而这一结构模型得到了人们的普遍认可，并在多个行业予以了验证，是目前研究个体绩效结构比较理想的绩效结构模型。三维、四维绩效结构模型基本是在二维绩效结构的基础上而提出的，也有一定的合理性和可行性，但很少被加以验证。

三、高校教师教学绩效的测量

基于增值基础之上的任务绩效和情境绩效是个体工作绩效的重要组成成分，对于这两个维度的测量，在企业界，研究者们提出了不同的测量模型，而在教育界，研究者更多的是依据教师工作任务的需要和对工作的完整性分析来测量教师的任务绩效情况，[1] 如克莱伯通过考察分析 11 位在大学已获得"教学奖"的教师和 116 位被认为是"教学专家"的教师有代表性的教学和研究活动，收集了 17 个方面的详细信息，发现教师的工作具有五大特征，即交流/学问（interaction/scholarship，如学习自己的学科领域新开发的学科、与同事交流、对同事的建议与指导）；教学（teaching，如对学生的咨询、了解、提供学习指导）；校外活动（extramural activities，如校外讲座与会议、公共研讨、成为专业协会会员）；日常学术工作（academic work routines，如对同事工作的评价、教学的准备工作）；研究成果（product research，如成果的发表、专著、参与著书）。[2] 在这个模型中，克莱伯发现，虽然所有教师的工作任务并不相同，但教学和研究是教师工作的关键维度。萨洛彦（Saroyan, A.）等学者将教学界定为"是一种会受到思维过程、理论、设想等的影响的复杂认知活动"，[3] 研究是

---

[1] Greenslade, J. H., & Jimmieson, N. L. Distinguishing Between Task and Contextual Performance for Nurses: Development of a Job Performance Scale, JAN Research Methodology, 2007 (6): 602 – 611.

[2] Kreber, C. How University Teaching Award Winners Conceptualize Academic Work: Some Further Thoughts on the Meaning of Scholarship, Research in Higher Education, 2000 (1): 61 – 79.

[3] Saroyan, A., & Amundsen, C. Evaluating University Teaching: Time to Take Stock, Assessment & Evaluation in Higher Education, 2001 (4): 341 – 350.

一种生产知识的学术职业。[1] 因此，教师教学绩效（teaching performance）彰显在教师对教学的信念、认知能力等外显行为之中，而研究绩效（researching performance）包含了教师在知识生产过程中所从事的学术活动。依据教学绩效和研究绩效的定义，目前我国高校主要是通过教学和研究来考核和评定教师的工作绩效，主要通过对教师的一些重要行为操作以考查教师是否成功履行了作为大学教师教学和研究的职责，是否扮演了教学者和研究者的角色。

在教学方面，研究者选择了通过不同的行为来评价教师教学绩效，如拉姆斯登（Ramsden, P.）等学者在《认可的优秀教学》（Recognising and Rewarding Good Teaching）一书中提出了从 8 个方面来评价教师的教学：（1）学习；（2）对学科表现出热情并期待与学生一起分享；（3）适应于各种条件下的教学环境；（4）鼓励学生理解学习；（5）发展学生的批判性思维能力、解决问题能力；（6）改革和扩展知识而不只是传递知识；（7）制订清晰的教学目标，使用有效合理的评价方法；（8）尊重学生、尊重学生的兴趣和个性发展，鼓励学生自我独立、自我实现。[2] 希哈恩（Sheehan, E. P.）和迪普莱（DuPrey, T.）在《学生评教》（Student Evaluations of University Teaching）这项研究中，通过分析洛杉矶地区的一个大学心理学院学生对心理学课程的 3632 次评价，发现有五个线性组合的特征（如信息讲座、是否测试、论文或其他形式作业对课程材料的测量是否合理、教师准备、趣味性讲座与学生对课程的感知）能解释教师教学绩效 69% 的变异，模型与学生对他们学习的感知具有较高的相关性。[3] 斯塔克（Stack, S.）在《社会科学领域里教师研究能力与学生评教关系：研究报告》（Research Productivity and Student Evaluation of

① Smeby, J. C. Knowledge Production and Knowledge Transmission: The Interaction Between Research and Teaching at Universities, Teaching in Higher Education, 1998 (1): 5 – 19.

② Ramsden, P., Margetson, D., Martin, E., & Clarke, S. Recognising and Rewarding Good Teaching, Committee for the Advancement of University Teaching, Canberra, 1995: 24.

③ Sheehan, E. P., & DuPrey, T. Student Evaluations of UniversityTeaching, Journal of Instructional Psychology, 1999 (3): 188 – 194.

Teaching in Social Science Classes: A Research Note）中总结了高等教育中教师教学的十大倾向：学科知识（knowledge of the subject）；知识广度（intellectual expansiveness）；筹办组织（preparation and organization）；清晰易懂（clarity and understandableness）；课程目标明确（clarity of course objectives）；鼓励独立思考（encouragement of independent thought）；感知教学的效果与影响（perceived outcome and impact）；激励学生对课程的兴趣（stimulation of interest in the course）；教学的激情（enthusiasm for the subject）和有用的课程补充材料（usefulness of supplemental materials）。[①] 斯波瑞（Spooren，P.）和莫特尔曼（Mortelmans，D.）对大学教师的教学特点进行了深入的研究，他们在大量查阅文献的基础上制订了一套关于优秀教学最低标准的测量问卷，包括清晰的目标（Clarity of objectives）；课程材料的价值（value of subject matter）；主题的组合（build-up of subject matter）；讲课技能（presentation skills）；课程组织（course organization）；对课程材料新意的理解（contribution to understanding the subject matter）；课程难度（course difficulty）；学生学习过程中教师的支持（teachers' assistance in the learning process）；测试的可靠度（authenticity of the examination）；考试形式（formative examination）等 10 个方面的内容。[②] 加恩（Gan，Q. Y.）在《对大学教师工作绩效评估的反思》（Reflection of University Teachers' Job Performance Assessment）一文中，针对大学教师教学绩效的评估提出了三个维度：（1）投入（investment），主要包括教学态度、教学伦理、知识等；（2）过程（process），包括课堂教学管理、教学设备等；（3）产出（output），包括学生的学业成绩、学习能力和满意度等。[③]

---

① Stack, S. Research Productivity and Student Evaluation of Teaching in Social Science Classes: A Research Note, Research in Higher Education, 2003 (5): 539 – 556.

② Spooren, P., & Mortelmans, D. Teacher Professionalism and Student Evaluation of Teaching: Will Better Teachers Receive Higher Ratings and Will Better Students Give Higher Ratings? Educational Studies, 2006 (2): 201 – 214.

③ Gan, Q. Y. Reflection of University Teachers' Job Performance Assessment, Journal of Guizhou Institute of Ethnic Minorities, 2006 (1): 148 – 152.

另外，也有研究者将教师每周用在工作上的平均时间作为任务绩效的测量标准，艾伦（Allen，H. L.）通过对 1993 年国家高等教育教师研究（National Study of Postsecondary Faculty）的数据分析，了解到大学教师每周平均工作 52 小时;① 克恩曼（Kinman，G.）和琼斯（Jones，F.）通过对英国 99 所大学的分析，发现 66% 的大学教师每周工作 45 小时以上，而另外 34% 的大学教师每周工作时间是在 55 小时以上，其中有 43% 的教师在晚上和周末几乎都在工作;② 斯梅比（Smeby，J.）在《大学教学的学科差异》（Disciplinary Differences in University Teaching）的研究中，考察了挪威 1815 名助理教授的工作时间分配，每周平均有 21.1 小时用于准备教案和上课;③ 布兰德（Bland，C. J.）等研究者分析了 5226 名在拥有博士授予权的机构或研究所教学的教师，他们每周用于教学的时间平均是 23.7 小时。④ 教师的时间投入为任务绩效提供了测量标准，促进了它与其他变量之间关系的统计分析，但这种测量方法也存在三方面的局限性：第一，教师时间投入的多少与绩效之间并不能完全说明会是一种正相关关系，所以时间投入与其他变量的关系并不能提供某种特殊含义。第二，基于对与教学或研究相关任务的不同理解，一些教师倾向于计算他们的工作时间也不一样，例如，一些教师会将与学生讨论学习中遇到的问题与困难、对下属同行的管理、参加教育学术会议等作为与教学相关的任务，而一些教师可能更加关注规范性的教学任务，如在教学准备上和正式上课所花费的时间。第三，教师在智力、心理、学科的特殊性和组织特征等方面的差异也会导致教师投入在工作中的时间不同。

① Allen, H. L. Faculty Workload and Productivity in the 1990s: Preliminary Findings, The NEA 1996 Almanc of Higher Education, 1996: 21-32.
② Kinman, G., & Jones, F. What do People Really Mean When They Say They are Stressed, Work & Stress, 2005 (2): 101-120.
③ Smeby, J. Disciplinary Differences in University Teaching, Studies in Higher Education, 1996 (1): 69-80.
④ Bland, C. J. Center, B. A., Finstad, D. A., Risbey, K. R. & Staples, J. The Impact of Appointment Type on The Productivity and Commitment of Full-time Faculty in Research and Doctoral Institutions, Journal of Higher Education, 2006 (1): 89-123.

这三方面的局限性也表明，单纯以教师的时间投入来说明教师的任务绩效是不全面的，因而这种测量方法也基本不被研究所采纳。

目前，尽管研究者选择不同的教学行为作为评价标准，但大多数研究者比较倾向于将教师的课前、课中、课后和教学行为作为大学教师教学评价系统的测量维度，如莱迪（Ledie，J.）等的《克罗地亚大学教学质量评估》（Assessing the Quality of University Teaching in Croatia）；[①] 席拉布（Shirabe，M.）的《日本大学的绩效测量》（Measures of Performance of Universities and Their Faculty in Japan）；[②] 克瑞科迪（Kyriakides，L.）等的《基于教学效能的教师评估生成标准研究》（Generating Criteria for Evaluating Teachers Through Teacher Effectiveness Research）[③] 这些研究文献概述了大学教师教学绩效测量的内容：（1）课前教学行为，如制订清晰的教学目标；生成具有一定的深度、意义和联系的教学主题；获得熟悉的学习材料；对学科专业和学科教学知识的学习。（2）课堂教学行为，如充满激情的、清晰、完整的教学展示；根据学生特点、课程主题实施不同的教学策略；创新轻松的课堂学习环境；跨学科团队教学。（3）课后教学行为，如学生课后的不同形式的练习；对学生学习予以评价；为学生提供反馈；对教学的反思；与同事讨论教学技能或教学中的问题；开发新的课题等。

第三节　关于社会资本与绩效关系研究

在已有的文献中，国内外研究者都比较关注企业中个体社会资本

---

① Ledie, J., Rafajac, B., & Kovac, V. Assessing the Quality of University Teaching in Croatia, Teaching in Higher Education, 1999（2）：213 – 233.

② Shirabe, M. Measures of Performance of Universities and Their Faculty in Japan, Information Knowledge Systems Management, 2004（4）：167 – 178.

③ Kyriakides, L., Demetriou, D. & Charalambous, C. Generating Criteria for Evaluating Teachers Through Teacher Effectiveness Research, Educational Research, 2006（1）：1 – 20.

对绩效（包括个体绩效和组织绩效）影响的研究，认为个体社会资本能促进个人创新能力的发展，[1] 能促进不同主体间的资源相互转移与整合，是影响个人工作绩效和事业成功的关键因素。[2] 研究表明，个体所在社会网络中的强连接和弱连接都能提高企业在竞争中的机敏程度，积聚更大的竞争能力，进而促进企业绩效的提升。[3] 个体的网络位置、网络联接强度、网络关系强度等是影响个体创新能力、提升绩效的重要因素，[4] 其中个体在网络中的位置决定着是否有利于获取更多信息资源和取得外部的帮助；[5] 网络连接有利于个体获取社会关系中的有效资源，从而促进原有知识的整合和新知识的获得；[6] 个体与网络成员的关系强度会影响到个体获得信息资源的数量。[7] 尤其是在团队合作时，网络连接越强，成员之间的交流就越频繁，在互

① Subramaniam N, Youndt MA. The Influence of Intellectual Capital on the Types of Innovative Capabilities, Academy of Management Journal, 2005 (3): 450 – 463. ; 顾琴轩、王莉红："人力资本与社会资本对创新行为的影响——基于科研人员个体的实证研究"，载《科学学研究》2009 年第 10 期，第 1565 ~ 1570 页；林筠、刘伟、李随成："企业社会资本对技术创新能力影响的实证研究"，载《科研管理》2011 年第 1 期，第 35 ~ 44 页。

② Burt R.. The Contingent Value of Social Capital, Administrative Science Quarterly, 1997 (2): 339 – 365. ; Coleman J. Social Capital in the Creation of Human Capital, American Journal of Sociology, 1988 (94): 95 – 120.

③ Zaheer A., Mcevily B., Perrone V. Does Trust Matter? Exploring the Effects of Interorganizational and Interpersonal Trust on Performance, Organization Science, 1998 (2): 141 – 159.

④ Zhou J, Shin SJ, Brass DJ, Choi J, Zhang Z. Social Networks, Personal Values, and Creativity: Evidence for Curvilinear and Interaction Effects, Journal of Applied Psychology, 2009 (6): 1544 – 1552.

⑤ Nahapiet, J., Ghoshal, S. Social Capital, Intellectual Capital and the Organizational Advantage, Academy of Management Review, 1998 (2): 242 – 266.

⑥ Ann MM, Cannella Jr. AA. Social Capital and Knowledge Creation: Diminishing Returns of the Number and Strength of Exchange Relationships, Academy of Management Journal, 2004 (5): 735 – 746. ; 顾琴轩、王莉红："人力资本与社会资本对创新行为的影响——基于科研人员个体的实证研究"，载《科学学研究》2009 年第 10 期，第 1565 ~ 1570 页。

⑦ Rodan S, Galunic C. More Than Network Structure: How Knowledge Heterogeneity Influences Managerial Performance and Innovativeness, Strategic Management Journal, 2004 (6): 541 – 562.

动中得到的社会性支持越多，创新能力和绩效的提升就越显著。①

一些学者通过实证研究探索了社会资本对个体绩效的影响，如帕帕（Papa，M.）在《社会网络模式与员工绩效新技术》（Communication Network Patterns and Employee Performance With a New Technology）一文中通过考察员工与领导及同事之间的关系是否会影响到绩效的提升，结果发现，员工与单位领导、同事的社会网络关系会影响到自己有效解决问题的能力，在频繁的互动交流中会影响到信息的快速获得和更好地运用新技术，最终将促进工作绩效提升，因此，员工社会网络的规模及连接的强度、频率与个体绩效呈显著正相关。② 迈尔逊（Meyerson，E.）在《人力资本、社会资本与报酬：社会关系在管理者收入中的作用》（Human Capital，Social Capital and Compensation：The Relative Contribution of Social Contacts to Managers' Incomes）一文运用强关系理论，通过对瑞典某公司的管理者与同事之间关系的考察，发现管理者与同事之间的强关系会使其获得高绩效和高薪水。③ 吉利兰德（Gilliland，D. I.）和贝罗（Bello，D. C.）以批发商为视角，通过对批发商与生产制造商、顾客之间的关系的研究，发现如果生产制造商与顾客之间能保持持续的联合，会提高他们彼此之间的忠诚度，进而会提高批发商的绩效。④ 莫兰（Moran，P.）以管理者为视角，以结构嵌入（structural embeddness）和关系嵌入（relational embeddness）作为社会资本的测量维度，对企业中的 120 名管理人员进行问卷调查，调查结果表明，结构嵌入主要影响管理人员的销售绩

① Amabile TM. , Conti R , Coon H. Assessing the Work Enviornment for Creativity, Academy of Management Journal, 1996 (5): 1154 – 1184. ; George JM, Zhou J. Dual Tuning in a Supportive Context: joint Contributions of Positive Mood, Negative Mood, and Supervisory Behaviors to Employee Creativity, Academy of Management Journal, 2007 (3): 605 – 622.

② Papa M. Communication Network Patterns and Employee Performance With a New Technology, Communications Research, 1990 (3): 344 – 368.

③ Meyerson E. Human Capital, Social Capital and Compensation: The Relative Contribution of Social Contacts to Managers' Incomes, Acta Sociologica, 1994 (4): 383 – 399.

④ Gilliland D I, Bello D C. Two Sides to Attitudinal Commitment: the Effect of Calculative and Loyalty Commitment on Enforcement Mechanisms in Distribution Channels, Journal of the Academy of Marketing Science, 2002 (1): 24 – 43.

效，而关系嵌入主要影响管理人员的产品和流程创新绩效。[1] 特赛
（Tasi，Y. C.）在《社会资本和吸收能力在创新网络营销中的影响》
（Effect of Social Capital and Absorptive Capacity on Innovation in Internet
Marketing）一文中也验证了社会资本对个体绩效的正向影响。[2] 我国
学者边燕杰和丘海雄以广州市的 188 家企业为研究对象，将企业家的
能动性和经济结构作为社会资本的分析要素，结果证明这两大要素会
影响企业社会资本的存量，直接提升企业的经营能力和经济效益。[3]
张其仔以 22 家国有企业的 2678 名职工为研究对象，将职工个体之间
合作程度的高低作为社会资本的测量标准，结果发现，不同形式的社
会资本会对企业效益造成不同的影响，工人与管理者之间的社会资本
对企业盈亏的影响非常显著。[4] 贺远琼等从企业高管的角度，将高管
的社会资本分为市场和非市场两种环境中的社会资本，采用问卷调查
和深度访谈的研究方法，其分析结果表明，高管通过提高企业对外部
环境的适应能力会显著地提升企业的经济绩效。[5]

第四节 文献研究述评

通过对已有文献的综述，可以看出国内外学者已在社会资本理

---

[1] Moran P. Structural vs. Relational Embeddness: Social Capital and Managerial Performance, Strategic Management Journal, 2005 (26): 1129 – 1151.

[2] Tasi YC. 2006. Effect of Social Capital and Absorptive Capacity on Innovation in Internet Marketing, International Journal of Management, 2006 (1): 157 – 166.

[3] 边燕杰、丘海雄：“企业的社会资本及其功效”，载《中国社会科》2000 年第 2 期，第 87 ~ 99 页。

[4] 张其仔：“社会资本与国有企业绩效研究”，载《当代财经》2000 年第 1 期，第 53 ~ 58 页。

[5] 贺远琼、田志龙、陈昀：“企业高管社会资本与企业经济绩效关系的实证研究”，载《管理评论》2007 年第 3 期，第 33 ~ 37 页；贺远琼、田志龙、陈昀：“环境不确定性、企业高层管理者社会资本与企业绩效关系的实证研究”，载《管理学报》2008 年第 3 期，第 423 ~ 429 页。

论、绩效理论及社会资本对绩效影响等方面都进行了许多有意义的探索，取得了很多研究成果。研究者们从不同视角出发对社会资本的概念、社会资本的层次与测量、教师资本、绩效概念、绩效的结构维度、高校教师教学绩效测量、社会资本对绩效的正向影响等方面都进行了论证和分析，社会资本理论和绩效理论基本已形成比较成熟的理论体系。这些研究成果不仅丰富了相关理论的研究，而且也为我们理解和探索我国边疆少数民族地区高校教师社会资本与教学绩效关系研究提供了一定的理论基础和新的研究视角。在高等教育领域里，影响高等教育质量的因素有很多，如资源、设备、教育传统等，但教师的工作绩效却是至关重要的影响因素。[1] 基于社会资本现有的理论研究，一些研究者针对企业社会资本对创新绩效的影响进行了有益的观察和分析，而创新性也是高校教师劳动的特点，教师的教学活动就是一项富有创新特点的活动，而且目前我国各高校都非常重视和关注教学质量的提高，重视对教师教学工作绩效的评价。为了进一步拓展和丰富已有的教育理论，本研究试图以社会资本为研究视角从微观层面深入地探索和分析边疆少数民族地区高校教师的社会资本对教学绩效的影响。然而，目前关于社会资本理论、绩效理论以及这两者之间关系问题的研究基本倾向于以企业组织为主，对于教师社会资本与教学绩效关系关注的不多，还尚未形成一个有效的解释框架，缺乏对现实的指导意义。因此，现有的研究还存在一定的局限。

第一，关于教师社会资本与教学绩效关系的研究不多。科尔曼曾指出，社会资本一方面会促进个体获得信息资源，另一方面也会影响到个体在组织内的态度和行为。[2] 个体社会资本在知识管理领域的研究是目前很多研究者比较关注的问题，对于民族自治区域高校教师而言，各民族教师的社会资本也同样会促进教师获得多方面的信息资源及影响教师在工作中的态度和行为，从而更好地促进各民族人才培养

① Kocak, R. The Validity and Reliability of the Teachers' Performance Evaluation Scale, Educational Sciences: Theory and Practice, 2006 (3): 799-808.

② Coleman, J. S. Social Capital in the Creation of Human Capital, American Journal of Sociology, 1988 (94): 95-120.

质量和整体教学水平的提升。具体来说，边疆少数民族地区高校各民族教师的社会网络关系及其质量会直接影响到教师的工作质量，教师在教学上投入的多少、教学效率如何、是否愿意开展教学研究、是否有教学创新等在很大程度上受到教师社会网络的影响。在已有的有关教师资本的研究中，一些研究者探索了教师的社会资本与学生学业成绩的关系，而对教师社会资本与自身教学绩效关系这一问题关注的不多，同时在高校教师教学绩效研究的文献中，也很少有学者从个体社会资本角度来探索这一问题。因此，在这一方面还存在很大的研究空间。

第二，教师社会资本的测量和教师教学绩效测量指标单一。关于社会资本的测量，大多数研究者倾向于将其作为一个多维度的概念，尤其是纳哈彼特（Nahapiet，J.）和高莎尔（Ghoshal，S.）所提出的三维模型已得到国内外很多研究者们的认可，但各维度指标确定的研究，即操作性测量在研究中还存在很大差异，已有对教师社会资本的测量研究，主要是以师生关系和同事关系作为衡量的标准。如何科学地测定高校教师个体社会资本，是一个需要进一步探索的问题。从绩效指标的视角看，在企业组织绩效的研究中，多强调绩效指标的多维性，而在教育领域的研究中并未全面而系统地反映教师的教学绩效表现，可以说缺乏对教师教学影响因素的全面反映，相关研究表明，对教师教学绩效测量，大都是以教师完成教学任务即以任务绩效作为单一测量维度。企业绩效理论和实证的研究结论表明，个体绩效已不是单一的维度能概括的，而应该是一个多维结构的概念。因此，在对教师社会资本与教学绩效关系展开研究时，作为自变量的社会资本指标和作为因变量的教学绩效指标都需要进一步完善。

第三，缺乏对影响机理系统性分析。学者们在对社会资本直接影响绩效的研究中，基本是以正向影响的研究为主，而实际上社会资本对个体或集体行动具有正面和负面两种作用机制，如果忽视了它的负面作用，将不利于对社会资本本质的理解。[1] 为了避免社会资本给绩

---

[1] 卜长莉："社会资本的负面效应"，载《学习与探索》2006年第2期，第54~57页。

效所带来的消极影响，可以通过影响机理的系统性着手来探索社会资本对绩效的正向影响。教师社会资本的形成主要源于教师的社会关系网络，而这种网络会深深地打上教师所处学校文化环境的烙印，它对教师的影响可能是直接的，也可能是间接的。从辩证唯物主义理论出发，任何事物的发展变化都包含着内、外两个影响因素，外因是变化的条件，内因是变化的依据，外因通过内因而起作用。在教师教学绩效影响因素中，教师社会资本是外因，这种外因也需要通过内因起作用。在科学研究中，外因通过内因而影响事物的发展，如果外因是自变量，那么内因就是中介变量，教师的社会资本要通过什么样的中介变量来影响教学绩效呢？又是如何通过中介变量影响教学绩效的？在绩效理论的研究中已证明，绩效维度中任务绩效和情境绩效的形成机理并不完全相同。教师社会资本对这两个绩效维度的影响机理如何，有必要进行系统的考察和分析，以明确教师社会资本对教学绩效的影响路径。

第四，理论分析和实证研究需考虑文化背景。目前国外的大量研究虽已论证了社会资本影响着个体工作绩效，但中西方文化中存有差异，西方文化中倾向于将个体作为分析单元，而中国文化中倾向于将关系中的个体作为分析单元。[1] 中国文化更多地强调 "社会的优先地位，个人对家庭、群体利益的服从，社会关系在资源配置中发挥着重要作用"，[2] 中国更倾向于关系型社会，关系取向无论是在观念上还是在社会结构中都有所强化。[3] 因此，在社会网络中强关系比弱关系更重要。这种关系型社会一方面表明从教师社会资本的视角来研究教师教学绩效的重要性和可行性，另一方面也决定了我们不能完全套用西文经典的社会资本理论来探讨中国文化背景下的社会问题，要选择符

---

① Chen, Z. X., Francesco, A. M. Employee Demography, Organizational Commitment and Turnover Intention in China: Do Cultural Differences Matter? Human Relations, 2000 (6): 869 – 887.

② 杨雪冬：“社会资本：对一种新解释范式的探索”，载《马克思主义与现实》1999 年第 3 期，第 71 页。

③ 张其仔：“社会资本与国有企业绩效研究”，载《当代财经》2000 年第 1 期，第 53～56 页。

合中国文化特点的教师社会资本因素进行理论分析与实证探索。而边疆少数民族地区又是一个以多元文化为特色的区域，这里生活着拥有不同语言、文字和民俗风情的各民族同胞，因此，以我国多元的民族文化为背景，运用理论的规范研究和实证的探索分析，系统考察边疆少数民族地区高校教师社会资本对教学绩效的效能及内在影响机理，是一个更具实际意义、更有价值的研究问题。

第五节　本章小结

本章主要对社会资本理论与绩效理论这两大研究主题的相关理论文献进行回顾和梳理，分析与总结了社会资本与绩效关系的研究成果，并针对已有的研究进展进行了评析。本章的主要目的是通过对已有研究文献的回顾和评析，一方面准确了解目前社会资本领域和绩效领域的研究进展，把握需进一步推进和有待于解决的具体问题；另一方面，通过对文献的阐述和分析，借鉴前人有价值的研究结论和研究方法来确定本研究的理论基础和方法论基础，进而为后续的质性和定量研究、研究假设提出、模型构建奠定理论基础。本章内容主要包括以下 4 个方面：

第一，对社会资本理论的相关研究文献进行梳理，包括社会资本的内涵、结构维度、作用机理及关于教师社会资本的研究，为分析边疆少数民族地区高校教师的社会资本奠定理论基础。

第二，针对教师教学绩效的主题，梳理了个体绩效的内涵、结构，社会资本与个体绩效的关系研究，探索高校教师教学绩效的研究路径和测量方法，发现引入社会因素研究教师绩效是必要的。

第三，在对本研究的相关文献进行了回顾和梳理的基础上，评析了已有研究中存在的局限与不足，尤其是缺乏对多元文化高校的教师社会资本与教学绩效二者关系的关注，尚未形成对这二者关系的有效解释框架。因此，本研究认为，边疆少数民族地区高校教师是由多民族身份的教师组成的，在以民族团结为基调的大学校园里，从社会资本的视角研究高校教师教学绩效是探索如何提高多元文化高校教学质量的一个新切入点，将教师社会资本作为影响教学绩效的外在因素来探讨和分析教师社会资本对教学绩效的内在影响机理，以此建构本研究框架。

第三章 边疆少数民族地区高校教师社会资本结构与教学绩效关系的维度分析

第一节 边疆少数民族地区高校教师社会资本生成分析

"社会结构是一种优势的隐喻（metaphor），是一个具有'隐喻'性质的总括性概念。"[1] 因此，要了解边疆少数民族地区高校教师社会资本与教学绩效的内在关系，首先必须要了解边疆少数民族地区高校教师社会资本的本质，这就需要从社会资本形成的源头来探讨，即对边疆少数民族地区高校教师社会资本的生成问题展开分析，揭示不同民族教师社会资本生成的规律，促进各民族教师有效地获取在教学实践中所需要的社会资源。

社会学家阿德勒（Adler, P. S.）等指出，社会资本是源自于社会关系，[2] 即一行动者与另一行动者因某种关系（如亲属、朋友、师生、同事等）产生互动行为，并能在互动中获取资源。本研究认为，边疆少数民族地区高校教师社会资本是嵌入教师的社会关系网络之

---

[1] Burt, R. S. The Network Structure of Social Capital, Research in Organizational Behavior, 2000 (22): 345 – 423.

[2] Adler, P. S., Kwon, S. W. Social Capital: Prospects for a New Concept, Academy of Management Review, 2002 (1): 17 – 40.

中，获得与教学相关的资源以实现教学目的。因此，教师社会资本生成的目标取向即获取这些存在于复杂关系网络中的社会资源；教师要获得社会资源，首先必须具备个人获得资源的能力、机会和动机，这三个因素是教师能否获取社会资源的条件。条件具备了，如何获取？教师社会资源是潜藏于各民族教师所生活的多元文化背景下的高校社会关系网络中，因而社会关系网络是教师获取社会资源的载体；教师社会关系网络的建立主要取决于网络成员之间社会信任的产生，可以说，信任是维持各民族教师社会关系的"黏合剂"，因而信任构成边疆少数民族地区高校教师社会资本生成的机制；"嵌入式互动"是教师赢取信任、建构社会关系网络、汲取教师社会资源的基本路径，教师在具备获取社会资源的条件下，社会资源越丰富、社会信任越强烈、社会关系网络越畅通将更有利于各民族教师的互动。因此，在边疆少数民族地区高校教师社会资本生成过程中，教师社会资本生成条件、教师社会关系网络、信任及嵌入式互动之间是相辅相成的，它们共同促进各民族教师社会资源的获取，促进他们教学能力的发展。

一、获取社会教育资源：教师社会资本生成的目标取向

资源（Resource）是所有资本理论，特别是社会资本理论的核心。[①] 社会资本就是嵌入社会结构中的资源，个体可通过有目的的社会行动而广泛获取这些资源。[②] 由此，我们可以将资源理解为社会资本的核心要素，对边疆少数民族地区高校各民族教师社会资本的探讨将围绕资源而展开。

（一）资源、社会资源与教师社会资源

《现代汉语词典》将"资源"定义为"生产资料或生活资料的天然来源"；[③]《辞海》将"资源"解释为"资财的来源，一般指天然的

① ［美］林南（Lin，N）：《社会资本：关于社会结构与行动的理论》，张磊译，上海人民出版社 2004 年版，第 28 页。

② Building a Network Theory of Social Capital，Connections，1999（1）：28 - 51.

③ 中国社会科学院语言研究所词典编辑室：《现代汉语词典》，商务印书馆 1996 年版，第 1662 页。

财源"。① 可见，这两种解释都侧重指有形的自然资源。随着人类征服自然和改造自然能力的不断增强，资源的内涵也不断拓展和丰富，不仅包括有形的自然资源，社会和人文领域中凡能为人类带来利益的无形的，比如人类的智慧、时间、各种有利的信息等也被称为资源，列入资源范畴。人们将资源界定为"自然界和人类社会中一种可以创造物质财富和精神财富的具有一定积累的客观存在形态"；② "是在一定的历史条件下存在着，能够为人类开发利用，在社会经济活动中经由人类劳动而创造出财富或资产的各种要素"，③ 既包括有形的土地、房屋、牲畜、汽车和货币等物质资源，也包括无形的教育、声望、荣誉、信任和地位等象征性资源。④ 由此可见，"资源"一词的定义至少应该包含三个要素：一是资源必须存在于现实中并能开发利用；二是资源能够创造出财富；三是人们通过劳动能将资源转化为资产。

资源是人类生存和发展的基本要素，我国学者尉建文通过对私营企业主所需要资源的分析，指出个体的生存和发展需具备四种资源：即经济资源（生存和发展最基本的资源），声誉资源（无形的政治、经济、文化资源），庇护关系（通过权力机关建立起来的、保护自己免受伤害的良好关系），情感资源（满足情感上的需要）。⑤ 芮明杰在《管理学：现代的观点》一书中分析了组织的生存和发展，必须拥有五种资源：即人力资源（个体的技能、能力、知识、胜任力等），金融资源（货币、现金等），物质资源（生存所需要的土地、住房、机器设备、教学设施等），信息资源（知识性信息、非知识性信息）和

---

① 辞海编辑委员会：《辞海》，上海辞书出版社1980年版，第1436页。
② 教育部人事司编：《管理创新与学校发展》，陕西师范大学出版社2004年版，第350页。
③ 王子平、百侠、徐静珍：《资源论》，河北科学技术出版社2001年版，第19～21页。
④ 刘少杰："以行动与结构互动为基础的社会资本研究"，载《国外社会科学》2004年第2期，第21～28页。
⑤ 尉建文："关系网络与资源获取——私营企业主关系网络建构与运作的社会学分析"，中国社会科学院研究生院，2006：107.

关系资源（人际关系中所表现出的合作和亲善的程度）。① 日本学者富永健一在《社会学原理》一书中认为，社会资源包括手段性的社会资源和完结性的社会资源，前者是指物质的资本、关系的势力和文化的知识与素养，侧重于工具性特征；后者是指物质的消费资料、关系的声望、文化的知识与教养，侧重于价值型特征。② 金融学家白钦先教授和杨涤博士在《21 世纪新资源理论——关于国民财富源泉的最新研究》③ 一书中将制度、金融、人力资本、知识、信息、思想观念等都归入到了资源的范畴之中，资源所包含的内容越来越广泛。依据以上研究者的分类描述，我们可将资源概括成两大类型：一是个人资源，是个人所拥有的"私人物品"，如经济资源、物质资源、金融资源、人力资本资源、思想观念资源等；二是社会资源，是一种"公共物品"，个人不能拥有，但能投资和使用，如声誉资源、关系资源、情感资源、信息资源、制度资源等。这为人们进一步研究社会资源提供了理论支点。

在社会资源的研究中，有学者指出，社会资源是相对于个人资源而言的。如社会资源理论的主要代表人物林南在《社会资本——关于社会结构与行动的理论》④ 一书中，将资源划分为个人资源和社会资源两种，而且认为在社会生活中人人都有可能获得并充分利用这两种资源。其中，个人资源为个人所拥有和支配的资源，包括物质方面和符号方面的资源，如物质财富、器具等属于物质资源，而知识信息、技能技巧、学历学位等就属于符号资源；社会资源是一种公共资源，它嵌入个人的关系网络之中，通过网络成员广泛的沟通与交往便能获得，如权力、声望、信任、承诺等均属于社会资源。林南在社会资源理论中提出了三大假设：（1）社会资源效应假设，即行动者的社会资源影响其工具性行为，社会资源越丰富，表明其行为的结果越理想；

---

① 芮明杰：《管理学——现代的观点》，上海人民出版社 1999 年版，第 20～22 页。

② ［日］富永健一：《社会学原理》，严立贤、陈婴婴等译，社会科学文献出版社 1992 年版，第 2 页。

③ 白钦先、杨涤：《21 世纪新资源理论——关于国民财富源泉的最新研究》，中国金融出版社 2006 年版，第 10 页。

④ ［美］林南：《社会资本——关于社会结构与行动的理论》，张磊译，上海人民出版社 2005 年版，第 28 页。

（2）社会资源地位强度假设，即行动者自身地位影响社会资源的获得，社会地位越高，其获取资源的机会越多；（3）社会资源关系强度假设，即与强关系相比，行动者的弱关系更有利于社会资源的获取，关系网络中所存在的异质性影响着行动者资源获取的概率。林南的这三大理论假设表明，弱关系是社会网络中的一种桥梁性资源，人们在进行资源的交换、转换和获取时可充分利用这种桥梁性资源，可以说，弱关系是人们获得资源的重要来源之一。正因为弱关系能给人们带来各层级丰富的资源（包括个人资源和社会资源），从而更能促进行动者达成目标。在这里，林南利用社会资源的概念将行动中的个人与稳定的社会结构两者有机地联系在一起，因为生活中的个体都会利用各种各样的社会关系网络来获取和利用个人资源和社会资源，以便能支持自己的行为和目标，同时个体为了获取生存和发展所需要的资源也会积极主动地形成自己的社会关系网络，所以个人所拥有的社会资源的数量与质量也是影响个人成功的重要因素之一。本书比较认同林南关于社会资源的观点，认为社会资源是一种镶嵌于个人的社会关系网络中的实体性资源，通过人际互动与交往而获得。在社会生活中，每一个体都是社会关系网络上的一个节点，个体所拥有的社会资源数量与质量主要是由网络的异质性以及网络节点间的关系质量所决定，丰富而充裕的社会资源往往能使个体获得较顺利的发展，也使个体更容易去追求较高的任务目标，因而直接或间接的社会关系网络是个人获取社会资源的基本途径。

对于边疆少数民族地区高校的社会行动者——教师来说，要提高教学质量，促进教学能力的不断发展，在教学中必须以各种资源作支撑，本书将教师在教育教学实践中所需的各种资源统称为教师教育资源，[①] 主要包括教师的课程资源和教学资源，它们是教师实现教育教学目标，取得高绩效教学效果的条件和保障，教师可投资、获取和利用。依据林南的资源理论观，我们可将教师教育资源划分为教师个人教育资源和教师社会教育资源，教师个人教育资源是教师个人所拥有

---

① 王伟清："教育资源学及其创建"，载《教育与经济》2006 年第 2 期。

的教育"私人产品",教师可自由支配,包括教育教学知识、技能、教学经验、教学成果等;教师社会教育资源不属于教师的私人物品,它是潜藏在与教师教育教学相关的社会关系人群中,通过沟通交往有利于教师教育教学的各种资源,可以说教师社会教育资源是由社会资源与教育资源整合而成的,包括有形的(如人力、物力、信息和环境等方面的资源)和无形的(如信誉、理念、规范、信任等方面的资源)两大类型。在一定的时空条件下,教师教育社会资源能够满足教师发展需要,是有效实现教师教育教学目标的重要因素和条件,对教师专业发展具有重要意义。在本书中,边疆少数民族地区高校教师社会资源特指高校教师社会教育资源。

(二)社会资源资本化:社会资源转化为社会资本

社会资本的本质是一种资源,这一观点得到了国内外许多学者的认同。资源的本质是资财的来源,在一定的条件下,人们通过智慧劳动可将资源转化为满足人们需要的资产。依据基于资源的竞争优势理论,如果一种资源是有价值而且是稀缺的,或者能使竞争者花费高额的模仿成本,那么这就是一种可持续的优势资源,能够实施优越的战略。[①] 资源的这种"稀缺性"特点促使人们在投资、利用资源的过程中,更多地期望它在保值的基础上能产生增值,资源投资的目的就是要获得资源价值的最大化,获得增值就是人们对资源回报的期待,即通常所说的"以本求利","本"即为资源的投资,"利"即为期待的回报。"以本求利"的观念将进一步驱使人们将那些作为静态的"资源"在投资与利用过程中转化为动态的"资本"。那么社会资源如何转化为社会资本?对于这一问题,社会学家林南在《社会资本——关于社会结构与行动的理论》一书中进行了解释,他指出,社会资本理论重点是要回答三个主要研究问题,即资源如何呈现出价值及其如何合理分配?个体行动者在网络互动中所获取的资源如何能体现其差异性?社会资源在什么样的情境中才能被激活?并进一步提出了关于

① Peteraf, M. A. The Cornerstones of Competitive Advantage: A Resource-based View, Strategic Management Journal, 1993 (14): 179–191.

社会资本重要性的三个理论假设：第一，通过合作或强制等手段可使行动者的资源达到共享，并赋予资源不同的价值；第二，行动者利用一切机会来维护和获取能为自己带来利益的有价值的资源；第三，资源的价值取决于其相对稀缺性和独特性，行动的主要动机是维护和获得这些资源，且维护比获取更重要。"资源""嵌入社会结构""行动"是社会资本的三大基本要素，其中"资源"是其核心要素，个体如果要想从社会关系网络中获得资源，并能从表达性行为中获得社会性支持，从工具性行为中获得回报，就必须对社会关系进行投资，而这种投资是一种期望得到回报的社会关系投资，因此，"当社会资源在市场中被投资以产生期待的回报时，社会资源就变成了社会资本"。[①] 显然，投资和回报是社会资源转化为资本的基本条件与结果。

资源资本化的实质就是人们通过资源投资对资源回报利益最大化的一种追求，这也是人们在经济活动中的一种理性选择。在传统的农业和工业社会里，人们主要投资于物质资源以获取最大的资源利益，即物质资源的资本化；在知识经济社会里，人们认识到不仅物质资源能带来利益，而且个人的知识、技能、素质等在某种程度上能带来更大的经济效益，于是人们开始重视人力资源的投资与回报的获取，出现了人力资源的资本化。在信息化时代，人们进一步认识到潜藏于社会关系网中的信息、信任、情感等社会性支持在很大程度上也能带来经济效益，社会行为镶嵌于社会关系之中，社会关系又渗透于人们的生活世界，[②] 而社会关系网络是由行动者和资源两部分组成的，每位行动者都拥有属于自己的资源，并且都是蕴含有相关利益的资源，关系网络中的成员为了实现表达性行为目的和工具性行为目的，往往会通过人际间的互动、信任来交换或转让资源，这种交换或转让的过程即为行动者投资的过程，通过持续性地对社会关系的投资和利用，这

---

① ［美］林南：《社会资本——关于社会结构与行动的理论》，张磊译，上海人民出版社 2005 年版，第 28~31 页、第 54 页。
② ［美］马克·格兰诺维特：《镶嵌——社会网络与经济行动》，罗家德译，社会科学文献出版社 2007 年版，第 7 页。

些嵌入社会关系网络的资源也就转化成了具有生产性的资本，[①] 而这些资本能进一步增强行动者的行为效果。这是因为：首先，在现有的市场机制并不完备的情况下，个体如果能通过社会关系快速地获取市场的需求信息，有机会选择和获得更多有价值的信息，那么个人就会很快找到可以充分利用其资本并获取可观回报的组织或团体；其次，一些处于某种战略性位置（location position）或等级位置（hierarchical position）的社会关系，往往会拥有更多的有价值资源，这些可以看作是个人社会信用的表现，社会信用也反映了个人通过社会网络关系获取资源的能力；最后，社会关系可以强化个体身份对组织的认同感和归属感，正确认识自己在团体成员中的价值，确信自己是一个能在团体中与大家共同分享利益和资源的成员，从而为个人提供强大的社会情感支持。正因为如此，行动者通过激发和调动资源，具有生产性的资本在个体工具性和表达性行动中发挥着积极的作用，促进了个人目标行为的实现。[②] "是否拥有社会资本，决定了人们是否能实现某些既定的目标"，[③] 作为资源的社会资本能为个体实现既定目标创造条件，是个体行为活动中的一种必要工具和手段，它能将价值增值作为一定的回报来回应社会资源投资的结果，相反，如果社会资源不能给人们带来增值，那就不能转化为社会资本。马克思曾在阐述社会关系时指出，社会关系其实就是"许多人的合作"，"许多力量融合为一个总体的力量"，进而"创造出巨大的社会生产力"，这就是一种价值增值。马克思运用资本理论分析了在资本主义生产方式中，工人的劳动经历了"分散—简单协作—多人合作"的过程，这一过程意味着工人之间社会关系的变化，这种变化也使资本主义的社会生产力得到了前

---

① ［美］詹姆斯·科尔曼：《社会理论的基础（上）》，邓方译，社会科学文献出版社1990年版，第333~336页。

② ［美］林南：《社会资本——关于社会结构与行动的理论》，张磊译，上海人民出版社2005年版，第19~20页。

③ ［美］詹姆斯·科尔曼：《社会理论的基础》，邓方译，社会科学文献出版社1990年版，第333页。

所未有的发展。① 同样，具有"资本"特性的社会资本也能将相互独立的个体联系起来，创造出更多的社会财富，既有物质方面，如金钱、货币等；也有精神和效益等方面，如声望、地位、名誉等。因此，资源向资本转化的过程，实际上就是资源被作为投资而得以生产或改变，并通过交换产生利润的过程。

（三）边疆少数民族地区高校教师社会资源如何转化为社会资本

边疆少数民族地区高校教师的社会资源是潜藏于各民族教师社会关系网络之中，并能被教师用于教育教学的各种资源。它不是现实的教育财富，而是以一种潜存的形式出现，具有可开发性的特点，即需要教师"自觉能动地赋值、开掘、改造、利用和养护"，② 并发挥其教育功能，将其转化为教育教学中可利用的资源。换言之，高校各民族教师社会资源要转化为社会资本必须经过教师自觉地"赋值"和"维护"，才能被利用和增值，支撑着教师在认知和情感上的发展。因此，边疆少数民族地区高校教师要生成和拥有更多的社会资本，首先要正确认识教师社会资源对教师发展的意义何在，要有强烈获取社会资源的意愿；其次要正确认识教师社会资本生成的过程和规律，懂得如何通过投资以获取社会资本。

高校各民族教师要生成社会资本，必须要有明确的获取社会资源的意识。个体的目的性行为主要包括维护资源的表达性行为和获取资源的工具性行为，而个体目的性行为的成功实现与个体社会资本成正相关，因此，接近拥有价值资源的网络成员并与之合作是个体实现目的性行为的重要策略。林南将个体在行动中所使用的关系资源概括为财富、权力和声誉三种类型，它们共同构成了社会资本的内容，每一种类型都具有达高性、异质性和广泛性的特点，达高性即个体通过社会关系能获取关系网络中最好的资源；异质性即个体通过社会关系可

---

① 中共中央马克思恩格斯列宁斯大林著作编译局：《马克思恩格斯选集（第 1 卷）》，人民出版社 1995 年版，第 34 页。

② 傅松涛、张扬："论教育资源的深度开发"，载《河北师范大学学报》1998 年第 1 期，第 60～65 页。

接触到的资源的广度；广泛性即在关系网络中可接触资源的数量。①
应用这一理论来分析和解释边疆少数民族地区高校教师社会资本，教师资源的达高性指的是高校各民族教师在多元文化背景下通过社会关系可以获取对教学最有利的社会资源，如"财富"上的达高性即为教师可以获得最满意的学校教学奖励；"权力"上的达高性即为教师可以接触到教学最高管理者、教学领域的专家和权威；"声誉"上的达高性即指教师可以获得教学上的最高荣誉。教师资源的异质性是指各民族教师社会关系网络中最高与最低可触及的资源的广度，教学中教师需要在结构性关系中拥有不同类型和数量的资源，如既需要教学管理者的关注，也需要本民族及其他民族教师同行经常性的支持，更需要各民族学生的理解与配合。教师资源的广泛性是指教师通过社会关系可以获得所需的各种资源，如在教学实践上可以获得各民族同行与学生在认知上、情感上等多方面的支持，理解各民族文化的特点与思维方式，加强实践性教学知识，提高教学效果，在教学研究上可以获得研究经费的支持。高校教师如果与不同民族的师生均具有良好的社会关系，社会网络畅通，就有可能获得多方面的支持以满足教学的需要，那么，教师就能拥有高质量的社会资源，形成优质的社会资本，进而实现目的性行为。边疆少数民族地区高校教师社会资本生成的目的就是要获取高质量的社会资源，即具有最高达成度、异质性和广泛性的嵌入性资源。

格拉诺维特的"网络桥梁"理论、伯特的"结构洞"理论及林南的"社会资本获取理论"均强调个体社会资本的生成是有规律的。个体网络结构位置对获取和使用好的社会资本有正面的影响，位置越高，越便于个体与自己位置相似或更高的人联系，而这些人往往都拥有质量较高的社会资源，在互动过程中这些资源能被个体所获得和利用。个体网络关系有助于社会资本的获取和利用，网络关系包括强关系和弱关系，强关系往往是建立在信任与互惠、合作与共享的基础

---

① ［美］林南：《社会资本——关于社会结构与行动的理论》，张磊译，上海人民出版社 2005 年版，第 59～61 页。

上，个体情感上的联系非常紧密，所以它有利于强化已有的资源，满足表达性的行动目的；弱关系主要建立在交往频率低、密度小、义务和互惠的需求低、情感比较疏远的基础上，它在网络中起着"桥梁"的作用，是网络成员联系非相似资源的纽带，使其获取更多的异质资源。既然教师社会资本生成的目标取向是获取教师社会资源，那么，教师要获取高质量的社会资源，必须懂得如何投资和利用社会资源，即与各民族师生建立起良好的师生关系、同事关系和上下级关系，确立"社会资源观"；通过对社会资源的有效利用不断提高效率，实现其增值的目的。

二、机会、动机与能力：教师社会资本生成的条件

阿德勒（Adler，P. S.）和科沃恩（Kwon，S. W.）通过对已有的关于社会资本研究成果的综述，在《社会资本：一个新概念的前景展望》（Social Capital：Prospects for a New Concept）一文中提出教师社会资本形成的条件主要表现在教师必要的工作和生活环境中。其中，机会（opportunity）、动机（motivation）和能力（ability）是教师获得社会资本并保持持续发展的基本条件。[1] 在我国边疆少数民族地区高校，教师社会资本生成的条件同样也包括这三个方面。

机会主要与社会网络关系有关。在边疆少数民族地区高校，教师必须有机会与不同民族师生建立合作关系才能形成社会资本，这种合作关系主要是指教师与学生之间的合作关系、教师与同事之间的合作关系以及教师与教学管理者之间的合作关系，它主要存在于高校内部，合作关系发生的前置条件是相同的目标、共同的愿景、相似的兴趣、关系亲近及在一起共事，[2] 这意味着教师的社会网络关系为教师社会资本的形成创造了机会。如果教师没有机会与不同民族学生合作

---

① Adler, P. S. , Kwon, S. W. Social Capital: Prospects for a New Concept, Academy of Management Review, 2002 (1): 17 - 40.

② Scott, W. G. Organization Theory: An Overview and an appraisal, The Journal of Academy of Management, 1961 (4): 7 - 26.

与交流，或者不愿与学生交流，教师与各民族学生的关系网络将会是薄弱的；如果教师没有机会遇到不同民族的同事，教师与同事之间的关系网络将会是薄弱的甚至几乎不存在；如果教师没有机会接触到教学管理者，也没有机会参加学校教学管理部门组织的教学研讨会、工作坊等活动，教师与管理者之间的关系网络也会是薄弱的或者根本不存在的。因此，边疆少数民族地区高校教师社会关系网络创造了教师与不同民族学生、同事、教学管理者合作的机会。当教师不能通过外部合作获得可利用资源的机会时，教师的工作处于一种"与世隔绝"的状态，学校可用的资源库是有限的，教师已有的资源对于学校发展来说也是有限的。所以边疆少数民族地区高校教师的社会网络关系是教师社会资本的必要组成部分和表现形式。

动机主要是指合作的意愿或者是帮助他人的意愿，不同民族教师除了有合作的机会，还必须具有合作的意愿，这种意愿来源于各民族教师之间的相互信任、规范和联结性。一般而言，教师在信任、合作的基础上组成学习共同体，在共同体中，教师之间的信息资源在转移中产生社会资本，而信息的传递和接收并不是自动进行的，需要传递方和接收方具有一定动力积极地参与交流，这种动力来自于规范动机，心理学称之为外在动机，即个体从事某一活动的行为是由外部因素引起的。外部因素可以是积极的形式，如奖励，也可以是消极的形式，如处罚或处分。积极的奖励通常是有形的，如加薪或奖金；也可以是无形的，如赞美或肯定、认可。这种类型的动机是为了努力获得奖励而开展的交易型交流（transactional exchange）的结果，这些类型的交流可以是有效的，但有其局限性，如当个体意识到行为 A 可以获得奖励或回报，但当行为 A 出现而没有获得奖励或回报时，个体马上就会放弃这种人们期待行为；[1] 当个体认为所获得的回报是有效的，

---

① Herzberg, F. One More Time: How Do We Motivate Employees? In W. E. Natemeyer & J. T. McMahon（Eds.）Classics of Organizational Behavior（3rd ed.），Prospect Heights, IL: Waveland Press, 2001: 81 - 95.

行为才会继续，否则也会放弃。① 一般情况下，在由不同民族教师所组成的学习共同体中，对于信息的接收方多采用外在动机以激励他们愿意接收信息。如果教师看到的是一种能有效改善教学和学生学习的社会关系，他们会自觉主动地花时间和精力来发展和维持这种关系。信息传递方多是出于互惠的目的而愿意传授自己的信息，② 也就是说，信息传授者希望也相信在未来的某一时间也能从别人那里获得自己想要的社会资本，有学者将其称之为工具主义人际关系，即以"回报"的概念为基础，一个人做了有利于其他人的事情，被看作是一种"社会投资"，很明显地期待有一些回报。③ 因此，信任、规范和可联结性创造了帮助别人的动机。

能力是指个体在社会关系网络中分享相关资源的社会行动能力。社会关系网络中的资源既包括有形的资源，如材料或设备；也包括无形的资源，如知识、技能和信息等。资源库中资源储量的多少主要取决于教师社会关系网络中的集体资源丰富的程度，因为关系网络中每一个成员的社会关系都会为资源库带来大量显性的或隐性的资源，同时这种良好关系的建立会进一步加强教师关系网中资源的有效配置和使用，④ 进而促进教师专业更合理的发展，这也是丰富关系网络资源库的重要途径。但教师如果不具备社会网络联系中所需要的行为能力，比如因语言不通而无法交流，或者因习俗和信仰的差异而无法相互理解，那么他（或她）就既不可能对其他教师提供资源，也无法从他人那儿获得资源，这样，教师网络关系就不能转变为资源的流通渠道，各民族师生之间也就无法结成为关系网络。因此，边疆少数民族地区高校教师社会关系网络中个体的社会行动能力是教师社会关系转

① McMillan, D. W. & Chavis, D. M. Sense of Community: A Definition and Theory, Journal of Community Psychology, 1986 (14): 6 – 23.

② Coleman, J. Social Capital in The Creation of Human Capital, The American Journal of Sociology, 1988 (94): 95 – 120.

③ 孙立平："'关系'、社会关系与社会结构"，载《社会学研究》1996 年第 5 期，第 20 ~ 30 页。

④ Adler, P. S., Kwon, S. W. Social Capital: Prospects for a New Concept, Academy of Management Review, 2002 (1): 17 – 40.

化为社会资本，并获得利益的前提条件。

机会、动机和能力是边疆少数民族地区高校教师社会资本形成和发展的前提条件，为了使各民族教师社会资本能得到全面发展，教师必须创造机会来丰富自己良好的人际网络关系，并尽量维持和发展这种社会关系，培养自己的社会行为能力，构建有价值的资源库，并将之作为共享和获取资源的有效渠道。如果这三个条件缺失，教师的社会资本将是弱势的。

三、社会关系网络：教师社会资本生成的载体

社会资本是嵌入关系网络中的可利用的社会资源，边疆少数民族地区高校教师要获取社会资源，主要取决于教师关系网络中的成员是否有意愿和倾向向其他成员提供这些资源，教师的社会资本存量受到教师个人所拥有的社会关系网络特征的影响。在各民族教师社会关系网络中，网络节点中嵌入的价值资源的多少、网络成员是否愿意提供帮助和支持、教师在网络中所处的网络位置及地位等都会影响到教师社会资本的获取，可以说，个体所拥有的社会资本的多少与他所拥有的社会关系网络范围、关系强度等是成正比的。因此，教师社会关系网络影响着信息的传播和推广，是教师获取社会资源的重要渠道，是教师社会资本生成的载体。

何为"社会网络关系"？英国著名人类学家米切尔（Mitchell，J. C.）在《社会网络》（Social networks）一文中将社会关系网络界定为：社会关系网络是个体间所结成的一种特定联结（ties）构成一个复杂的整体网络结构，可用来解释网络中成员的社会行为。[①] 基尔达夫（Kilduff，M.）和特赛（Tsai，W.）在米切尔研究的基础上将社会关系网络概念进一步扩展，认为每位社会行动者代表一个节点（node），两个节点之间所形成的联结（tie）均可用一条直线来表达这两者之间的关系，众多节点与节点之间纵横交叉形成一种复杂的网状

---

① Mitchell, J. C., Social Networks, Annual Review of Anthropology, 1974（3）: 279 - 299.

结构，这种网状结构便是社会关系网络（social network）。① 同时，米切尔还研究和概括了社会网络关系的缘起与发展，并指出，在传统的结构功能理论已不能解释社会中人际互动行为时，人们将视角转向了社会关系网络的研究，德国社会学家西梅尔（Simmel，G.）在 20 世纪初期使用过"关系网络"概念；1940 年英国著名的人类学家拉德克利夫·布朗（Radcliffe Brown）在研究社会结构时首次提出了"社会关系网络"这一概念；1954 年，巴尔内斯（Barnes）通过对挪威某渔村成员社会结构的研究，得出的结论是"非正式互动网络（如亲属、朋友、邻居等）比正式的社会结构（如社会阶级、职业、地位）更有利于对渔村成员间互动行为的解释"；1957 年伊丽莎白·博特（Elizabeth Bott）出版的《家庭与社会网络》（Family and social networks）一书被誉为英国社会网络研究的典范。之后，人类学、社会学和社会心理学等领域都开始关注和重视对社会关系网络理论的研究，20 世纪 90 年代，社会网络分析逐渐成为西方管理学和社会学领域的一个研究显学，社会学家们从不同的研究视角强调了社会关系网络是社会资本生成的载体。如布尔迪厄强调"体制化关系网络"是个人或组织获取实际或潜在资源的重要来源，即个人或组织所获得的资源与社会关系网络紧密联系在一起，并且还与制度化有关。② 科尔曼强调由社会结构要素所组成的个体资源存在于关系网络之中，个体须投资才可能获得回报。林南强调社会资本就是"嵌入"个人社会网络中的社会资源，主要包括财富、权利和声望，个人不能直接占有，只有通过构建关系网络并通过投资，在广泛的互动联系中才能获得更多更好的社会资源。基于以上分析，我们可以将社会资本理解为是"镶嵌"于社会关系网络中的一种社会资源，而社会关系网络就是"社会行动者及其之间关系的集合"，是由"多个点和点之间的连线组成的

---

① Kilduff, M. & Tsai, W. Social Networks and Organizations, London：Sage Publications, 2003. 转引自：汪轶："知识型团队中成员社会资本对知识分享效果作用机制研究"，浙江大学，2008：46.

② 包亚明：《布尔迪厄访谈录——文化资本与社会炼金术》，上海人民出版社 1997 年版，第 202 页。

集合"，① 网络的形式表现在点和线组成的关系中，其结构具有三大特点：第一，节点活性，节点即为社会关系网络中相互联系的不同"点"（个体），节点活性即指各"点"（个体）具有社会行动能力和自主决策能力；第二，相互依存性，构成社会关系网络的各个节点之间在持续互动过程中相互依赖，相互联系，这是网络成员基于合作和满足自身需要目的而实现多重联结的基础，一旦脱离联系，个体之间的互动联结就会失去依托；第三，嵌入性，各个节点都嵌入整个社会关系网络中，通过互动与其他节点发生联系。可以说，社会关系网络作为社会资本的载体在学术理论界已基本得到了研究者们的认同。因此，边疆少数民族地区高校教师社会资本的生成也必然以各民族教师社会关系网络为载体。

什么是理想型的社会关系网络？贝克曾在研究个体社会关系网络时，将"规模、结构、成分和侧重点"这四个方面作为其测量指标，并依据测量指标将个体社会关系网络划分为两种理想类型，一种比较侧重于内部关系网络，即网络规模比较小、比较密集，其组成相对简单；另一种侧重于外部关系网络，即网络规模比较大、不太密集，其网络组成比较复杂。对于个体而言，这两种理想类型的社会关系网络哪种更为理想呢？社会学家和组织理论学者认为，任何一种社会关系网络都是相对的而非绝对的，也没有一种关系网络能适应所有的场域，所以只要是符合个人的目标和实际状况的社会关系网络就是最为理想的。一般而言，如果个体的目标是建立一个拥有共同使命和共同结果预期的共同体团队，那么第一种类型，即内部关系的社会网络更为理想，因为内部关系网络规模小、成员性质单一、关系会更为密切，这样有利于提供更多的社会资源；而如果个体的目标是为了获得更多的机会和信息，那么第二种类型，即外部关系网络更为理想，因为规模较大，成员多元的外部关系网络会为网络成员提供各种机会，获得丰富的外部信息。② 依据以上理论，边疆少数民族地区高校教师

① 刘军：《社会网络分析导论》，社会科学文献出版社 2004 年版，第 4 页。
② 朱国宏、桂勇：《经济社会学导论》，复旦大学出版社 2005 年版，第 212～213 页。

社会关系网络也是由不同的节点所组成的集合，对其教学绩效能够产生直接影响的网络节点应该是高校内部关系，主要包括不同民族学生、同事和教学管理者这三类节点，教师与学生、同事和教学管理者之间所构成的这种密切的关系网络，其目的就是同这些网络节点建立起共同体关系，获取能促进教学的有利资源，提升教学绩效。因此，第一种类型更为理想，不同民族的师生关系、同事关系和上下级关系构成边疆少数民族地区高校教师的社会关系网络，它是教师进行信息沟通和情感交流的桥梁，能使教师更充分地做好准备来应付教学中所遇到的不确定性和模糊性问题，获取教师知识和教学效能感，从而获得教学上的成功。因此，边疆少数民族地区高校教师社会关系网络是教师社会资源的重要来源和流动的载体。

四、信任：教师社会资本生成的机制

我国学者郑也夫曾统计了儒家经典之作《论语》中有关"信"字出现的频率就达 38 次之多，[①] 西方基督教《圣经》中有关"trust"和"confidence"出现的频率有几十次。[②] 在社会科学研究领域，信任也已成为研究者们关注的重要课题，比格利（Bigley，G.）和皮尔斯（Pearce，J.）在研究中指出，由于研究范式的差异，信任的概念、理论和方法在不同学科中有不同的理解。[③] 心理学领域的研究者认为信任源自个体早期社会心理的形成，是一种人格特征和人际现象；经济学领域认为信任是一种社会制度内或制度间的现象，是一种理性选择机制；社会学领域认为信任是社会关系的一个重要维度，是人与人之间及组织层面上的个体交往过程中，对不确定事件的结果所持有的一种积极期望，以满足物质和精神的需要。可见，信任是与社会结构、文化规范紧密相关的一种社会现象，是人类社会人际关系的重要因

---

① 郑也夫："信任与社会秩序"，载《学术界》2001 年第 4 期，第 30～40 页。

② 郑也夫："信任：溯源与定义"，载《北京社会科学》1999 年第 4 期，第 118～123 页。

③ Bigley, G., Pearce, J., Straining for Shared Meaning in Organization Science: Problems of Trust and Distrust, Academy of Management Review, 1998 (23): 405–421.

素，是社会资本形成的基础。①

关于信任与社会资本的关系，20 世纪 90 年代，纳哈彼特（Nahapiet, J.）、高莎尔（Ghoshal, S.）、特赛（Tsai W.）等在探讨组织内社会资本时从理论和实证的角度论证了信任在组织内资源交换过程中的重要作用，认为组织内的社会资本蕴涵于员工个体之间或者团队之间的各类关系中，并将社会资本划分为结构、认识和关系三个维度，其中关系维度指的是嵌入人际关系中的一种资产，信任是其核心内容，在资源交换中，信任对个人和团队的资源交换决策、预期价值以及动机等，起着积极的推进作用，同时，资源分享又进一步促进组织内人际的信任程度。② 美国学者福山指出："社会资本是由社会或社会的一部分普遍信任所产生的一种力量。"③ 他认为社会群体成员的素质是产生信任的重要条件，一个充满诚信和合作的群体自然能使成员间相互信任。同时社会文化环境在信任中也起着决定性的作用，因为文化的差异往往会带来社会信任程度的差异。人们如果能在可信任程度高的文化环境中通过相互交往而获得与他人之间的相互信任或者能得到他人的信任，那么个人就拥有了一种社会资本。边疆少数民族地区的高校教师是由不同民族身份的成员组成，多元文化构成教师交往的背景因素，在这种多元文化背景中教师能否拥有社会资本，一般来说，如果教师所处的多元文化环境的可信度越高，人际信任的可能性就会越大，不同民族的教师就有可能拥有更丰富的社会资本。戈伦别夫斯基（Golembiewski, R. T.）等学者曾在《群体中的人际信任》（The Centrality of Interpersonal Trust in Groupe Process）一文中指出：人际信任可显著地降低由于背景差异所导致的个体间的冲突，并且它

---

① Gambetta, D. G., Can We Trust Trust? In D. G. Gambetta（Eds.），Trust：Making and Breaking Cooperative Relations, Basil Blackwell. 1988：213 – 235.

② Nahapiet, J., Ghoshal, S. Social Capital, Intellectual Capital and the Organizational Advantage, Academy of Management Review, 1998（2）：242 – 266.；Tsai W, Ghoshal S. Social Capital and Value Creation：The Role of Intrafirim Networks, Academy of Management Journal, 1998（4）：464 – 476.

③ ［美］福山：《信任：社会美德与创造经济繁荣》，彭志华译，海南出版社 2001 年版，第 30 页。

可为组织提供一种和谐的机制来促使组织中的个体成员有效地密切合作。[1] 信任作为我国边疆少数民族地区高校教师社会资本生成的一个重要因素，其形成是一个复杂的动态过程，是教师社会网络关系中信任的主体（教师）对网络关系中的各个节点（包括学生、同事、教学管理者及其他成员）的一种积极的社会认知态度，而这种认知态度往往会使信任主体对网络中的各节点形成一定的心理预期，当行为结果符合心理预期时，信任会得到增强，反之，信任则减弱。信任决定着高校教师社会资本的存量，进而影响着他们从事互惠行为的能力。因此，信任是边疆少数民族地区高校教师社会资本生成的重要机制。

五、互动与嵌入：教师社会资本生成的路径

美国社会学家托马斯·福特·布朗（Thomas Fort Brown）的社会资本系统观强调，社会资本就是一种以个人间的关系模式在社会网络中分配资源的程序系统，系统的组成成分、结构与环境是这一系统的基本要素，其中组成成分即为个体，个体与个体之间构成社会关系网络，个体间的社会关系模式则构成系统结构，环境即为构成关系网络的社会生态，即关系网络是嵌入环境之中。由此他提出了嵌入自我观（the embedded ego perspective）（即社会资本是个人之间的联系，个人通过嵌入在这种联系之中而具备获取稀缺资源的能力）、结构观（the structural perspective）（即社会资本通过网络结构给网络中各节点提供资源，社会资本有益于网络结构内的所有个体）和嵌入结构观（the embedded structural perspective）（即社会资本通常是与集体行动、公共政策等紧密联系，信任、规范等社会资本可以通过促进合作行动而提高社会效率）。[2] 在这里，布朗将个人、结构和环境作为分析社会资本系统的三大构成要素，认为社会资本是在"结构内在与个体间互动

---

① Golembiewski, R. T. & McConkie, M., The Centrality of Interpersonal Trust in Groupe Process, In Cooper, C. L. (ed.), Theories of Group Process, London, Wiley, 1975: 131 – 185.

② 托马斯·福特·布朗："社会资本理论综述"，木子西译，载《马克思主义与现实》2000 年第 2 期，第 41 ~ 46 页。

并为环境所创造"的动态过程中形成的，这种"自我—结构—环境"社会资本系统观对于进一步探索我国多元文化背景的高校教师社会资本生成路径问题提供了新思路。边疆少数民族地区高校教师的社会资本也可以看成教师个人关系模式在社会网络中分配资源的程序系统，多元文化特色的学校环境是教师社会资本生成的重要因素，教师通过与各民族学生、同事及上下级之间的双向互动获取所需要的资源，形成社会关系网络并建立起该网络关系的信任、合作与规范，同时教师又嵌入社会网络并受其制约，即受到学校组织环境的影响，所以，边疆少数民族地区高校教师社会资本的生成路径主要包括两个方面，一方面是在微观层面上，教师与关系网络节点的二元互动中生成社会资本；另一方面是在中观层面上，教师个体嵌入以高校多元文化为背景的社会关系网络中，网络成员"彼此遵循着相同的规则与规范，容易彼此相互信任或者具有良好的信用机制"，[①] 以此生成社会资本。

边疆少数民族地区教师社会资本的二元互动生成路径。处于多元文化背景之中的少数民族地区高校，由于共同的教育目标和教学任务的需要，存在于高校内部的规范和制度往往会促进高校成员之间产生二元双向互动关系。通常情况下，教师的双向互动的产生主要有两种形式，一种是基于正式交往过程，如教师与不同民族学生之间以促进教与学为目的的互动交往，既能很好地了解在不同民族文化影响下学生的学习观和学习方式，也让学生了解教师的教学计划和教学动态，在真正双向互动教学中促进学生变被动学习为主动学习，从而提高教学效率，使教师和学生都能得到发展；教师与各民族同事之间通过正式渠道在工作中的沟通交流，如教学观摩、教学经验分享、集体备课、共享教学课件等，在这种合作中教师能及时获得自己所需的各种信息资源，通过分享尤其是教学名师的教学经验，能大大丰富教学实践性知识，提高教学能力。教师与同事之间开展合作及资源的交流，可以大大丰富共享资源，相互学习，增进了解，进而促进共同发展；

---

① 王凤彬、刘松博："企业社会资本生成问题的跨层次分析"，载《浙江社会科学》2007 年第 4 期，第 87～100 页。

教师与教学管理者以促进教学质量提高为目的的上下级之间的互动交往，教师经常与管理者保持良好的交往沟通，让管理者更多地了解自己的教学观和对教学的具体实践，以获得管理者对工作的理解与支持。各民族师生之间、教师同事之间以及上下级之间的这种交往形式虽然是正式的，但作为社会人的个体在交往过程中双方都会出现社会心理方面的反应，在一定程度上会形成一种非正式关系。另一种是基于纯粹的心理偏好和需求的满足而形成的非正式交往过程，在情感互动和思想交流基础上，教师与不同民族的同事、教学管理者、学生及其校内工作人员建立起友好关系，能改善自己的工作和生活环境，扩展自己的交往范围，产生愉悦感，建立起基于一定信任、合作之上的社会网络关系，从而能更好地增进各民族之间的相互了解，加强民族团结，提高工作与生活的质量。

边疆少数民族地区高校教师社会资本的生成也依赖于教师所嵌入的网络关系之中。作为边疆少数民族地区高等学校组织的社会行动者，教师在与各民族学生、同事及教学管理者等之间的双向互动中建构起网络关系并从中获得社会资本的同时，教师个体也是"嵌入"由多元文化组成的高校组织这一特定关系网络中，在这个特定的网络中，网络成员"彼此遵循着相同的规则与规范，容易彼此信任或者具有良好的信用机制"，形成"形式各异的非正式关系"是社会资本的重要来源要素。[①] 社会学家波茨曾指出，个人之所以会理性嵌入社会关系网络，是因为这种网络具有"互惠交换"和"强制信任"的特征，而与价值的内化与整合相关的文化环境有利于人们将资源转让给别人，从而又进一步强化了社会关系网络。这也表明个人只有嵌入社会关系网络才能获取社会资本，而一定的社会结构是个人拥有社会资本的首要条件，这种社会结构会给个人带来互惠交换的预期和强制信任的社会约束，同时一定的组织文化环境又是个人嵌入某种特定社会关系网络之中的外部引力。因此，嵌入性特征将会导致社会关系网络

---

① 王凤彬、刘松博："企业社会资本生成问题的跨层次分析"，载《浙江社会科学》2007 年第 4 期，第 87～100 页。

成员在联系过程中受到惯例的影响，以惯例作为联系基础。就边疆少数民族地区高校教师而言，高校的组织文化、规范、制度以及学校成员之间的信任等都会影响到教师选择和采取什么样的行为来获取个人资本，这也决定了教师在双向互动中所形成的社会资本既具有私人产品的性质，也具有公共产品的特征，并非全是私人产品，因为教师在互动中的社会资本一旦形成，社会资本就具有共享和相互作用的特性，教师通过彼此之间的相互联系和作用，所有成员将形成一个社会网络结构，而教师社会资本则存在于两个以上的个体或者学校教学部门间的网络之中，因而它不能被教师个人所独有，而是能被所有网络成员利用的公共产品。作为组织共同体的少数民族地区高校，都有其自身的组织文化、组织制度以及规范，这些组织因素都会影响到作为独立个体的各民族教师的发展。在高校，教师有选择与谁联系的自由，但选择与谁交往或不与谁交往是不随教师意志而转移的，比如对学生、同事、教学管理者等，教师都没有权力进行自由选择，教师和所交往对象社会关系的维持与教师所建构的社会结构相关。① 可以说，边疆少数民族地区高校教师个体的社会互动是高校内环境的函数。因为高校可以通过相应的规章制度、计划、培训等方式来干扰和促进教师在双向互动过程中所构建的社会资本的性质与内容，所以教师社会资本的形成可以说是边疆少数民族地区高校组织环境对教师作用的结果，是一种整体生成的社会资本。琳娜（Leana，C. R.）等学者在《组织社会资本与雇佣实践》（Organizational Social Capital and Employment Practices）一文中指出，组织的长期雇佣可以使员工在长期共同的工作中有更多的时间在一起进行沟通和交流，在共同的组织文化熏陶中通过相互影响而形成个体的社会资本。② 基于我国事业单位人事制度的特点，高校教师的流动性并不大，我们可以将其理解为教师是被学校"长期雇佣"，由于受到学校组织文化的影响，教师有足够的

---

① Wellman, B, Structural Analysis: From Method and Metaphor to Theory and Substance, Cambridge: Cambridge University Press. 1988.

② Leana, C. R., Van Buren III, H. J. Organizational Social Capital and Employment Practices, Academy of Management Review, 1999 (3): 538–555.

时间进行沟通，建立起信任和合作关系，从而形成自己的社会资本。

因此，这种基于教师个人偏好所形成的双向互动和基于高校组织制度的激励和约束所导致的教师与其他成员间双向互动都能生成边疆少数民族地区高校教师的社会资本，是教师社会资本的重要来源。总之，互动式和嵌入式路径将教师的中观与微观层面之间的社会资本紧密联系在一起了，教师通过投资于社会网络，就可以从中获得社会资本的收益。

第二节 边疆少数民族地区高校教师
社会资本的结构与要素

美国社会学家科尔曼（Coleman，J. S. ）在《人力资本创造中的社会资本》（Social Capital in the Creation of Human Capital）一文中认为，一个自然人拥有三种基本形态的资本，即物质资本、人力资本和社会资本，且社会资本提高了投资于物质资本和人力资本的收益；[1]社会资本与人力资本两者是呈正相关的，拥有高人力资本者就有机会扩大自己的网络范围，有可能联系到更高地位的网络成员，从而丰富自己的社会资本。[2] 依据科尔曼的理论，边疆少数民族地区高校内各民族教师所拥有的资本也可以划分为物质资本、人力资本和社会资本，它们共同促进高校各族教师的发展。其中，教师的物质资本包括能满足教师的衣食住行所需求的人造物质资源的存量，是教师生存的条件，表现为"我占有"，反映了一种实物的力量；教师的人力资本是指存在于教师自身中的具有经济价值的理念、知识、技能和体力等质量因素的综合，可通过教育、培训和广泛经验积累而形成，表现为

---

① Coleman, J. S. . Social Capital in the Creation of Human Capital, American Journal of Sociology, 1988（94）: 95 – 120（supplement）.

② 林南："社会网络与地位的获得"，载《马克思主义与现实》2003 年第 2 期，第 56～57 页。

"我知道"，反映的是一种教育的力量；教师的社会资本是教师个体通过对人际关系投资而形成的交往关系网络及相互信任，强调了人际关系网络有助于个体发展的关系性资源，[1] 主要体现在多元文化背景下不同民族的高校教师在长期交往合作过程中所形成的人际关系和社会结构之中，表现为"我认识"，反映的是一种关系的力量。它与教师所拥有的物质资本和人力资本一样，直接带来资源和利益，并且能为教师个体之间的积极合作和互相支持创造条件与环境，进而改变其态度、行为和绩效。[2] 从已有的关于社会资本的研究来看，大多数研究者都比较关注社会资本能给个体或群体带来的什么样的利益，[3] 高校教师社会资本的研究也一样，对教师社会资本结构、要素缺乏统一的界定。探讨边疆少数民族地区高校教师社会资本基本结构和组成要素，并将教师社会资本的内在结构（construct）转化为可测量的概念（concept），以此保证教师社会资本理论的完整性，为民族区域高校教师社会资本建构奠定理论基础。

一、边疆少数民族地区高校教师社会资本结构分析

在已有的研究中，研究者们以社会资本为视角，就个体社会资本对工作绩效的影响作用进行了理论与实证的探索，并取得了较为丰富的研究成果。研究者指出，个体行动者总是嵌入一定的社会情境之中，[4] 个体在社会行动尤其是在创新活动行为中需要依赖社会关系网

---

① Portes A. Social Capital: Its Origins and Applications in Modern Sociology, Annual Review of Sociology, 1998 (24): 1 – 24.

② Nahapiet, J., Ghoshal, S. Social Capital, Intellectual Capital and the Organizational Advantage, Academy of Management Review, 1998 (2): 242 – 266.

③ Borgatti, S. P. & Foster, P. C. The Network Paradigm in Organizational Research: A Review and Typology, Journal of Management, 2003 (6): 991 – 1013.; Flap, H. D., Bulder, B., & Volker, B. Intra-organizational Networks and Performance, Computational and Mathematical Organizational Theory, 1998 (4): 109 – 147. 周守军、袁小鹏："农村教师的社会资本及其社会地位"，载《教育发展研究》2010 年第 23 期，第 38 ~ 41 页。

④ Anderson, A. R. Paradox in The Periphery: An Entrepreneurial Reconception, Entrepreneurship Reg, 2000 (2): 91 – 110.

络来提供所需的资源，个人在社会关系网络中的位置总是对其行为起着积极促进或消极阻碍的作用。[1] 因此，高校教师的社会网络嵌入性是教师在社会情境中获取有利于教学资源的前提。然而，由于社会资本研究的多层面性以及个体所嵌入社会情境的差异性，导致了研究者们在社会资本的构成维度上和测量上并没有一个统一的标准，在一定意义上模糊了社会资本概念。因此，在探讨边疆少数民族地区高校教师社会资本与教学绩效关系之前，需要洞悉高校教师社会资本的构成是什么，因为高校教师社会资本构成维度是测量其社会资本的前提。目前对社会资本的维度研究比较典型的主要有单一维度（结构性维度或关系性维度）和"关系—结构—认知"三维度研究，它们都具有可借鉴的合理性成分但也不乏其局限性。单维度结构主要针对的是个体层面的社会资本分析，但仅仅只从某一方面很难概括社会资本的全貌；"关系—结构—认知"三维度结构虽已得到国内外许多学者的认可，但三个维度并不是在同一个分析层面上进行的，而是包含了宏观、中观和微观三个不同层次，层次上的混乱必然使概念含糊不清。此外，这三维结构主要针对的是组织层面的社会资本分析，维度的测量相对比较宏观，这些局限性也决定了对边疆少数民族地区高校教师社会资本结构的探索不能完全借鉴单一维度结构或"关系—结构—认知"三维度结构的研究成果来作为分析的依据。

　　社会学家林南将社会资本界定为"嵌入社会结构中的、可以在有目的的行动中摄取的资源"，他运用社会资源概念对个体社会资本进行研究，认为个体的关系资源是指嵌入在联系者或帮助者中，在工具性行动中可以被动员和利用的有价值资源，可以通过对联系者或帮助者的职业、地位特征、工作部门、财富或收入等来测量。[2] 本书将边疆少数民族地区高校教师社会资本定义为：嵌入高校教师的社会关系

　　[1]　Carsrud A. L. , Johnson, R. W. Entrepreneurship: A Social Psychological Perspective, Entrepreneurship Reg, 1989 (1): 21 -31.

　　[2]　Lin, Nan. Building a Network Theory of Social Capital, Connections, 1999 (1): 28 - 51. ; Lin, N. Social Networks and Status Attainment, Annual Review of Sociology, 1999 (25): 467 -487.

网络之中，教师可投资、获取和利用，并最终实现教学期望的有效（现实和潜在的）社会资源的总和。也就是说，研究边疆少数民族地区高校教师社会资本的根本目的就是借助于教师在多元文化背景中建构起来的网络关系力量来促进教师获取更多的社会资源，提高教学绩效。因此，本书借助于林南关于个体社会资本划分的研究成果，整合单一维度衡量社会资本的"网络结构"和"网络关系"，同时吸收纳哈彼特（Nahapiet，J.）与高莎尔（Ghoshal，S.）三维结构中的相关成果，将边疆少数民族地区高校教师社会资本结构划分为两大维度："结构性维度"和"关系资源维度"。其中，"结构性维度"相当于林南提出的"网络资源"概念，类似于以"网络结构"作为衡量社会资本的单一维度观点和三维结构中的"结构维"，主要分析教师的社会网络结构对自身行为有哪些影响；"关系资源维度"相当于林南提出的"关系资源"概念，类似于以"网络关系"作为衡量社会资本的单一维度观点，主要分析教师通过社会网络关系能够汲取的资源类型和质量。据此，边疆少数民族地区高校教师社会资本结构是由教师结构性社会资本和教师关系资源社会资本两大维度组成。通过对边疆少数民族地区高校教师社会资本生成问题的探讨和分析，也可以清晰地界定教师社会资本的这两大结构要素。

首先，边疆少数民族地区高校教师社会资本的根本目的就是获取多元文化背景之中的社会教育资源，而社会资源主要镶嵌于教师的社会关系之中，这说明教师社会资本必须借助于教师网络联系，教师关系网络是教师社会资本的基础和载体。威尔曼（Wellman，B.）在《哪种类型的连结和网络提供社会支持》（Which Types of Ties and Networks Provide What Kinds of Social Support）一文中指出，社会是由不同的群体组成，而各群体之间又是以各种社会网络关系的形式构成世界，即世界是由网络关系构成的。[1] 这一命题充分表达了社会关系网络存在的客观性。由于教师所处高校组织的环境、制度、规范等的同

---

① Wellman, B. Which Types of Ties and Networks Provide What Kinds of Social Support, In Advances in Group Processes. 1992 (9): 207 – 235.

质性特点，高校成员都具有组织约定的工作目标和任务，教师社会资本的网络连接则不仅包括与认识成员之间的直接二元联系，也包括与不认识成员之间的间接联系。在我国文化背景下，人们的内群体观念比较强，同处一所学校内的师生员工往往都会认同自己在单位中的身份及与他人在学校的联系，会将同一单位的成员认同为"自己人"。在少数民族地区，本民族的观念非常强烈，在同一民族中，族群往往会形成很强的凝聚力，所以教师主观上所认可的联系即为一种客观现象。但这种网络联结本身并不一定就是社会资本，美国学者汉森（Hansen，M. T.）曾在《研究转移问题：弱连结在跨组织知识共享中的作用》（The Search-Transfer Problem：The Role of Weak Ties in Sharing Knowledge across Organization Subunits）一文中强调，如果仅仅只有网络连结本身并不能作为完整的社会资本，因为网络结构在人们的社会实践中有可能促进其目标的实现，但也有可能是会阻碍目标的达成，也就是说，网络可以给高校教师带来收益，即社会资本，也可以给教师造成损失，即社会负债。[1] 正如伯特（Burt，R. S.）在《社会资本的网络结构》（The Network Structure of Social Capital）中所说的，社会行动者要在社会网络上进行资源交换并获取利益，必须有其他要素的支持，即社会网络要转换为社会资本必须具备一定的条件，因此，社会网络只是社会资本的一个组成部分——结构性社会资本。[2]

其次，单纯的网络结构并不能等同于个体社会资本，而社会网络中节点的联系质量可以决定网络中资源转移的质量和数量，它影响着资源的传递以及传递的速度，可以说社会网络质量是社会资本形成的基本保障，这种社会资本即关系资源社会资本。在边疆少数民族地区高校教师社会资本生成路径分析中，教师如果处于同质的高校组织制度和文化环境之中，目标相似，规范相同，教师在双向互动中就很容易汲取到有益的资源，也就是说教师与各民族师生的双向互动能转化

① Hansen，M. T. The Search-Transfer Problem：The Role of Weak Ties in Sharing Knowledge across Organization Subunits，Administrative Science Quarterly，1999（44）：82 – 111.

② Burt，R. S. The Network Structure of Social Capital，Research in Organizational Behavior，2000（22）：345 – 423.

成关系网络中有益的资源以便供教师利用，教师在利用这些资源时自然会产生对关系网络，即对同事、对学生、对教学管理者的共同信任和认同，相反，如果教师所处环境的异质性成分太多，规范不统一，目标不协调，那么教师关系网络间的知识尤其是教师实践性知识（默会知识、隐性知识）和其他资源则难以转移，就会出现完全依赖于学校来调动正式网络系统的运作以促进教师资源的流动，这样必然使交易的成本提高。因此，在边疆少数民族地区高校组织内，高质量的网络联结是教师社会资本形成的核心要素，是教师社会资本生成的基本条件和保证。综观国内外学者对社会资本的研究，对关系社会资本要素的关注也比较多。如美国政治社会学家罗伯特·普特兰（Putnam，R. D.）在《繁荣的社群：社会资本和公共生活》（The Prosperous Community：Social Capital and Public Life）① 和《独自打保龄球：美国下降的社会资本》（Bowling Alone：America's Declining Social Capital）② 等文章中对美国的社群组织、公众参与和"公民精神"进行了详细的评述，并在分析中指出，与人力资本相比，社会资本会提高投资于物质资本和人力资本的收益，在一定程度上反映了社会组织的特征，在基于共同利益基础上，能通过组织成员间的规范、合作和信任来提高社会效率。特赛（Tsai，W.）等学者在对社会资本与创新价值之间关系的研究中指出，社会环境中的社会联系、信任关系和价值系统等均属于社会资本的基本因素，这些因素会更好地促进个体在环境中的行为，获取满意的活动效率。③ 莱娜（Leana，C. R.）等学者在研究中认为社会资本是一种能反映社会关系特点的资源，是通过网络成员的合作信任和共同的目标取向来实现的。④ 我国学者杨雪冬在《社会资

---

① Putnam, Robert D. The Prosperous Community：Social Capital and Public Life, American Prospect, 1993（13）：35 – 42.

② Putnam, R. D. Bowling alone：America's Declining Social Capital, Journal of Democracy, 1995（6）：65 –78.

③ Tsai, W. , Ghoshal, S. Social Capital and Value Creation：The Role of Intrafirm Networks, Academy of Management Journal, 1998（41）：464 –478.

④ Leana, C. R. , Van Buren III, H. J. Organizational Social Capital and Employment Practices, Academy of Management Review, 1999（3）：538 –555.

本：对一种新解释范式的探索》一文中指出，社会资本就是共同体之内的成员通过长期交往合作以及互利所形成的价值理念、信仰和行为范式等一系列认同关系，个人行为能否实现个人理性与社会理性的和谐，社会资本起关键作用。① 基于此，作为边疆少数民族地区高校这一特定组织（或共同体）内成员，教师要成功地实现资源转移，实现教师社会资本的价值最大化，必须有社会网络联结的质量作为保证，网络成员在心理上能相互接纳，产生认同感和归属感。因而，关系资源社会资本是高校教师获取利益资源的关键因素，是高校教师社会资本结构的重要组成部分。

在关于社会资本维度划分的已有研究成果中，嵌入个体社会网络中的资源被视为是社会资本的核心要素。本书强调的是在多元文化背景中教师在社会关系网络中所获取的与教学相关的有价值资源，如教师理论知识、多元文化知识、实践性知识、教学技能与经验等。从严格意义上讲，教师的社会网络结构属于教师社会资本的外生变量，与社会网络和社会关系相比，社会资本内容要丰富得多，教师社会资本激发了教师对社会网络与社会关系的工具性动员行动和嵌入性资源的获取，但如果不能识别教师网络特征和社会关系，就不易获取这些嵌入教师网络之中的资源。教师的社会网络结构是嵌入性资源的必要条件，有学者在研究中提出，将网络结构和嵌入性资源结合起来研究个体社会资本是明智之举。② 因此，从网络结构和网络关系资源两维度来探索教师社会资本结构是合理的，也是可行的。

边疆少数民族地区高校教师社会资本的"结构性维度"是指以教师所嵌入的社会关系结构为基础来研究教师的社会资本在教师获取外部资源与信息中的作用，包括网络联系范围和强度。结构性社会资本通常以一定规则和程序等为基础构建社会网络，网络成员通过协商与合作形成互信，彼此共同分享信息与资源，人际关系是获取资源的重

---

① 杨雪冬："社会资本：对一种新解释范式的探索"，载《马克思主义与现实》1999年第 3 期，第 52 ~ 60 页。
② 张文宏："社会资本：理论争辩与经验研究"，载《社会学研究》2003 年第 4 期，第 23 ~ 35 页。

要手段。高校教师将默许的信息（tacit information）嵌入自己的社会网络关系中，通过与关系网络中成员的互动，既将自己的知识资源转移给网络中的成员，也从其他成员那儿不断汲取自己所需要的知识资源。教师社会资本的"关系资源维度"是指从教师与社会网络成员（包括不同民族的学生、同事、教学管理者）之间的双向关系出发，探讨如何通过协调不同民族的师生之间、同事之间和上下级之间双向关系来交换和获取资源，实现教育教学的目的。在长期的共同工作、学习和生活过程中，教师与社会网络成员之间通过交往和合作，将会"形成相互间的义务、期望和可信赖性的关系"，[1] 这种关系更有利于形成一种有益于合作和相互支持的环境，促进积极合作的行为产生。[2]信任是教师网络关系的重要因素，在教师的关系网中起关键性的强化作用，调控着教师与学生、同事及教学管理者之间资源交换与吸收的质量，协调着相互之间"资源交易"的行为。可以说，信任会简化教师关系网中各关系的复杂性，引发不同民族师生、同事及上下级之间广泛开展社交活动，因此，教师的关系网络是影响教师与学生、同事、教学管理者之间交往质量的一种启发性支配结构。一般而言，教师拥有良好的社会关系网络就可能提高自己的社会关系质量，而高水平的网络关系质量反过来又可促进教师与网络中各成员的社会互动质量，即便教师与某些成员的联系频率不高，也不会影响教育资源转移的效果和效率。教师社会资本的"结构维度"与"关系资源维度"往往是作为一个整体嵌入在高校教师中形成的正式社会关系网络系统之中，影响着教师的心理、行为及资源转移。这两者的主要区别在于：结构维度侧重于教师网络联系和网络结构的特点，可通过联系的强弱、网络密度、连接性等特征变量来加以描述，在教师社会网络中表现为非人格化特征；而关系资源维度则侧重于作为社会联系的主体行为人——教师在与学生、同事和教学管理者之间的互动中而建立起

---

① Putnam, R. D, The Prosperous Community: Social Capital and Public Life, the American Prospect, 1993 (13): 37.

② Ring P S, A H Van de Ven. Developmental Processes of Cooperative Interorganizational Relationships, Academy of Management Review, 1994 (1): 90－118.

来的具体人际关系。格兰诺维特（Granovetter，M.）曾将前者称为结构性镶嵌，后者称为关系性镶嵌。[①] 我国边疆少数民族地区高校教师社会资本结构如图 3 - 1 所示。

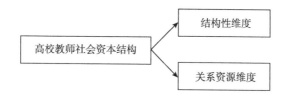

图 3 - 1　边疆少数民族地区高校教师社会资本的基本结构

二、边疆少数民族地区高校教师社会资本的要素分析

（一）边疆少数民族地区高校教师社会资本的结构性要素

社会结构是指"存在于不同的社会行动者之间相当稳定的社会关系模式"，[②] 社会关系模式是社会结构的重要组成形式。各民族教师是边疆少数民族地区高校组织中的关键组成因素，从社会结构的视角分析教师的社会资本要素，其要素主要来源于教师的社会联系。因为如果从非人格化的角度看边疆少数民族地区高校，培养高素质的"民汉兼通"人才要求高校内任务关联和分工协作，这必然使高校内的各个体之间发生联系，这种联系是教师与其他成员产生非正式互动的基础；如果从人格化的角度看高校，教师与高校内其他成员非正式的互动必然会引导教师社会关系网络结构的形成。一般来说，当个体认可某一群体并拥有归属感时，个体与群体中的其他成员发生直接与间接的联系便成为可能。莱斯（Rice，K. J.）在研究中针对社会联系与个体行为之间的关系进行了论证，指出社会联系会加快参与互动个体的

---

① Granovetter；M，"Problems of Explanation in Economic Sociology," in Nohria，N.，and Eccles，R Cz，.（Eds.），Networks and Organization：Structure，Form and Action，Boston：Harvard Business School Press. 1992.

② 孙立平："'关系'、社会关系与社会结构"，载《社会学研究》1996 年第 5 期，第 20～30 页。

快速反应以及角色转换，从而进一步促进个体行为的发生。① 帕克
（Park，S. H.）和路欧（Luo，Y.）曾专门针对中国文化的特点对中
国人的社会生活网络展开了调查和研究，在《组织关系动力学：中国
公司中的组织网络》（Guanxi and Organizational Dynamics：Organiza-
tional Networking in Chinese Firms）一文中指出中国人的"关系"深深
地嵌入中国的文化环境之中，其社会生活网络也是深深地根植在这种
"关系"当中，它能够帮助人们实现自己的愿望，而这种"关系"也
使中国人非常注重"情面"，很多情况下是因为顾及"情面"而保持
社会网络中的互动，在互动中建立和维持个体的社会网络联系。②

对于如何从社会结构角度来衡量个体社会资本要素？研究者们提
出了不同的观点：麦克米伦（McMillan，D. W.）和查维斯（Chavis，
D. M.）③ 提出了社群意识概念，即成员的归属感和彼此感觉到重要性
的一种感觉，并发展了社群结构四维模型，认为成员身份（member-
ship）、影响力（influence）、需求的整合与满足（integration and fulfill-
ment of needs）和共同的情感联结（shared emotional connection）是构
成社群意识的四大因素。科尔曼认为这种社群意识来自社会关系，表
现为：（1）义务（obligations）、期望（expectations）和信任（trust）；
（2）规范（norms）和有效制裁（effective sanctions）。④ 林南运用社会
资源概念研究个体社会资本，认为个体的网络资源是指嵌入个体可摄
取的自我网络中的资源，包括网络中有价值资源的范围（range）、网
络中资源等级体系中的最高可达性（upper reachability）、网络中资源
的多元性（extensity）和资源的构成、平均或典型资源（composition，

① Rice，K. J.，Interaction of Disturbance Patch Size and Herbivory in Europium Coloniza-
tion，Ecology，1987（68）：1113 - 1115.

② Park，S. H.，Luo，Y. Guanxi and Organizational Dynamics：Organizational Networking
in Chinese Firms，Strategic Management Journal，2001（5）：455 - 477.

③ McMillan，D. W. & Chavis，D. M. Sense of Community：A Definition and Theory，Journal
of Community Psychology，1986（14）：6 - 23.

④ Coleman，J. Social Capital in The Creation of Human Capital，The American Journal of
Sociology，1988（94）：95 - 120.

average or typicalresources)。[①] 弗拉普（Flap，H. D.）和德格拉夫（De Graf，N. D.）认为个体社会资本包含三个因素：一是当社会网络中的成员需要帮助时，网络中有多少人愿意提供援助；二是提供援助的强度；三是提供援助的能力。[②] 伯特则提出个人在所处社会网络联系相对缺乏的情况下能推动个体的流动和资源的获取，而这些缺乏内部联系的网络结构即为"结构洞"（structural holes），占据结构洞位置的个体，不仅可以在互不联系的个体间进行资源传递，而且还可以控制这些资源，个体所占据的结构洞越多，他从这个社会网络中获得回报的机会就越多，获取的社会资本也越多。

本书认为，社会联系是边疆少数民族地区高校各民族教师建立情感和获取社会资源的渠道，决定着教师社会关系网络结构的形式。借助于上述理论的表达方法，选取网络规模和网络凝聚力作为边疆少数民族地区高校教师社会资本结构要素。从教师社会互动的角度来说，网络规模和网络凝聚力是两个互补的概念，教师实际感知到的与网络成员的密切联系可促进教师教育资源的获取，对教师来说，在教学中要提高教学绩效并不一定要花费大量时间去进行社会联系，关键是教学中在需要帮助的关键时刻是否能够及时得到帮助。

边疆少数民族地区高校教师网络规模是指教师在教学生活中与各个民族的社会联系人之间直接联系的数量，是测量教师社会网络最直接的因素。社会学研究表明，网络规模越大，提供工具性资源和情感性资源的网络成员数量就会越多，因此，网络规模预示着个体从社会网络中获取资源的广度。[③] 一般来说，具有大规模社会网络的个体拥有两大优势，一是在网络中拥有相当数量的潜在社会支持者；二是这

---

① Lin, Nan. Building a Network Theory of Social Capital, Connections, 1999 (1): 28 - 51.; Lin, N. Social Networks and Status Attainment, Annual Review of Sociology, 1999 (25): 467 - 487.

② Flap, H. D. & De Graf, N. D. Social Capital and Attained Occupational Status, The Netherlands' Journal of Sociology, 1965 (22): 145 - 161.

③ Hansen, E. L. Entrepreneurial Networks and New Organization Growth, Entrepreneurship Theory & Practice, 1995 (4): 7 - 19.; Hoang, H. & Antoncic, B. Network-based Research in Entrepreneurship: A Critical Review, Journal of Business Venturing, 2003 (2): 165 - 187.

些支持者有可能随时提供所需要的资源。对于边疆少数民族地区高校教师来说，在教学生活中拥有更大的网络规模意味着教师应与不同民族的学生、同事及教学管理者之间能进行更广泛的合作、互动和交流。这一方面可以促进教师对异质性信息和知识（包括显性和隐性的）、多元的文化特征及价值观等的获取；另一方面也为教师提供了获取多样化资源的可能性。这样更加有利于教师在面对多元文化的课堂教学和研究中能展开创造性的思维，保质保量地完成教学任务，从而提高教学绩效。所以将网络规模作为教师社会资本结构要素是合理的。

边疆少数民族地区高校教师网络凝聚力是指教师与社会网络中不同民族身份成员相互联系的密切程度，包括在联系过程中所花费的时间和精力以及教师所感知到的与成员之间的亲密程度。教师网络凝聚力通常包括教师与关系网络内成员双向互动所产生的联系和教师嵌入关系网络中产生的联系两种形式，反映出教师与成员之间客观联系的频率和主观感知的互为联系的数量和强度。许多学者在研究中强调具有强凝聚力的社会网络对促进非编码化知识具有重要作用。格兰罗维特（Granovetter，M. S.）在研究中首次提出了社会网络关系的"强连接（strongties）—弱连接（weakties）"模型，指出强连接具有传递复杂的知识和信息，传递感情与信任的优势；而弱连接具有传播信息的优势，对于这一观点，自格兰罗维特之后围绕着网络连接强度对个体行为的效应问题而展开讨论的后续研究者们似乎也都认同并达成了基本共识。① 在此基础上，科尔曼认为在闭合网络系统中，节点之间联系密切，所有信息和资源都有可能以最短的路程直接传递到每个节点上，因此闭合性的社会结构（closure of the social structure）有助于形成指示性规范（prescriptive norms）；普特兰认为闭合网络中所形成的指示性规范则可以促进共同利益者的合作，这里的闭合网络系统可以理解为组织内成员所形成的关系网络。这充分表明，在功效上，网络凝聚力为网络成员的资源转移和情感满足提供了机会，一方面网络成

---

① 李林艳："社会空间的另一种现象——社会网络分析的结构视野"，载《社会学研究》2004 年第 3 期，第 64 ~ 75 页。

员之间联系越频繁，关系越密切，互动次数的频率就会大大增加，越有利于资源的获得；另一方面成员之间高频率的密切联系有利于成员获得社会性情感支持，产生高信任感和归属感，满足其社会心理需求。在边疆少数民族地区高校教师教学生活中，教师网络凝聚力不仅有利于加强校园的民族团结，更有利于增加教师接近关键信息、资源的机会，激发教师获取教学资源、提高核心能力的动机，从而提高教学绩效。结合边疆少数民族地区高校教师社会资本来源的动机、机会和能力的观点，本书认为将网络凝聚力作为边疆少数民族地区高校教师社会资本结构要素也是合理的。

（二）高校教师社会资本的关系资源要素

社会资本研究中的"关系资源维度"主要探索的是在个体自我与他人之间的双向互动关系中社会资本对个人的作用，其研究点主要聚焦在如何通过协调个体之间的双向互动关系来转移或分享知识以达成相互合作、相互学习的目的。边疆少数民族地区高校教师社会资本的关系资源是指从教师与不同民族身份的学生、同事、教学管理者之间的双向关系出发，探讨如何通过协调师生之间、同事之间和上下级之间的双向关系，使教师在与关系网络成员长期交往和合作中形成相互间的尊重、信任和责任的关系，[1] 以获取教学资源，积累教学知识，实现教学目标。本书将师生关系、同事关系和上下级关系作为边疆少数民族地区高校教师社会资本的关系资源要素。

1. 师生关系

在教育教学过程中，教师与学生的关系既受教育活动规律的制约，也是一定历史阶段社会关系的反映，同时它也是人类社会关系的组成部分。在长期的封建制社会，师生关系受到封建等级制的制约，宣扬"天、地、君、亲、师"，教师具有神圣不可侵犯的地位，《学记》记载"夏楚二物，收其威也"，就是说，教师可用夏木和楚木做戒尺，随意惩罚学生。封建时代的师生关系是一种等级服从的关系。

---

① Putnam, R. D., The Prosperous Community. Social Capital and Public Life, the American Prospect, 1993 (13): 37.

新中国成立以来，学校教育批判性地继承优秀文化传统，提供尊师爱生，坚决反对不尊重学生人格、体罚学生，倡导建立民主平等的新型师生关系，社会主义制度为这种新型关系的发展提供了良好的社会环境。

　　教育是一种以选择、传递、创造人类文化和促进教育对象身心全面发展的活动过程，在边疆少数民族地区，不同的民族都拥有自己独特的本民族文化，教师在多元文化情景下设计的教育活动必须注意文化差异特征，教育教学方式方法应符合不同文化背景下学生的认知发展特点和身心特点，这样塑造的民族群体成员才会具有丰富多样的性格特征，进而有效地促进不同文化背景学生的学业成就。师生关系是边疆少数民族地区高校内部最核心的人际关系，是各民族教师与各民族学生在教育教学共同活动中所形成的互动关系。高校的课堂是由多民族师生所组成的，多元性是课堂教学的主要特点，尊重信任、民主平等的师生关系是形成良好学风、教风和校风的基础，是营造团结和谐的校园环境所必需的。这种新型的师生关系具体表现为：第一，民主平等。在教育过程中，虽然教师与学生在地位和作用上存有差异，但目标是一致的。边疆少数民族地区高校的基本任务就是培养高级专门人才，为民族地区的经济发展服务。要实现教育目标，高校教师要更加关注各民族学生的文化背景，为他们提供有利于其发展的心理环境，充分调动其积极主动性和高度的自觉性，充分尊重学生的人格和民族情怀，尊重各民族学生不同的风俗习惯和风土民情，在教学中发扬教学民主，建立起民主平等的师生关系。教育心理学实验研究表明，不同的师生关系对教育效果会产生不同的影响，在民主型的集体，学生之间团结友好，积极参加一切集体活动，教育教学效果好；而专制的集体，学生能够有组织地开展集体活动，但缺乏活动的积极性，对教师的不满情绪高。① 因此，教师与学生建立起民主平等的朋友式关系，会提高学生对教师的满意度，最大限度地体验学习过程中所带来的愉悦感和满足感，从而提高教学质量，实现教育目标。构建

---

① 富维岳、唱印余主编：《教育学》，东北师范大学出版社 2000 年版，第 185 页。

这种民主平等的师生关系也是高校达到教育目的、为少数民族地区培养高级专门人才的必要条件。第二，尊师爱生。在民主平等中建立起的师生关系，应该是学生尊敬、信赖教师，教师关心、爱护学生。师爱之情，其一，应该具有深刻的社会性，它是以社会目标为中介建立起来的爱而不是出于个人的私爱；其二，这种爱应具有普遍性，教师要将这种爱施于所有的学生，期待着所有的学生都能成为国家栋梁之材；其三，教师的爱还应具有稳定性，是一种持久的情感而不是一时的热情，要贯穿于教育教学的全过程。在教育教学过程中，如果学生能充分感受到教师的关心和喜爱，没有民族歧视，就会产生无限的依赖感和归属感。尊师和爱生是师生在互动交流中产生的一种强烈的情感体验，它是一种双向的推动力，促进着双方共同发展。第三，教学相长。我国最早的教学专著《学记》对"教学相长"的解释是："学然后知不足，教然后知困，知不足，然后能自反也，知困，然后能自强也。"即教师在教的过程中遇到困难时要想办法更加努力地去学习，使教因学而受益；学生在学习的过程中感到不足时要更加主动地去求教，使学因教而不断长进。因此，教与学是相辅相成、相互促进的。韩愈在《师说》一文中指出："弟子不必不如师，师不必贤于弟子……道之所存，师之所存也。"在多元的课堂中，更需要教师多角度地了解学生，虚心地对待学生，做到教学相长，善于从不同民族的学生那里汲取智慧，形成融洽的师生关系。

2. 同事关系

同事关系是职业群体中最广泛的一种人际关系形态，主要是指在同一职业群体中的人员在共同职业活动中所结成的关系。同事关系的发展一般是在工作互动基础上产生的，随着互动的不断增加，在情感需要的驱使下，互动双方对关系中的工具交换、礼数规范和情感依附的认识不断增强，在认知和情感上逐渐产生相互趋同和依恋，于是由陌生到逐渐熟识，最终建立起稳固的心理联系。有学者在研究中将同事关系的基本要素概括为情感性关系、工具性关系、义务性关系和礼仪性关系四个方面。同事关系的发展历程一般要经历三个阶段，即定向阶段、互动接触阶段和稳定交往阶段。[①]

　　同事关系一般不同于朋友关系，它主要依靠工作和情感来维系，因而有些同事可以成为朋友，但因为带有工作的成分在内，所以一般都不会有人将其作为自己核心圈内的朋友。在学校中，教师与教师之间交往所形成的关系即为教师同事关系，教师同事关系的特点主要表现在两个方面：一方面体现了相对独立性，即教师的专业受到尊重，每位教师都拥有自己的信念和教学风格，在教学与管理中可以不受其他教师的干扰；另一方面体现了同事之间的相互依存性，主要表现为教师之间的互助关系，即教师处于困境或遇到困难时又希望同事能提供帮助和心理上的支持，同事需要帮助时，自己会有积极反应但又不过于主动，这是教师之间自然形成的一种互助关系。另外，还有一种是在学校组织的要求下形成的有经验的教师对新教师在业务上的帮助，带有契约性质的支持关系。同事关系的质量通常会受到教师自身特点的影响，如相近的年龄和种族，共同的信仰和价值观，能相互信任、尊重和支持，拥有丰富的学科知识和良好的性格特征等都是重要的影响因素。

　　高校教师的同事关系主要表现为"教师在日常生活、教学、研究和学习过程中信任、公开、支持和合作的关系"，主要包括学术关系和人际关系，它对教师工作绩效的提高起着积极的作用。[②] 学术关系是指教师在开展学术活动时所结成的关系，体现了教师在教学科研中与同事协调工作和交流信息的能力，高校教师的学术活动通常包括三个方面的内容：一是同事之间进行学术信息交换活动，一般不涉及教师的教学科研工作；二是同事之间进行教学和科研成果研讨活动；三是向同事展示教学和科研过程与成果，听取同事建议。人际关系是指教师在与各学科或专业教师进行互动交往过程中所结成的关系，是学术关系的基础，体现了教师在工作和日常生活中是否能与同事相互尊

---

　　① 张大为："员工关系对知识共享的影响研究"，大连理工大学 2011 年博士学位论文，第 49 页、第 82 页。

　　② 景丽珍、杨贞兰："同事关系对高校教师工作绩效的影响"，载《高等教育研究》2013 年第 5 期，第 39～45 页。

重和信任，人际交往活动包括两大类型的活动，第一种类型是教师与同事一起讨论相互都感兴趣的事情，共同参与一些休闲活动，共度闲暇时光；第二种类型是教师在情感上依赖同事，愿意与其讨论私人问题，目的是在情感上能够获得社会性支持。因此，高质量的教师同事关系有益于降低教师教学工作的复杂性和不确定性，使教师在专业上获得相应的支持，实现专业发展；有助于提高教师的心理健康水平，减轻教师工作中的紧张、压力和挫败感，提高对工作的满意度和创造性，形成教师信念（teacher's beliefs），进而促进学生身心健康成长；能为教师创造一种和谐而愉快的工作环境，形成拥有高向心力和凝聚力的教师团队，提高教师的工作动机和投入程度，从而提升教学能力和科研水平。

3. 上下级关系

在高校组织中，由于分工不同，教学管理者与教师之间具有领导与被领导的关系，从而形成一种上下级关系，这种关系必然具有权力与服从的色彩，但在管理中如果只是以行政管理和控制作为基础，行使的是一种自上而下的社会性权力，教师只是作为被评价的客体，没有话语权，那么教师专业的自主性就不可能获得最基本的尊重。1975年，格莱恩（Graen, G. B.）和卡会曼（Cashman, J. F.）在研究企业组织管理中领导者与员工关系时首次提出了"领导—成员交换（Leader-Member Exchange）"理论，[1]认为组织中领导者与员工的关系决定着组织的命运，由于受到时间与资源的限制，领导者一般不可能将组织中的资源平分给每一个员工，领导者与员工之间存在着动态的物质、社会利益和心理交换的关系，在交换水平和质量上存在显著差异，并建立起不同类型的交换关系。这一理论将企业管理中领导者与员工的关系概述为是一种"有差别的垂直对偶交换关系"和"互惠的契约关系"，上下级对偶间的交换是领导者与员工关系的本质。显然，

---

① Graen, G. B., Cashman, J. F. A Role Making Model of Leader ship in Formal Organizations: A Developmental Approach. In J. G. Hunt, L. L. Larson（Ed.）, Leadership Frontiers. Kent, OH.: Kent State University Press, 1975: 143 – 165.

企业中的上下级关系是建立在社会交换基础之上的，一方所提供的必须是另一方认为是有价值的东西，且双方都认为这种交换是公平合理的，而双方之间是否具有高度的相互信任、尊重、忠诚和义务则是衡量关系质量的基础。[1] 大量的实证研究进一步验证了领导者的影响力和支持度影响着员工的工作态度和行为，[2] 如果员工感知到的是一种真正平等的社会交换，就会愿意承担自己的职责和义务，表现出公民行为，工作的绩效也将大大提高。[3]

高校教学管理者与教师之间形成的上下级关系，其实质是教师与教学管理者在教学与管理过程中所形成的一种社会互动交换关系，这种关系实际上类似于企业组织管理中的"领导—成员交换"关系，即教师的教学活动具有创造性活动的特征，需要教师个人的努力，但在教学中要受到教学管理者的督导和管理。教师与教学管理者之间互动越多，双方相互信任的程度就越大，越易于形成共同的目标和相似的价值观。另外，教师从教学管理者那里得到的支持越多，拥有的社会资源就越丰富，互惠性自然也随之增强。教学管理者与教师建立良好的互动关系，有助于教师教学能力的提高，良好的上下级关系是教学管理者进行有效督导和管理的条件。在对高校教师与管理者的深度访谈中发现，管理者（尤其是教学督导）与教师之间良好的人际关系与教师的满意度及教学能力密切相关，教师认为能真正触动自己愿意为学校无怨无悔地奉献一切的动力主要来源于管理者是否能做到"管"中有"理"、"理"中有"管"。他们期待教学管理者除了拥有系统的教学专业知识外，还应该善于倾听教师的心声，提供开放自由讨论的平台，提供持续的教学支持服

---

① Graen, G. B., Scandura, T. A.. Toward a Psychology of Dyadic Organizing. In L. L. Cummings and B. M. Staw (Ed.), Research in Organizational Behavior. Greenwich, CT.: JAI Press, 1987: 175 – 208.

② Graen GB, Uhl-Bien M. Relationship-based Approach to Leadership: Development of Leader-member Exchange (LMX) Theory of Leadership Over 25 Years: Applying a Mufti-level Mufti-domain Perspective, Leadership Quarterly, 1995 (2): 219 – 247.

③ Gerstner CR, Day DV. Meta-analytic Review of Leader-member Exchange Theory: Correlates and Construct Issues, Journal of Applied Psychology, 1997 (6): 827 – 844.

务，充分理解和关心教师；而管理者认为只有与教师建立起朋友式的关系，教学中的督促和引导作用才会真正有效而不是流于形式，相关的教学管理制度在制定过程中一定要让教师积极参与，充分表达教师意见和建议，在共同协商中形成的制度不需要更多的督促就能形成教师的一种教学习惯。

多元文化高校教师队伍是由多民族成员所组成，教学管理者应尽可能淡化组织赋予的法定权威，转换单纯的管理者角色，管理的重心应侧重于服务职能和微观领导；为师生营造一种温馨和谐的多元文化校园环境，让教师真正体验到多民族大家庭的温暖，这种环境也会规避很多教师间的利益冲突；应将主要精力从教学管理事务转向教学改革实践和引领教师发展的长远规划之中，支持教师大胆尝试改革多元文化课堂教学，了解教师在教学中存在的实际问题与困难、需要哪些方面的帮助、在教学上有何诉求等，并能及时予以解决，尽可能消除教师心理上的困惑和不安，同时创建交流平台，鼓励教师积极参与教学管理，针对不同教师的实际情况提供培训和进修的机会；帮助教师组建学习共同体并将自己也融入共同体之中，以个人的学识和人格魅力、威望来建立自己的权威，充分利用自身的教学学术知识来引领教师的发展，并努力为教师谋求更好的资源使其教学能力和学术能力不断提高，让教师能充分意识到自己的教学质量决定着学校的生存与发展，学校的兴衰荣辱关系到自己的切身利益。

第三节　边疆少数民族地区高校教师教学绩效维度分析

一、教学绩效维度分析

20 世纪 90 年代，随着绩效管理理论的发展，美国学者伯曼（Borman，W. C.）和莫特维多（Motowidlo，S. J.）在组织公民行为和亲社会行为等相关研究的基础上，将任务绩效（Task Performance，

TP）和情境绩效（Contextual Performance，CP）作为个体绩效的测量维度。任务绩效是与组织的技术核心直接相关的行为，主要是与员工自身拥有的知识、能力、工作内容及完成任务的熟练程度等相关的绩效，包括完成工作任务的数量、质量、效率及成本费用等内容；情境绩效是与绩效的组织特征相关，主要是指对个人完成任务及对组织运行都具有一定影响的支持性工作因素，是一种心理和社会关系的行为，包括责任心、团队协作、服务意识与态度、认同组织目标、工作品质等方面，并通过对 991 名在职空军技师进行测试和验证，提出了"任务—情境"二维绩效结构关系模型，① 如图 3 – 2 所示。

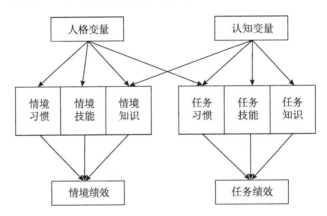

图 3 – 2 任务绩效与情境绩效关系的框架

（资料来源：Borman，W. C.，Motowidlo，S. J. Task Performance and Contextual Performance：The Meaning for Personnel Selection Research，Human Performance，1997（10）：99 – 109. ）

从图 3 – 2 可知，情境绩效包括三个重要的影响因素，即情境习惯、情境技能和情境知识，人格变量是一个很重要的预测变量。任务绩效也包括三个重要影响因素，即任务习惯、任务技能和任务知识，认知变量是一个很重要的预测变量。人格变量会促进或干涉个体完成任务的模式，同时认知变量也会影响情境绩效中的因素。"任务—情

---

① Borman，W. C.，Motowidlo，S. J. Expanding the Criterion Domain to Include Elements of Contextual Performance. In N. Schmitt&W. C. Borman（Eds.)，Personnel Selection in Organizations，San Francisco：Jossey-Bass. 1993：71 – 98.

境"二维绩效理论表明,任务绩效和情境绩效两者是有区别的,因为三个不同的预测因素中有两个拥有不同的前因变量(antecedents),同时,这两个维度又是相互联系的,因为三个不同的预测因素中有一个是共同的前因变量。

关于任务绩效和情境绩效两者之间的关系,有三种不同的观点:第一,一些研究者指出,任务绩效和情境绩效各自包含有不同的行为模式,前者多以规范性行为为主而后者的行为大多是可以自由支配的。例如,任务绩效行为包括需要员工能力和经验在内的专业工作活动,相反,情境绩效行为更多的是表现在员工的"人际关系促进(interpersonal facilitation)"(主要指沟通的技能、良好的工作关系)和"工作奉献(job dedication)"(指合作和协助他人完成任务的动机)方面。[1] 第二,一些研究者通过对任务绩效和情境绩效两者之间的前因变量、结果、相关性等的比较,指出任务绩效和情境绩效的各变量之间呈现出不同的关系。如斯科特(Scotter, J. R)、莫特维多(Motowidlo, S. J.)和克罗斯(Cross, T. C.)通过对美国空军机械师两个样本($N = 422$,991)的分析,结果表明,两个维度在促进作用和非正式待遇方面有独立的方差解释,同时,任务绩效能促进生涯发展,是一个增值变量,而情境绩效却没有。[2] 吉菲恩(Giffin, M. A.)、尼尔(Neal, A.)和尼勒(Neale, M.)通过对 56 名空中交通管制者的研究发现,当环境具有很大挑战性时,专业技能强的员工都能取得满意的成绩,而与情境绩效的好坏无关,即与情境绩效没有关系;相反,专业技能比较低但情境绩效水平高的员工,也能取得较好的工作绩效,因为他们在工作情境中良好的人际关系能给他们带来"晕轮效应(halo effects)",他们能在合作性工作中得到更多帮助。[3] 换言

---

①　Van Scotter J. R, Motowidlo, S. J. Interpersonal Facilitation and Job Dedication as Separate Facets of Contextual Performance, Journal of Applied Psychology, 1996 (81): 525 – 531.

②　Van Scotter J. R, Motowidlo, S. J. & Cross, T. C. Effects of Task Performance and Contextual Performance on Systemic Rewards, Journal of Applied Psychology, 2000 (4): 526 – 535.

③　Giffin, M. A., Neal, A. & Neale, M. The Contribution of Task Performance and Contextual Performance to Effectiveness: Investigating the Role Situational Constraints, Applied Psychology: An International Review, 2000 (3): 517 – 533.

之，空中交通管制者取得绩效的能力不会视他们的情境绩效而定，但工作技能较低者在良好的伙伴合作中通过获取同伴的援助也能取得较好的工作绩效。这些研究结果表明，当工作任务需要高技能才能完成时，任务绩效是一个重要的预测绩效的变量；但如果任务不需要太高技能、比较容易完成时，情境绩效也是预测工作绩效的变量。还有一些研究者在研究中通过测量，得出任务绩效和情境绩效在营业额、工作满意度和组织承诺等方面也表现出不同的效果；[1] 任务绩效与情境绩效在员工的经验、个性、知识、技能、能力、忍耐性、合作和整体等级上存在不同形式上的相关性。[2] 第三，另一些研究者指出，任务绩效和情境绩效两者对于技术成果来说都具有贡献，但贡献的程度不同。如莫特维多、伯曼等研究者指出，任务绩效直接提升工作绩效，而情境绩效主要在核心技能发挥的过程中起重要作用，通过提高社会和组织成员的生存能力，提高心理环境，从而影响绩效。[3] 以上三种类型的研究主要是依照行为参与、前因变量的不同关系、关系和成果对绩效的不同贡献等方面分析了任务绩效与情境绩效之间的区别。随着绩效两个维度预测的理论分析，用任务绩效和情境绩效来分析工作绩效，这些研究提供了较强的证据。

"任务—情境"二维绩效结构模型比较全面地反映了个体绩效的过程观和结果观，它不仅强调了团队协作的组织文化，也对个体尤其是知识工作者个体的工作性质与绩效特点予以了重视，深化了工作情境与工作本身的效能关系，因此，任务绩效和情境绩效概念自提出以来，无论在理论上还是在实证研究上都得到了研究者们广泛的支持和认可。国外学者通过对 3045 名中学生对教师工作绩效评价的验证性因素分析发现，使用二阶变量（情境绩效和任务绩效）模型来考核工

---

① Van Scotter, J. R. Relationships of Task Performance and Contextual Performance With-Turnover, Job Satisfaction, and Affective Commitment, Human Resource Management Review, 2000 (1): 79.

② Borman, W. C., Motowidlo, S. J. Task Performance and Contextual Performance: The Meaning for Personnel Selection Research, Human Performance, 1997 (10): 99 – 109.

③ Motowidlo, S. J., Borman, W. C. & Schmit, M. J. A Theory of Individual Differences in Task and Contextual Performance, Human Performance, 1997 (2): 71 – 83.

作绩效比单一维度结构模型考核更好，证明了教师绩效测量更适合运用二维模型。[①] 我国学者王晖、李晓轩等在中国文化背景下运用实证方法对企业非管理人员绩效结构进行研究，验证了任务绩效和情境绩效的二因素绩效结构模型，指出任务绩效和情境绩效在结构上是可以区分的，进一步支持了二维绩效结构观。这说明绩效的二维结构划分在国内文化环境下同样也是成立的。[②] 本研究借鉴伯曼和莫特维多"任务—情境"二维绩效的观点，将任务绩效和情境绩效作为两个基本维度来验证边疆少数民族地区高校教师的教学绩效，在具体测量指标的界定上突出了边疆少数民族地区高校教师教育教学的特点。

二、边疆少数民族地区高校教师教学任务绩效

教师教学任务绩效是与完成教学任务所需要的专业知识、专业技能、职业角色行为以及岗位职责等有关的绩效，它与边疆少数民族地区高校教学目标的实现紧密相连。伯曼和莫特维多将任务绩效的内容归纳为两个方面，一是将原材料变成服务的活动；二是维持这种服务活动。对高校教师来说，教学是其工作的根本，也是其开展科学研究和社会服务的基础，教师教学质量直接影响到全面发展的创新人才培养目标的实现。因而教师的任务绩效也可概括为教师将理论知识转化为为学生服务的实践性知识，包括实践教学过程以及取得的实践成果。然而，与科研成果的直观性和易于量化的特点相比，教学成果是一个长期的过程，并不能在很短的时间内体现出来，所以具有难以量化的特点，这一特点往往会造成高校教师重科研轻教学，缺乏对教学的创新和研究探索。而教师在课堂教学中创新思维和研究思路的传授以及对学生发散性思维和批判性思维的培养对于学生的学习和发展来

---

①　Cai，Y.，Lin，C. & Chen，X. Confirmatory Factor Analysis of Students' Evaluations on Teacher Performance，Journal of Psychology，2003（3）：362 – 369.

②　王晖、李晓轩、罗胜强："任务绩效与情境绩效二因素绩效模型的验证"，载《中国管理科学》2003 年第 4 期，第 1 ~ 10 页。

说具有重要意义，没有创新的教学，就很难培养具有创新意识和创新精神的人才，这势必会影响人才培养的质量。因此，高校教师在教学中的创新和研究应成为描述教学任务内容中的一部分。

从高校作为一个组织的角度来看，作为高校组织成员的教师，必然与其他成员（或者称为利益相关者）如教学管理者、学生、同事及其他教职员工之间会建立起各种正式或非正式的关系，这些成员对于教师教学的行为过程或结果都会予以不同的要求和期望，尤其是教学管理者和学生，都希望教师能按要求圆满地完成教学工作岗位的任务，并能表现出很高的创新性和研究性。同时，每位教师也期望自己不断获得各种有利的信息和资源，不断增加知识、积累教学经验、提升教学能力以取得更好的教学绩效。社会交换理论认为，交换的出发点是个体尝试利用最小化的成本获得最大化的报酬，但人又并不总是在追求利润最大化，交换物也不仅仅是表现为金钱等物质利益，还有尊重、认可、赞同、情感归属等精神产品，个体之所以相互交往，因为大家都期望通过交换能得到自己所需要的东西，其中包括外在的报酬（如金钱、权力、服从等）和内在的报酬（如赞同、感激、归属等）。[1] 这一理论解释了个人在没有物质激励的条件下为什么还愿意与人合作的行为，同样它也能解释为什么高校教师会将获取教学资源和追求自我实现作为自己教学的动力这一行为。学习是教师获取教学资源的重要途径，通过有意义的学习，教师将所获得的各种知识和经验与自己原有的知识经验相结合，可以进一步促进教学创新和研究。基于此，要提高教学质量，为民族地区培养具有一定竞争力的创新人才，就要对民族区域高校教学给予充分重视，加强对教师在教学方面的考核，但是，如果只是将传统意义上的以学生成绩或者以学校组织的评教活动来作为唯一衡量教师教学任务绩效的标准是不合适的，只有将教师教学、创新、研究等行为及其行为中所产出的结果作为教学

---

① Simmel G. The philosophy of Money, Boston: Routledge & Kegan Paul, 1978: 85 – 88. ; Wang Y. & Wang, K. Study on Exchange Relationship Between Government and Non governmental Organization, Coventry: Proceedings of 2006 International Conference on Public Administration, 2006: 110 – 115.

绩效和绩效考核的内容，才会使教学绩效的价值判断更具有合理性。因此，本书将教师的教学行为和教学结果作为衡量边疆少数民族地区高校教师教学工作任务状况的指标。将教学行为和教学结果作为高校教师教学的任务绩效指标，使高校的教学管理既注重教师教学过程，也重视教学结果。这不仅可以加强教师的绩效意识，也可以促进教师提高学习意识，不断获得新的知识和资源，提高教学的创新和研究水平。

三、边疆少数民族地区高校教师情境绩效

高校教师的情境绩效不直接影响教学目标的实现，但它是教学任务绩效实现的润滑剂，它能调和在任务绩效过程中出现的人际摩擦和矛盾，促进和谐与合作，从而获得更多的社会性支持，推进任务绩效的实现。关于情境绩效测量的研究，学者们提出了不同的模型。如在斯科特（Scotter, J. R）和莫特维多（Motowidlo, S. J.）合作研究中，将情境绩效划分为"人际关系促进（interpersonal facilitation）"（主要指沟通的技能、良好的工作关系）和"工作奉献（job dedication）"（主要指合作和协助他人完成任务的动机）两个维度。并对它的可靠性和有效性予以了验证，人际促进包含帮助（helpful）、体谅（considerate）和合作行为（cooperative behaviors）；工作奉献包含毅力（persistence）、积极主动（taking initiative）、注重细节（paying attention to details）、努力实施（exerting effort）和自律（self-discipline）。研究表明，模型具有良好的信度和效度，情境绩效二维结构模型具有合理性。[①] 克罗曼（Coleman, V. L）和伯曼（Borman, W. C.）在已有研究的基础上，将情境绩效划分为人际关系公民行为（interpersonal citizenship behavior）绩效、组织内公民行为（organizationgal citizenship behavior）绩效、工作/任务责任感行为（Job/task citizenship behavior）绩效，形成了基于行为的"人际关系—公民行为—责任感"绩效结

① Van Scotter J. R, Motowidlo, S. J. Interpersonal Facilitation and Job Dedication as Separate Facets of Contextual Performance, Journal of Applied Psychology, 1996 (81): 525 – 531.

构。其中，人际关系公民行为绩效是指对组织中个体有利的人际关系行为，包括协助他人行为、与人合作行为、社会参与行为、人际促进行为等；组织内公民行为绩效主要是指有利于组织的行为，包括员工遵守组织规程、认同组织目标、支持组织政策、协调组织困难、忠诚组织等；工作（任务）责任感行为绩效是指有利于工作或任务完成的行为，包括保持工作热情、承担额外责任、创新精神、改革建议等。[1]吉菲恩（Giffin，M. A.）、尼尔（Neal，A.）和尼勒（Neale，M.）[2]通过对空中效能管理者的研究与验证，认为将情境绩效划分为三个维度是合理的，这三个维度是：为团队成员提供支持的"团队合作（teamwork）"、为客户提供高质量服务的"专业化（professionalism）"和"组织目标支持（support for organizational objective）"。格林斯莱德（Greenslade，J. H.）和吉米逊（Jimmieson，N. L.）在研究中提出了护士的情境绩效包括人际关系支持、工作任务支持、对组织的承诺和愿意承担职责之外的工作等方面。[3]尽管情境绩效维度的名称不同，但这些模型包含有两个共同的维度，即人际支持和工作中的努力与坚持。例如，斯科特（Scotter，J. R.）和莫特维多（Motowidlo，S. J.）模型中的"人际促进"与克罗曼（Coleman，V. L.）和伯曼（Borman，W. C.）模型中的"人际支持"是相似的，而"工作奉献"包含在"组织支持"和"工作任务支持"中。这两个维度与伯曼（Borman，W. C.）、莫特维多（Motowidlo，S. J.）所提出的情境绩效五个方面的分类也基本是一致的，五个方面的分类包括：（1）在完成工作任务时始终保持热情和积极努力；（2）自愿承担工作之外的任务；（3）帮助他人并与之合作；（4）遵循组织规则程序；（5）认可和支

① Coleman, V. L, Borman W. C. Investigating the Underlying Structure of the Citizenship Performance Domain, Human Resource Management Review, 2000 (10): 25 – 45.

② Giffin, M. A. , Neal, A. & Neale, M. The Contribution of Task Performance and Contextual Performance to Effectiveness: Investigating the Role Situational Constraints, Applied Psychology: An International Review, 2000 (3): 517 – 533.

③ Greenslade, J. H. & Jimmieson, N. L. Distinguishing Between Task and Contextual Performance for Nurses: Development of a Job Performance Scale, JAN Research Methodology, 2007 (6): 602 – 611.

持组织目标。①

以"人际促进"和"工作奉献"作为情境绩效的维度，这种分类同样也得到了很多研究者的认同，如格拉特利（Gellatly，I. R.）等在《个性、自主与管理者的情境绩效》（Personality，Autonomy，and Contextual Performance of Managers）一文中运用两维度验证了管理者的情境绩效；② 格林斯莱德（Greenslade，J. H.）和吉米逊（Jimmieson，N. L.）在《护士任务绩效与情境绩效之差异：工作绩效量表的发展》（Distinguishing Between Task and Contextual Performance for Nurses：Development of a Job Performance Scale）的研究中也运用了这两维度检验了护士任务绩效和情境绩效的发展。③ 本书也借用"工作奉献"和"人际促进"作为边疆少数民族地区高校教师情境绩效的两个构成因素。工作奉献主要表现为高校教师在工作中以身作则、严于律己以及乐于奉献等行为；人际促进是指教师在多元文化的背景中为实现高校教学目标所表现出的人际倾向行为。它们共同促进着教学任务绩效的实现。

综上所述，边疆少数民族地区高校教师教学绩效包括两个维度四个方面的绩效指标，如图 3 - 3 所示。教师教学绩效指标一方面强调了教师在教学进程中的实际行为和当前取得的成效，符合高等教育大众化条件下高校对教师的要求；另一方面关注教师在工作中的奉献精神和多元文化背景下的人际关系，突出了教师在工作中的人格特征和发展趋势，进而为高校的教学目标奠定基础。

---

① Borman，W. C.，Motowidlo，S. J. Task Performance and Contextual Performance：The Meaning for Personnel Selection Research，Human Performance，1997（10）：99 - 109.

② Gellatly，I. R. & Irving，P. G. Personality，Autonomy，and Contextual Performance of Managers，Human Performance，2001（3）：231 - 245.

③ Greenslade，J. H. & Jimmieson，N. L. Distinguishing Between Task and Contextual Performance for Nurses：Development of a Job Performance Scale，JAN Research Methodology，2007（6）：602 - 611.

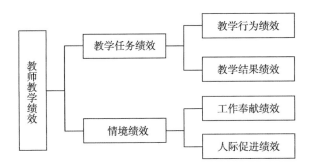

图 3 – 3　教师教学绩效维度与指标体系

第四节　影响边疆少数民族地区高校教师教学绩效的内在因素分析

关于个体绩效内在影响因素的研究一直受到心理学领域的关注，从其研究脉络来看，主要表现为两个方面，一方面是强调个体非智力因素对绩效的影响，这是工业组织心理学比较关注的主题。如赫兹（Hurtz，G. M.）和多诺文（Donovan，J. J.）验证了"大五类人格模型"的五大维度（神经质、外向性、开放性、宜人性和责任感）对任务绩效和情境绩效都有预测作用，而对情境绩效的预测效度更高。[①]另一方面是强调个体的智力因素和非智力因素共同作用对绩效的影响，这是认知心理学和差异心理学等重视的研究主题，大多数研究者从个人工作胜任力的视角强调知识、能力、动机等在绩效中的作用。如克莱兰德（Clelland，D. C.）对过去以测量学生的各种心理品质所提供的数据来作为判断学校办学是否成功、学生是否成才、教师教学是否有成效的预测提出了质疑，他在《美国心理学》杂志上发表了

---

① Hurtz G M, Donovan J J. Personality and Job Performance: The Big Five Revisited, Journal of Applied Psychology, 2000（6）：869 – 879.

《用胜任力代替智力测试》（Testing for Competence Rather Than for Intelligence）一文，以一种全新的思路和方法探索了个体工作胜任力能够有效地预测实际工作业绩，认为胜任力包括与工作绩效密切相关的知识、技能、特质、动机等。[①] 迈克拉根（McLagan，P. A.）紧接着在《培训与发展》杂志上发表了《胜任力模型》（Competeney Model），[②] 将胜任素质界定为能够有效帮助个体完成工作任务的知识、技能、能力和个性等素质特征，此后这一模型也在实践中被广泛运用。巴伦（Barrett，G. V.）和德皮内特（Depinet，R. L.）在《关于胜任力代替智力测试的再思考》（A reconsideration of Testing for Competence Rather Than for Intelligence）一文中再次肯定了知识、能力、动机与个体的工作绩效之间的密切关系。[③] 秉承了这一思路，亨特（Hunter，J. E.）从知识和能力的角度建构了"知识、能力与个体绩效关系模型"，验证了专业知识、一般心理能力、工作任务熟练程度等对个体工作绩效的影响，研究结果表明，个体所拥有的专业知识和对工作任务熟练程度对绩效产生直接影响，尤其是专业知识的影响更大，一般心理能力则通过专业知识和任务熟练程度间接影响绩效。[④] 后来亨特又在与史密特（Schmidt，F. L.）的合作研究中指出，认知水平高的个体通过学习能很快掌握工作中需要的知识，获得的专业知识越多，工作水平越高，工作绩效也越高。[⑤] 而专业知识对任务绩效的影响作用要高于对情境绩效的影响，即专业知识与任务绩效的相关性要高于人际促进和工作奉献。[⑥] 伯曼（Borman，W. C.）和莫特维

① Clelland D. C. Testing for Competence Rather Than for Intelligence, American Psycholigist, 1973（1）: 1 – 14.

② McLagan P. A. Competeney Model, Training & Development Journal, 1980（12）: 22 – 26.

③ Barrett G V, Depinet R L. A Reconsideration of Testing for Competence Rather Than for Intelligence, American Psychologist, 1991（10）: 1012.

④ Hunter, J. E., Cognitive Ability, Cognitive Aptitudes, Job Knowledge, and Job Performance, Journal of Vocational Behavior, 1986（29）: 340 – 362.

⑤ Hunter, J. E., Schmidt F L. Intelligence and Job Performance: Economic and Social Implications, Psychology, Public Polocy, and Law, 1996（2）: 447 – 472.

⑥ Van Scoffer, J. R., Motowidlo, S. J. Interpersonal Facilitation and Job Dedication as Separate Facets of Contextual Performance, Journal of Applied Psychology, 1996（5）: 525 – 531.

多（Motowidlo，S. J.）在"任务—情境"二维绩效结构模型中分析了个体人格和认知特征对绩效的决定作用，指出认知变量主要用来预测任务绩效，人格变量主要用来预测情境绩效，认知和人格通过中介变量会对任务绩效和情境绩效产生交互影响。[①] 从已有的研究中可以看出，在个体绩效影响因素的研究中，个体的认知结构和动机、态度等心理因素是研究者比较关注的切入点，当然，个体工作绩效会受到个人因素、组织因素和工作性质等多因素的共同影响，[②] 但个人因素是内因，组织和工作因素是外因，外因须通过内因起作用，所以个人因素是个体绩效的决定因素。虽然高校不同于企业，但上述企业员工心理因素与工作绩效关系的研究成果为探索高校教师教学绩效的影响因素提供了支持。本书借助已有的研究成果，从智力因素与非智力因素两方面探索民族自治区域高校教师教学绩效的内在影响。

一、教师认知结构因素对教学绩效的影响

心理学认为，认知结构即为个人头脑里的知识结构。当个体建构起自己的认知结构，就会通过在同化作用下不断扩大并改进所积累起来的知识和经验，不断丰富认知内容，形成知识结构。教师的认知结构即教师头脑中所建构的知识结构，通常称为教师知识（teacher knowledge）。随着认知科学的发展，教师知识被认为是影响教师在课堂教学中的决策和行为的重要因素，最终会影响到学生的学习效果。[③]

教学作为一项复杂的认识活动，教师所具有的知识在很大程度上决定教师教学的行为和效果，而教学活动的性质又决定着教师知识的特殊性，主要表现为：首先，教师必须在学科领域里要系统地掌握学科专业知识，对自己所教学科知识有深入的理解和掌握，因为学科专

---

① Borman, W. C., Motowidlo, S. J. Task Performance and Contextual Performance: The Meaning for Personnel Selection Research, Human Performance, 1997 (10): 99 – 109.

② 吴湘萍，徐福缘，周勇："高校教师工作绩效的影响因素分析"，载《华东师范大学学报》2006 年第 1 期，第 30 ~ 37 页。

③ Shulman, L. Knowledge and Teaching: Foundations of The New Reform, Harvard Educatoinal Review, 1987 (57): 1 – 22.

业知识影响着教师的教学内容和如何教学；其次，教师必须全面了解
学生学习特点，善于把自己所掌握的专业知识转化为能为学生理解和
解释的知识，即学科教学知识，以促进学生的发展。也就是说，教师
不仅需要知道学科的知识，还要懂得教学的艺术。这一特点也决定了
教师需要将学科知识与特定的教学法有效地整合起来，依据学生在各
个不同年龄阶段思维的特点，用不同的方式来表达，即学科知识"心
理学化"，这就是舒尔曼所说的"学科教学知识"（pedagogical content
knowledge），[①] 它将特定的学科内容与学生的学习、思维等认知特点
联系起来，充分体现了教师专业的独特性。因此，学科知识和学科教
学知识是教师知识的重要组成部分。施瓦布（Schwab，J. J. ）对学科
知识做了详细的探讨，将学科知识界定为一门学科领域内的概念、规
则及其相互联系，包括内容知识（content knowledge）、实体性知识
（substantive knowledge）和句法知识（syntactic knowledge）。内容知识
包括一门学科中的事实性材料、核心概念以及组织原则；实体性知识
是指一门学科的基本结构，主要指解释性的框架或范式；句法知识是
能对一门学科做出合理解释的一套规则，如同语法规则，是决定一门
学科合理性的标准。[②] 舒尔曼认为，学科教学知识是教师融合学科知
识和教育学知识来理解特定主题或问题的教学是如何表征、呈现给特
定学习者，以满足他们兴趣发展需要的一种知识。[③] 我国学者李琼在
舒尔曼学科教学知识内涵的基础上将学科教学知识划分为"正规化"
知识和"实践性"知识，前者是指教师通过对有效教学的科学研究，
为提高教学而建构的知识，大多以命题的形式出现；后者是指教师个
人的教学经验，产生于教师教学实践的情境之中，具有高度情境化的

---

① Shulman, L. Those Who Understand: Knowledge Growth in Teaching, Educational Re-searcher, 1986（7）：4 – 14.

② Schwab, J. J. Education and The Structure of Disciplines. In I. Westbury & N. J. Wilkof (edu.), Science, Curriculum, and Liberal Education, Chicago University of Chicago Press, 1978：229 – 272.

③ Shulman, L. Those Who Understand: Knowledge growth in Teaching, Educational Re-searcher, 1986（7）：4 – 14.

特点。[1] 教师的学科知识通常在教育和人力资源培训中可获得，决定着教师在教学中知道"做什么"，属于显性知识（articulated knowledge）；而学科教学知识是教师进入特定学校后在具体教学环境中获得的结果，是一种带有个人主观经验，"具有个人化特征、难以形式化并且不易用语言与他人交流与共享，需要在一定的情境中分享才能获得的知识"。[2] 它决定着教师在教学中"怎么做"，属于隐性知识（tacit knowledge），学科教学知识的特点决定了它可以更加有效地提升教师教学的绩效。

对于高校教师来说，学科知识和学科教学知识都将影响着教师对教学任务完成的情况，决定着教学任务绩效。伯曼（Borman，W. C.）和莫特维多（Motowidlo，S. J.）在"任务—情境"二维绩效的研究中也指出认知变量主要是用来预测个体工作中的任务绩效。本书认为边疆少数民族地区高校教师的学科知识与学科教学知识是教师能否有效完成教学任务，提升教学质量的基础条件，教师如果能在多元文化的背景中获得丰富的学科知识与学科教学知识，尤其是学科教学知识，则更能促进教学任务绩效的提高。因此，教师知识是影响边疆少数民族地区高校教师教学任务绩效的重要内在因素。

二、教师教学效能感因素对教学绩效的影响

现代心理学研究指出，每一种心理性行为的背后，均有其产生的内在原因，这种内在原因即为心理性动机，其中成就动机最为典型。所谓成就动机，就是个体追求成就的内在动力，它包含三层意思：一是个人追求进步以期达到希望目标的内在动力；二是个人在从事某种工作时愿意自我投入、精益求精的心理倾向；三是个人能在不顺利的情境中冲破障碍，克服困难，奋力达成目标的心理倾向。[3] 这表明，

---

① 李琼：《教师专业发展的知识基础》，北京师范大学出版社 2012 年版，第 47 页。

② Nonaka I., Takeuchi H. The Knowledge Creating Company：How Japanese Companies Create the Dynamics of Innovation，Oxford：Oxford University Press，1995：172.

③ 张春兴：《现代心理学》，上海人民出版社 2003 年版，第 512 页。

个体的心理成就动机决定着个体的行为及其行为结果。美国心理学家班杜拉（Bandura, A.）在研究中对此做了进一步的分析，他指出，人们如果缺乏成就动机，即便在思想上知道自己要做什么，但在行为上并不想好好做，没有奉献的意识，行为表现自然不可能理想。比如，对高校来说，高校希望教师都能表现出有效的教学行为、良好的人际促进和工作奉献行为等，教师在思想意识上可能知道这是一名高校教师应该做的，但这些行为并不会在教师中自愿发生，也就是说，教师不会无缘无故地形成成就动机，也不会自觉形成相应的行动。那么，高校教师如何才能形成符合高校要求的自觉行为？班杜拉进一步指出，人们的动机和自主选择性行为很大程度上会受到个体对自己的价值和能力的判断，体现了个体的自我心理感知水平，并将这种心理感知称为自我效能（Self-efficacy）。① 这表明，个体的自主选择行为并不是与生俱来的，它会随着个体对周围环境的感知水平差异而导致其动机的变化，进而改变其行为，对于民族自治区域高校教师来说，教师教学行为除受到高校各项管理制度的约束外，教师教学效能感对教学行为会产生积极的影响，在教学上直接影响到教师的自主选择行为。因此，教师教学效能感对各种教学行为具有很好的预测力，为分析影响教师情境绩效的内在因素提供了新的视角。

所谓自我效能，是指以自身为对象的思维形式，是个人对自己在特定情景中组织、实施和成功完成某项任务的成就行为的主观判断和信念。它直接影响着个人的思想、动机和行为，在个体知识与行为之间起到支配和调节作用，是自我调节系统中的关键要素，包括结果预期（outcome expectation）和效能预期（efficacy expectation）两种成分。结果预期是个体预测自己的某种行为可能会导致什么样的结果；效能预期是个体对自己某种行为能力的主观判断。根据班杜拉的理论，自我效能感是作为个人行为的认知中介而出现的，体现了个人行为的性质和范围，反映了个人在行为活动过程中面对困难时所表现出

---

① Bandura, A. Self-efficacy: Toward a Unifying Theory of Be havioral Change, Psychological Review, 1977（3）：191－215.

来的意志力。自班杜拉自我效能感概念提出以来，研究者针对教师的自我效能感展开了研究，如提察内－莫兰（Tschannen-Moran，M.）等学者将教师的效能感界定为"教师在特定教学情境下组织、实施教学任务的能力"，包括教师教学技能、课堂管理及调动学生积极性等方面的效能感。[1] 吉布森（Gibson，S.）和德姆伯（Dembo，M.）在《教师效能：结构验证》（Teacher Efficacy：A Construct Validation）中将教师教学效能划分为一般教学效能感（general teaching efficacy）和个人教学效能感（personal teaching efficacy）两个独立因素，并指出教师的这两种效能感正好对应了结果预期和效能预期。[2] 我国辛涛等学者将一般教育效能感界定教师对教育在学生发展中的作用、教与学的关系等的看法与判断；个人教学效能感是教师对自己教学的认识和评价，并修订了个人教学效能感量表。[3] 由此可知，教师教学效能感实际上就是教师对自己的"教学"与"能力"的一种知觉或信念，教师通常是在分析教学任务（教师对影响教学任务实施因素的评估）和分析教学能力（教师对完成具体教学任务时自己的教学能力如何的自我评价）的过程中会产生教学效能感，这两者又影响到教师对教学目标的设计以及在教学过程中的努力程度和坚持性，形成教师对自己教学效能的判断，与此同时，教学效能感会更进一步促进教师努力去获取教学知识，完成其教学任务。因此，教师教学效能感能有效提高教学工作绩效，对增进教师的心理健康及适应社会的能力具有重要的动力学意义。

从个体绩效影响因素的理论研究视角来看，很多学者强调了自我效能感在个体绩效中的作用。从已有的研究成果看，自我效能感对绩效的决定作用，既有理论视角的探索，也有实证研究验证了自我效能

---

① Tschannen-Moran M., Woolfolk Hoy, A & Hoy, W. Teacher-efficacy：Its Meaning and Measure, Review of Educational Research, 1998 (68)：202 – 248.

② Gibson, S. Dembo, M. Teacher Efficacy：A Construct Validation, Journal of Educational Psychology, 1984 (4)：569 – 582.

③ 辛涛、申继亮、林崇德："教师个人教学效能感量表试用常模修订"，载《心理发展与教育》1995 年第 4 期，第 22 ~ 26 页。

感能有效地预测未来绩效水平。比如最早提出自我效能感概念的心理学家班杜拉验证性地研究了自我效能感和任务绩效之间的正相关关系，以及自我效能感对任务绩效效度的检验。萨德里和罗伯森（Sadri & Robertson）将自我效能感与工作绩效之间的关系进行了元分析，得出的结论：自我效能感与实际工作绩效的相关系数为 0.40，在模拟研究中的相关系数为 0.60，比现场研究高 0.37。班杜拉等研究者通过系列的模拟研究，发现管理者管理自我效能感与组织工作绩效呈高度的正相关，相关系数都在 0.17 以上。我国研究者贾翠新以企业 612 名内训师为研究对象，利用皮尔逊积差的相关分析，研究结果显示，内训师教学效能感与工作绩效之间存在显著正相关，从总体上看，教学效能感与任务绩效的相关略高于人际促进和工作奉献。[1] 俞国良等学者在研究中指出，新手型教师个人教学效能感与其教学行为呈显著性正相关，但一般教学效能感和教学行为之间的相关不明显；而专家型教师的一般教学效能感和个人教学效能感与教学行为之间均呈显著性正相关。回归分析表明，个人教学效能感对教师的教学行为具有预测的作用。这说明教师效能感对教师任务绩效具有重要的影响作用。[2] 李哗等运用调查法和观察法分析了教师的课堂教学行为表现，结果表明，教学效能感高的教师在课堂时间的安排、课堂提问的认知水平、提问对象、对学生的反馈方式等方面的水平均高于教学效能感低的教师。[3] 这一研究结果也印证了班杜拉的观点，即具有高水平自我效能感的个体，在面对困难时会做出积极的反应，迎难而上；而低水平自我效能感的个体，遇到困难就会产生自我怀疑，降低成就要求，知难而退。[4] 教师的教学效能感越高，对自己的教学能力充满信心，越能全身心地投入教学工作，教学绩效也越高；而教师教学效能感越低，

---

① 贾翠新：《企业内训师教学效能感、领导支持度和其主职工作绩效的关系》，华东师范大学 2011 年硕士学位论文，第 10 页、第 19 页。

② 俞国良、罗晓路：《教师教学效能感及其相关因素研究》，载《北京师范大学学报》2000 年第 1 期，第 11～26 页。

③ 李哗、刘华山：《教师效能感及其对教学行为的影响》，载《教育研究与实验》2000 年第 1 期，第 50～55 页。

④ 曾晓娟：《大学教师工作压力研究》，大连理工大学 2010 年博士学位论文。

越是无法尽心尽力教学，教学上往往易受挫折，常表现出一种消极的教学行为，对工作的奉献精神自然降低，教学绩效也低。这说明了教师教学效能的高低影响教师教学任务绩效的高低，同时也反映了教学效能感与情境绩效的关系。司海燕通过对组织气氛、教师教学效能感与工作投入的关系研究，指出教师教学效能感与工作投入呈显著正相关，其中教师教学效能感与活力、奉献和专注三个维度的相关系数分别为 0. 422、0. 423 和 0. 394，说明教师的教学效能感越高，教师所表现出的活力、奉献精神和专注程度也越强，工作投入的程度越高。[①]伦斯（Llorens，S. ）等通过纵向研究考察了个体专业效能感与工作敬业之间的关系，发现专业效能感是任务资源与工作敬业的中介变量，三者之间存在一种螺旋上升关系，个体感知到完成工作任务的资源越多，专业效能感就越高，个体的活力、奉献水平、忠诚水平也越高，工作投入就越多，成功完成任务的信念更强。[②]

　　研究表明，个体的自我效能感能预测工作绩效，因此，我们可以用边疆少数民族地区高校教师在多元的文化环境中所建构的教学效能感来预测教师的教学任务绩效和情境绩效，教师教学效能感是影响教学绩效的内在因素。这主要体现在教师教学效能感的功能上，教师教学效能感的功能可归纳为三个方面：第一，选择功能。教师对自己教学效能的判断，影响着教师对教学行为方式的选择，一般而言，教师完成教学任务可以通过不同的活动方式方法，但具体选择哪一种会受到教师自身所掌握的知识技能以及利用知识技能的效能感。通常情况下教师会选择那些他们认为有价值并且自己能够胜任的教学活动方式而回避那些自认为超出能力范围不好驾驭的活动方式，同时选择一种自认为最有效的教学方法，并表现出持之以恒的坚持性。第二，思维功能。教师教学效能感对教学活动产生积极或消极影响主要是通过思

---

　　① 司海燕：“中学组织气氛、教师教学效能感与工作投入的关系研究”，河北师范大学 2008 年硕士学位论文，第 33 页。

　　② Llorens，S. ，Schaufeli，W. B. ，Bakker，A. B. ，et al. Does a Positive Gain Spiral of Resources，Efficacy Beliefs and Engagement Exist? Computers in Human Behavior，2007（1）：825 – 841.

维过程完成的，如果教师对教学任务有高效能感，那么在他的认识结构中就会形成成功完成教学的任务图式，设定具有挑战性的教学目标，并将成功归因为自己的努力和能力，这种图式能为教师在教学活动不断调整活动，而积极的归因方式能够使教师保持良好的动机水平以及为教学的成功做好心理上的铺垫；而如果教师拥有的是低效能感，则认知结构中就会倾向于形成不成功或失败的图式，并将失败归因为努力不到位或者是客观的外在因素所造成的，这样对实际任务的完成起阻碍作用，影响教师在困难面前的态度。第三，动机功能。教师教学效能感通过认知图式作用于教学活动往往会带有一定的动机因素，如教师的动机水平会影响到教学目标图式的设定。教师对教学成败的归因方式也带有动机因素，教师积极的归因能维持较高的动机水平，更加期待成功，而当教师只从外部客观因素进行消极归因时，动机水平自然偏低，也加大了教学效果偏低的可能性，通常情况下，教师教学动机会随着环境的变化而有所改变，从而导致对教学认知的改变。可见，学校环境影响着教师教学效能的形成，教学效能感高的教师会表现出一种优秀的教学行为，在工作上乐于选择有挑战性的任务内容，敢于尝试新的教学改革，面对困难时能持之以恒地坚持，面对失败时善于反思自己，愿意与人协作并表现出高度的信任感，对教学工作充满信心，而这些也体现了教师对教学工作的敬业和奉献精神，能更好地促进教师教学绩效的发展。

第五节　边疆少数民族地区高校教师社会资本与教学绩效的关系

一、边疆少数民族地区高校教师社会资本与任务绩效的关系

教师社会资本的结构性要素和关系资源要素，不仅建立了边疆少数民族地区高校教师与学生、同事及教学管理者之间的联系及其联系

的状态，而且为教师与这些成员之间的有效沟通和交流提供了网络联系的渠道和机会。这些网络不仅传递着教师所需要的显性专业知识，而且还能使教师在网络环境中通过潜移默化的作用获得隐性知识。在这些知识的影响下，教师往往会有意识地创新教学方法，反思教学过程，总结教学经验，从而改变教学行为和结果。可以说，教师教学绩效并不是在线性函数状态下产生的，而是在高校教学环境的综合作用下产生的。

从教师教学任务绩效的内在影响因素来看，教师的教学行为与教学结果会受到教师知识及教师的自我教学效能感的影响，而教师社会资本要素构建了教师社会关系环境，教师的这种社会关系环境又会影响教师的自我效能及显性与隐性知识的获取，从而影响教师知识与工作动机。瓦尔德曼（Waldman，D. A.）和斯潘格勒（Spangler，W. D.）在论证个体绩效的影响因素中，将环境作为外因变量，通过影响个体的认知、能力和动机，进而会影响个体的任务绩效。[①] 迈克贝尔（McBer，H.）在《高绩效教师模型》（A Model of Teacher Effectiveness）一文中分析了影响教师绩效的五大因素，即专业化（挑战与支持、创造信任感、信心、尊敬他人）、领导（灵活性、管理学生、拥有负责任的朋友以及学习热情）、思维（分析性和概念性）、计划（信息搜寻、向上动力和主动性）和与他人关系（影响力、理解他人和团队精神），在这些影响因素中，其中人际环境因素是影响教师绩效的重要因素。[②]

高校的教学工作具有创新性的特点，是一项创造性工作。研究创新行为绩效的学者指出，创新主体在工作任务动机的驱使下通过运用专业知识、专业技能及创造性思维能力展开创造性活动，最终获得创造性成果，但这一过程始终会受到社会环境的影响，其中任务动机与专业知识、专业技能这三者之间的关系相当于"愿意做"与"会

---

① Waldman，D. A.，Spangler，W. D. Putting Together the Pieces：A Closer Look at the Determinants of Job Performance，Human Performance，1989（2）：29 – 59.

② McBer H. A Model of Teacher Effectiveness，Department for Education and Employment. Recuperadoe1，2000（15）：1 – 6.

做"、"能做"的关系，任务动机将决定着个体在创造过程中专业知识与创造性思维能力投入的程度，具有高动机水平的个体会努力借助其他行业或领域的知识来提高创新能力。阿玛比尔（Amabile，T. M.）在探索社会情境因素与创造性思维两者之间的关系时指出，社会情境通过影响个体的心理感知和动机状态进而影响个体的创造性行为，个体所处的环境因素在很大程度上能够促进其专业知识与技能的提高及动机的产生，因此，环境因素能促进个体努力提高工作知识、提升创新能力、不断改变初始动机水平。[①] 综合以上的分析可知，边疆少数民族地区教师社会资本的组成要素，通过影响教师的教学效能感以及与教学工作相关的知识，间接地影响着教师的教学任务绩效。

二、边疆少数民族地区高校教师社会资本与情境绩效的关系

边疆少数民族地区高校教师教学效能感的建立是影响教师情境绩效的内在要素。教师教学效能感是受教学环境影响的变量，边疆少数民族地区高校多元文化的教学环境决定了各民族教师教学效能感的内容和形式。教学效能感在形成与发展过程中，往往会受到教师与学生、同事及管理者之间人际互动的影响，这种人际关系会直接影响教师所建立的自我信念。

在情境绩效的环境因素研究探索中，很多学者针对个体所处环境对自我感知、态度等效能感变量在行为绩效中的作用进行了专门分析。如丹瑟洛（Dansereau，F. J.）和格雷恩（Graen，G. A.）在垂直二元关系（A Vertical Dyadic Linkage）模型中验证了在正式组织中上下级关系对员工情境绩效的影响，指出组织内员工和管理者之间的社会交换关系可以让员工愿意花更多时间和精力来完成工作任务，尽量

---

① Amabile, T. M. Motivating Creativity in Organizations: On Doing What You Love and Loving What You Do, California Management Review, 1997 (1): 39 - 60.

做到精益求精，并且也乐意接受工作之外的任务。① 员工对管理者的信任与其工作绩效、离职意向、组织承诺、工作满意度等因素密切相关。② 拉姆兹（Lamertz，K.）验证组织内同伴关系对员工情境绩效的影响，指出嵌入关系网络中的工作同伴在社会交换过程中，职责和集体互动会不同程度地产生互助行为；而在交换中只通过间接或不明确接受来自他人的互助行为者（即只为同伴提供帮助而不接受同伴的帮助）有助于个人声誉的维持。③ 阿沃利奥（Avolio，B. J.）等学者验证了人际关系和社会支持感对个体态度和行为的影响，研究指出，个体在组织中的人际关系和组织支持感能激发个体的心理潜能，使其生理和心理都处于一种积极的状态之中，产生高水平自我效能，从而提高工作绩效。④ 由此也可以看出，上述研究文献所探讨的因素，都是通过影响员工的自我感知和态度，间接地影响员工的情境绩效。对于民族自治区域高校教师，如果教师认为社会关系网络能满足自己的社会需要，反过来教师也会基于社会交换原则给关系网络提供支持与回报并予以期望行为。因此，教师社会资本通过影响教师的心理感知，间接地影响着其自主选择行为，而自主选择行为的产生更多的是建立在个体成就动机原则的基础之上的，所以教师社会资本的各要素通过影响教师的教学效能感间接地影响教师的自主选择行为，进而影响情境绩效。

从社会资本的本质来看，它是一种能促进社会行动者相互合作的生产性社会资源。社会资本的基本功效不仅仅是通过信息交流和信任

---

① Dansereau, F. J., Graen, G. A Vertical Dyadic Linkage Approach to Leadership within Formal Organizations, Organizational Behavior and Human Performance, 1975 (13): 46 - 78.

② Judge, T., and Bono, J. The Paradox of Success: An Archival and a Laboratory Study of Strategic Persistence Following Radical Environmental Change, Journal of Applied Psychology, 2003 (6): 33 -45.

③ Lamertz, K. Exchange Processes of Interpersonal Helping in the Social Structure of Work Groups, Academy of Management Proceedings, 1999 (1): 1 -7.

④ Avolio, B. J., Gardner, W. L. & Walumbwa, F. O. Unlocking the Mask: A Look at the Process by Which Authentic Leaders Impact Follower Attitudes and Behaviors, Leadership Quarterly, 2004 (6): 801 - 823.

关系提供满足个体社会所需要的知识和信息资源，而且还可以基于社会交换的原则来提高资源的质量、相关性和及时性；对一个组织来说，社会资本可以弥补组织内制度和规则的不足，减少由正式控制所带来的矛盾，能使整个系统有效运转，从而使组织员工更有效地完成工作任务。[①] 对于边疆少数民族地区高校教师而言，社会关系网络作为教师获取社会资源和信息的载体，在教师网络结构和关系系统中，教师所分享与交流的不仅只是显性或隐性的教师知识，还包括教师感知社会网络环境中的规范、制度、文化、互惠等，这些都将影响教师的心理感知和动机，进而形成自我教学效能感。因此，教师社会资本可直接作用于教师教学知识获取及教学效能感的形成，并在这些基础上导致教师在教学中的教学任务绩效和情境绩效的变化。

综上所述，可将边疆少数民族地区高校教师社会资本影响教学绩效的过程机制用图 3 - 4 来表示。

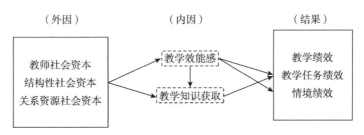

图 3 - 4　边疆少数民族地区高校教师社会资本影响教学绩效的机制

第六节　本章小结

本章主要对边疆少数民族地区高校教师社会资本的结构与具体构成因素及教师社会资本对教学绩效的影响路径和机理进行了分析，主

---

① Adler, P. S., Kwon, S. W. Social Capital: Prospects for a New Concept, Academy of Management Review, 2002 (1): 17 - 40.

要包括三个方面：

第一，结合已有的研究成果，以我国边疆少数民族地区高校多元文化环境为背景，确定了教师社会资本各维度的基本结构和构成要素，明晰了教师社会资本的评价范畴，为教师社会资本的测量奠定了基础。

第二，在分析高校教师教学职能的基础上，进一步分析了教师教学绩效包括教学任务绩效和情境绩效两维度，体现了高校对教师教学绩效评估最基本的要求。

第三，基于现代心理学和社会交换等理论基础，分析了教师教学效能感和教学知识获取是影响教师教学绩效的内在因素，明确了教师社会资本与教学绩效的中介变量，进一步阐明了教师社会资本（外因）通过教学效能感、教学知识获取（内因）进而促进教师教学绩效（结果）的提升。

第四章 边疆少数民族地区高校教师社会资本与教学绩效关系的概念模型与研究假设

　　本章在已有文献成果的基础上，对本书的研究内容进行详细的探讨，并在此基础上阐述了主要研究变量之间的逻辑关系，构建出相应的概念框架模型，并提出相应的研究假设。

　　通过对前面三章的分析，可以得出，一方面，边疆少数民族地区高校教师社会资本有利于教师形成教学效能感和获取教学知识，进而进一步提升教学绩效。边疆少数民族地区高校主要是以培养"民汉兼通"的高层次少数民族人才为主，文化多元性和教学多样性是其主要的特点，教师所面对的是双语课堂教学和多元文化课堂教学，教师的教学效能感和教学知识（包括多元文化知识）获取对提高教学绩效从而保证高校教学质量有着不言而喻的作用。另一方面，教师教学绩效的提高反过来又促进教师社会资本的维护。正是在这样相辅相成、相互促进的作用下，教师要提高教学绩效，在教学过程中就要重视与教学相关人员之间的互动与联系，包括教育对象学生、教师同事及教学管理人员等，以保证教师教学心理动机的形成和教学知识的获取。因此，本章首先针对教师社会资本的二个维度对教师教学效能感和教学知识获取的影响展开讨论，在此基础上研究其对教学绩效的影响，以此作为本书的主线提出概念模型，并以已有的关于教师社会资本影响教学效能感和教学知识获取以及教学效能感对教学绩效影响、教学知识获取对教学绩效影响等方面的文献研究成果为基础，提出相应的研究假设。

第一节　概念模型

以社会资本理论、绩效理论、社会交换理论、心理动机理论等理论为基础，本章提出了教师社会资本的结构维度和关系资源维度（自变量）、教师的教学效能感和教学知识获取（中介变量）、教学绩效的教学任务绩效和情境绩效（因变量）之间的关系作用模型。如图 4 - 1 所示，尝试阐明"教师社会资本的不同维度对教师教学效能感和教学知识的获取的作用，以及教学效能感和教学知识获取如何发挥其中介作用，才能更有利于促进教师的教学绩效"。在研究的概念框架模型中，自变量是教师社会资本，包括社会资本的结构性维度和关系资源维度，社会资本的结构性维度对教学效能感和教学知识的获取都具

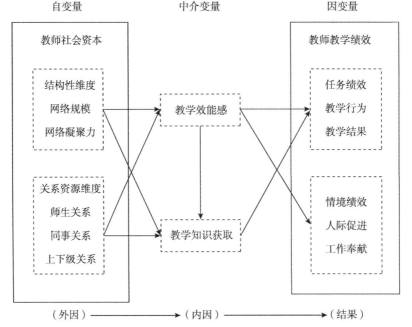

图 4 - 1　边疆少数民族地区教师社会资本与教学绩效关系理论模型

有正向作用，社会资本的关系资源维度对教学效能感和教学知识的获取都具有正向作用。教学效能感对教学任务绩效和情境绩效都具有正向作用，教学知识对任务绩效具有正向作用。同时，教学效能感和教学知识的获取还在教师社会资本与教学绩效之间起到了中介作用。以上这些变量之间的相互关系，构成了教师社会资本与教学绩效关系的概念框架模型，该图清晰地反映了边疆少数民族地区高校教师社会资本与教学绩效之间的理论关系。

将教师教学效能感和教学知识的获取作为本研究框架的中介变量，有助于我们更好地解释边疆少数民族地区高校教师社会资本与教学绩效之间的关联，更加清晰地解释教师社会资本、教学效能感、教学知识获取、教学绩效之间的逻辑关系与作用机理，在此基础上进一步揭示在教学效能感与教学知识获取这一中介变量影响下，教师将如何组建和发展自己的社会资本才能更有效地提高教学绩效。

第二节　研究理论假设构建

本章的理论假设主要包括四个部分内容：（1）教师社会资本与教学知识获取的关系；（2）教师社会资本与教学效能感的关系；（3）教学知识获取与教学绩效的关系；（4）教学效能感与教学绩效的关系。共 20 项具体内容，如表 4 - 1 所示。这些研究假设进一步描述了各变量之间的理论关系，突出了边疆少数民族地区高校教师社会资本与教学绩效中的教学任务绩效和情境绩效的关系。边疆少数民族地区高校教师社会资本与教学任务绩效的关系主要表现为：第一，教师社会资本通过影响教师教学知识获取的效率和效果，间接地影响着教师的任务绩效，包括教师完成教学工作任务的行为及行为结果，教师教学知识的获取在教师社会资本与教学任务绩效之间起中介作用；第二，高校教师社会资本通过影响教师的教学效能感的水平，间接地影响教师的教学任务绩效和情境绩效，教学效能感是教师教学任务绩效与情境绩效的决定因素，教学效能感在教师教学任务绩效与情境绩效中起中介作用；第三，教师教学效能感还可以促进教师的教学知识获取行为，充当教师社会资本与教学知识获取的中介变量，它在直接影响教师教学任务绩效的同时，还通过推进教师教学知识的获取间接影响任务绩效。教师社会资本对教师教学情境绩效的影响，主要是通过教学效能感这一中介变量起作用，教师社会资本通过促进教师教学效能感的建立促进教师教学情境绩效的产生。

一、边疆少数民族地区高校教师社会资本与教学知识获取

知识的获取是一种社会过程，[①] 有研究者将知识看作是一种"流"，不同知识主体之间存在一种选择性的"推"或者选择性的"拉"的力量，使知识相互流动，从而导致知识的传播，达到产生最佳知识流量的目的。[②] 也就是说，知识获取（knowledge acquisition）是在社会互动过程中产生的最佳知识流量。教师知识包括学科知识与学科教学知识，其中学科教学知识是教师有效完成教学任务的决定因素。掌握学科教学知识是教师胜任教学工作的前提和基础，也是教师进行教学研究和实践创新的源泉，教师教学知识的获取也是在不同形式的社会互动中进行的。本书将教师的知识获取界定为教师通过一定的社会关系网络对学科教学知识的理解、建构和应用的行为过程。这一行为结果是教师通过理解和建构，获得一定质量的教学知识，实现提升教学能力、创新教学行为的目的。因为教师是在人际互动过程中通过对教学的理解和建构，从而获得教学知识，所表现出来的是双方在知识流动中所获得的效果，卡明斯（Cummings, J. L.）和泰恩（Teng, B. S.）将这种知识获得效果概括为三方面的内容，即可靠性、

① Chow, T. C., Chen, J. R. & Shan, L. P. The Impacts of Social Capital on Information Technology Outsourcing Decisions: A Case Study of a Taiwanese High-tech Firm, International Journal of Information Management, 2006 (26): 249 – 256.

② Holtshouse, D. Knowledge Research Issues, California Management Review, 1998 (3): 277 – 280.

有用程度及满意度。① 本书将借助这一观点，从知识获得效果的角度看待教师教学知识获得问题，认为教师教学知识获取效果是教师对所获得知识感知的结果，是教师在与学生、同事及教学管理者的互动中对所能获得的知识的可靠性、满意程度和有用程度等内容的评价。

（一）结构性社会资本要素与教师教学知识的获取

社会结构是个体社会成员（社会行动者）之间因各种关系形成的一种社会网络联结，社会网络是人们寻求和获得自身所缺资源的重要手段，汉森（Hansen，M. T.）将人们通过关系网络来获取各种信息资源，以促使知识的获取和流动的网络称之为知识网络（knowledge network）②。已有的研究也证明，组织中员工之间的有效沟通和互动交流是实现知识交换和分享的重要渠道，知识网络是员工获取知识的有利途径。刘·M（Liu，M.）等学者在《知识获取与知识共享行为模式的实证研究：以台湾的高科技公司为例》（Sources of Knowledge Acquisition and Patterns of Knowledge-sharing Behaviors-An Empirical Study of Taiwanese High-tech Firms）③ 一文中以台湾的高科技公司为研究对象，实证研究了互动交流是公司员工获取隐性知识（默会知识）的重要途径，研究指出，像书籍、手册、文字等可以编码的显性知识一般可通过教育、培训等正式机构来系统地传递信息，人们对显性知识的获取相对比较容易；然而隐性知识却具有很强的个性化，它的构成更具有社会化特征，因而很难通过符号来加以分享，通常只能以互动的方式（如观摩、研讨等）进行知识转移。而员工在研发或技术上遇到困难时，大多需要的是隐性知识，他们通常会寻求朋友、同事的帮助或者咨询相关领域的专家，通过面对面的交流或讨论来获取这种

①　Cummings, J. L. & Teng, B. S. Transferring R & D Knowledge: The Key Factors Affecting KnowledgeTransfer Success, Journal of Engineering & Technology Management, 2003 (20): 39 – 68.

②　Hansen, M. T. Knowledge Networks: Explaining Effective Knowledge Sharing in Multiunit Companies, Organization Science, 2002 (3): 232 – 248.

③　Liu, M., Liu, N. Sources of Knowledge Acquisition and Patterns of Knowledge-sharing Behaviors-An Empirical Study of Taiwanese High-tech Firms, International Journal of Information Management, 2008 (28): 423 – 432.

知识，很少会通过公司内部所组织的正式培训方式来获取。同时还指出，即便公司员工互动的次数有限，相互交流的时间也不多，但如果相互之间能够理解，拥有一种亲密的社会关系，同样也会有利于隐性知识的转移，促进隐性知识的获取。我国学者在研究中也表达了同样的观点，如姚小涛等在研究中认为，个体获取知识的途径主要包括两种类型，一类是个人嵌入社会网络中，通过网络关系资源而获得知识；另一类是个体与个体之间的双向互动，通过二元关系资源而获得知识。①

有学者针对社会结构中的网络规模和网络凝聚力展开了较全面的研究，结果表明，网络规模和网络凝聚力均会影响人们对知识的获取。里根（Reagans，R.）和麦克维利（McEvily，B.）在《网络结构与知识转移：网络凝聚力与网络规模的影响》（Network Structure and Knowledge Transfer：The Effects of Cohesion and Range）② 一文中指出，网络规模可以拓展人们的知识视野，促进不同个体之间对复杂知识的交换和传递，从而开阔工作思路，找到创新的灵感。尤其是组织中员工与高层管理人员之间的各种社会联系更能促进员工的发展，因为管理者可以给员工带来具有新颖性、经验性且有利于员工完成工作任务的信息，并且能提供各种具有启发性和建设性的建议。克罗斯（Cross，R.）和卡明斯（Cummings，J. N.）③ 应用社会网络数据以实证的方式对"社会网络联系与个体绩效"这一主题进行了研究，结果表明，个体通过与不同部门之间成员进行交流合作，在相互广泛联系与互动过程中可以获得更多有价值的信息，进而能积极影响个体任务绩效的提高。有效的知识转移可进一步有效促进员工之间的知识整合，进而可以促进员工的绩效创新。尤慈（Uzzi，B.）在研究中指

① 姚小涛、席酉民："企业联盟中的知识获取机制：基于高层管理人员个人社会关系资源的理论分析框架"，载《科学学与科学技术管理》2008 年第 6 期，第 98 ~ 102 页。

② Reagans, R., McEvily, B. Network Structure and Knowledge Transfer: the Effects of Cohesion and Range, Administrative Science Quarterly, 2003 (2): 240 – 267.

③ Cross, R., Cummings, J. N. Tie and Network Correlates of Individual Performance in Knowledge-intensive Work, Academy of Management Journal, 2004 (6): 928 – 937.

出，亲密的人际关系与知识转移密切相关，亲密的社会关系是非编码化知识（即隐性知识）传递的重要条件，即使双方互动的频率不高，也并不影响社会互动关系的质量，同样有助于高质量的知识分享和传递。① 沃特（Walter，J.）等学者认为关系网络中的结构洞会影响网络成员之间的交流与合作，但密切的内部关系通过提供面对面的交流，在互动中直接传递有效的信息和知识，减少搜索知识（尤其是隐性知识）的时间，提高搜寻效率。② 网络的凝聚力为网络成员之间的互动提供了可靠而有效的交流渠道，这使得有用的信息资源通过这种交流渠道能有效地流动起来，从而保证了知识交换与转移的效率和效果，有利于网络成员对知识的共同分享。而且，群体成员间交往越频繁，群员间信息交换与传递的强度和频率就越大，密切的社会互动能更快地促进群体成员间的信息流通和知识转移，知识接收者通过近距离与知识拥有者交流和探索，在学习和观摩的基础上获取大量隐性知识，有利于完成任务，提高个人绩效，从而实现群体目标。③

以上研究成果充分说明，结构性社会资本要素能大大促进个体在关系网络中广泛获取各种信息资源，降低获取知识的时间和成本，加深网络节点间的情感连接，加强归属感和亲密度，在需要时能够得到网络成员的及时帮助。这些研究成果对于探索以多元文化背景为特征的我国边疆少数民族地区高校教师的教学知识获取提供了借鉴，边疆少数民族地区高校教师的网络规模与网络凝聚力是各民族教师获取知识的重要渠道，综合性的影响教师教学知识获取的能力。教师的网络规模主要是指教师与本校各部门的教师、教学管理者以及学生群体（包括在校学生与已毕业的学生）等是否存在联系，尤其是教师在需

① Uzzi, B. Social Structure and Competition in Interfirm Networks: The Paradox of Embeddedness, Administrative Science Quarterly, 1997 (42): 35 – 67.

② Walter, J., Lechner, C. & Kellermanns, F. W. Knowlege Transfer Between and Within Alliance Partners: Private Versus Collective Benefits of Social Capital, Journal of Business Research, 2007 (7): 698 – 710.

③ Yli-Renko, H., Autio, E. & Harry, J. Social Capital, Knowledge Acquisition, and Knowledge Exploitation in Young Technology-Based Firms, Strategic Management Journal, 2001 (6): 587 – 613.

要帮助的时候能否及时得到相关成员的社会性支持；教师凝聚力是指教师成员之间为实现共同的教学目标而实施团结协作的程度，表现在教师个体动机行为对集体目标任务所具有的信赖性和服从性上。实际上，教师个体在社会联系过程中所传递着的各种知识，主要是以教学知识为主，如灵活处理教学中的问题、解决问题的思路、与学生相处的技巧、上课的技巧等。教师个体从他人处获取知识的能力往往与对方是否拥有与自己相类似的知识有关，如果互动双方拥有相似的知识越多，就越容易促进知识的交换与分享，个体获取知识的能力就越强。[1] 佩里-史密斯（Perry-Smith, J. E.）等的研究也说明了这一点，他们认为，个体成员之间的双向互动既能促进个体获取更多的隐性知识，也有利于提高个体的知识获取能力，因为个体在密切的互动过程中，共同的语言伴随着亲密的情感联系使双方很容易在面对面的交流中感知对方的意图，相互理解对方的观点和解释。[2] 因此，网络规模和网络凝聚力是我国边疆少数民族地区高校教师知识共享的有效工具，是获取教学知识的有利渠道。基于上述分析，建立以下研究假设：

H₁：教师社会网络规模与教师教学知识的获取有着正向作用

H₂：教师社会网络凝聚力与教师教学知识的获取有着正向作用

（二）关系资源社会资本要素与教师教学知识获取

从个体的知识获取过程看，教师教学知识获取过程并不是一种孤立的行为，而是在课堂教学、教研活动、教学研讨等活动中，在信任、尊重与责任感的基础上，通过师生之间、同事之间及上下级之间面对面的互动交流而积极建构起来并加以应用的社会性行为过程，因而教师教学知识获取过程其实质就是一个学习过程，教师的社会关系网络是知识获取的重要途径。因此，网络关系质量会直接影响教师教学知识获取的质量，缺乏相互信任和尊重，缺少责任感的关系即为一种低质量的关系，这种关系的互动不仅浪费时间，而且知识被抑制而

---

① Cohen, W. M. Levinthal, D. A. Absorptive Capacity: A New Perspective on Learning and Innovation, Administrative Science Quarterly, 1990 (1): 128-152.

② Perry-Smith, J. E., Shalley, C. E. The Social Side of Creativity: A Static and Dynamic Social Network Perspective, The Academy of Management Review, 2003 (1): 89-106.

不是被传播，因为个体会在不信任和担心中自觉地保护自己，在缺乏责任的关系中难以激发起教师自觉主动地去学习和吸收有价值的内容，这样教师就很难利用别人提供的实践性知识去解决自己在教学中遇到的问题，所以教师低质量的人际关系非常不利于实现知识交换和分享的真正目的，最终导致知识获取过程的失败。而在高质量关系中，教师愿意交流、与人合作，认为吸收更多的知识提高教学能力是自己的责任所在，所以倾向于与他人共同分享思想，且在共享中总结经验，获取知识。因此，边疆少数民族地区高校教师的师生关系、同事关系及上下级关系的质量是教师有效沟通的前提条件，是共享知识的基础，它影响着教师教学知识的获取。

师生关系与教师教学知识获取。边疆少数民族地区高校教师的师生关系是教师与各不同民族身份的学生在教学中通过互动交流所形成的人际关系，是高校内最基本、最核心的社会网络关系。师生之间在课堂相遇，在不断的相互直接影响过程中，教师表现出对学生的真诚热爱，学生尊重教师，在这种民主平等、相互信任的师生关系中，会产生共同的信念，并且基于这一共同信念可以培养高质量的师生关系模式。研究表明，师生关系质量对学生学习成绩的好坏起着关键性作用，教师与学生之间建立良好的师生互动关系，是教师有效指导学生学习的条件，将有助于提高学生对教学的满意度，完成学习任务。[①]依据社会交换理论，教师可以依靠互相信任和尊重的高质量师生交换关系，全面了解学生在课堂里对教师教学活动的真实体验与感受，了解学生体验学习的方式，从这些有效的信息中，教师可以反思在教学中存在的实际问题，针对多元文化的课堂教学，为学生选用合适的教学方法和学习内容，把握教学进程，采用合理的评价标准等，教师通过从学生那里获得的大量信息资源和社会支持，以此来实现自己的创新性想法，从而提高课堂教学效率以及教学工作的创新性效果。通过与 20 名教师进行的深度访谈，发现良好的师生关系不仅有利于学生

---

① Cornelius-White J. 2007. Learner-centered Teacher-student Relationships are Effective: A Meta Analysis, Review of Educational Research, 77 (1): 131–143.

的发展，而且也有利于教师教学知识的获取。因此，本书认为建立良好的师生互动关系，将有利于教师教学知识的获取，有助于教师教学工作的顺利完成。故建立如下的研究假设：

H₃：师生关系与教师教学知识的获取有着正向作用

同事关系与教师教学知识获取。边疆少数民族地区高校教师与同事之间的社会资本主要包括教师与不同民族身份的同事的相互尊重、信任、理解和社会支持等。教师与同事之间建立起的关系网络联结更利于教师获取教学上的信息与支持，同事之间的教学探讨与学术交流，可以给教师提供在教学和教学研究上所需要的知识与信息，有利于教师克服教学过程中所遇到的问题和困境，扩展教学思路，甚至在交流中碰撞出新的思想火花。研究表明，有效沟通与交流的过程就是一种传递信息、分享经验、获取信息资源的过程。交流中可进一步促进个体成员之间在情感上相互理解，消除误解与分歧，建立起良好的人际关系，成员间在积极的互帮互助中解决所面对的各种问题，进而共同提高工作绩效。① 因此，教师同事之间的交流与沟通是教学知识传递和流动的最重要手段，在知识转移中起着重要的作用。② 在边疆少数民族地区高校，随着民汉合班方案的进一步实施，教师所面对的都是多元文化的课堂教学，教学规律需重新探索，在教学过程中遇到的难题将会越来越多，同事之间的合作或联合教学将成为高校提高教学质量，探寻多元文化课堂规律的重要形式。资源的有效整合更易于创新思维的碰撞和创新成果的获取，③ 高校教师在探索多元文化课堂教学及总结教学规律的过程中，必然会吸收同事的有益经验，进行相互学习和帮助，自觉或不自觉地受到同事的影响。因此，本书假设，在教学中教师与同事经常进行讨论和交流，将对教师的教学能力提升和开展创造性教

---

① Sunindijo R Y, Hadikusumo B H W, Ogunlana S. Emotional Intelligence and Leadership Styles in Construction Project Management, Journal of Management in Engineering, 2007（4）：166 – 170.

② Parolia N, Goodman S, Li Y, Jiang J. J. Mediators Between Coordination and IS Project Performance, Information & Management, 2007（7）：635 – 645.

③ 李忠："高校科研创新团队建设的几点思考"，载《长沙铁道学院学报（社会科学版）》2004 年第 3 期，第 189～190 页。

学及有效完成教学任务具有重要促进作用。因此建立如下的研究假设：

H₄：同事关系与教师教学知识的获取有着正向作用

上下级关系与教师教学知识获取。在社会交换理论中，高质量领导员工交换关系（Leader-Member Exchange，LMX）是在双方相互尊重、信任、义务、责任等基础上形成的。[①] 在企业中，企业领导要对员工实施监督和管理，在高校教学中，教学管理者要对教师进行督导与管理，因此，教学管理与一般企业管理有着很大的相似性。在教学过程中，教师从事的教学活动不仅是一种具有创新性特征的活动，而且也是一种社会交换活动，存在着交换关系，教师与教学管理者的关系，即上下级关系就是其中重要的社会交换关系之一。基于社会交换理论，本书将高校教学管理中教师与教学管理者之间的关系视为一种特殊的领导与员工之间的上下级关系，以人际为视角探索教学管理者与教师的互动联系。从人际关系角度上来看，教学管理者与教师在相处过程中，会随时间而产生相互影响，形成共同的教学理念，并基于这一共同理念可识别出关系模式。边疆少数民族地区高校良好的上下级关系可以改善教学管理者与教师间的交换关系，教学管理者与教师间的相互尊重与信任可以促进教师从管理者那儿获取成功的经验，获得创新性的知识和方法，同时教学管理者也可以获得教师真实的想法和动机，可进一步改进管理方式，提高管理能力，促进教师的发展。本书通过对 30 名民汉教师和教学督导进行的深度访谈得出，教师认为教学督导和教学领导者应该是教学领域里的专家，应具有倾听教师心声的技巧，多组织一些全校性的开放式教学研讨活动，为教师提供教学上的支持，给予青年教师充分的理解、帮助和关心。因此，本书认为，建立高质量的上下级关系，将有助于边疆少数民族地区高校教师获得教学知识，创造性地开展教学工作。因此提出如下假设：

H₅：上下级关系与教师教学知识的获取有着正向作用

---

① Graen GB, Uhl-Bien M. Relationship-based Approach to Leadership: Development of Leader-Member Exchange (LMX) Theory of Leadership Over 25 Years: Applying a Mufti-level Mufti-domain Perspective, Leadership Quarterly, 1995 (2): 219 – 247.

二、高校教师社会资本与教师教学效能感

教师的基本职责是教书育人，其教学活动既包括训练学生的认知结构，培养学生的智力因素；也包括训练学生人格结构，培养学生的非智力因素。有效的教学除了会受到学校教学目标、课程类型、教学条件以及教学对象等客观因素影响外，教师教学效能感是影响有效教学重要的主观因素之一。教师教学效能感在理论上来源于班杜拉的自我效能感，本书将教师教学效能感界定为教师对有效完成教学任务、实现创造性教学活动而拥有能力的主观感知和信念。

（一）结构性社会资本要素与教师教学效能感

马斯洛的需要层次理论指出，人类有各种不同的需要，有物质的需要，也有精神的需要；有心理的需要，也有社会的需要。低层次的需要得到满足后，高一层次的需要就出现了。社会互动是满足个体情感交流和社会需要的前提条件，是实现高层次需要的基本保证。高校教师与学生、同事及教学管理者之间的沟通与交流不仅传递着教师所需的教学知识与经验，同时也会传递着与教学信念有关的信息，可以说，大范围的社会联系为教师在高校内广泛的沟通交流提供了机会，而关系密切的社会联系为教师实现高层次社会需要提供了可能，它们将共同促进教师教学效能感的形成。科尔曼（Coleman，J. S.）曾指出，个体成员之间的社会联系和互动能加深其深层次的思想沟通和交流，有利于形成统一的规范，更有助于形成共同的价值观和信念。[①]莫里森（Morrison，E. W.）和罗宾逊（Robinson，S. L.）在研究中指出，组织内个体成员间的交流和互动可使成员正确感知集体的氛围，成员之间互动的信息越多，共同的语言就会增多，不一致的看法就会减少，成员的这种社会关系是传递和转移知识的重要渠道，尤其是隐性知识（默会知识）的传递，它有利于促进个体间形成共同的价值规范和行为习惯。组织内上下级之间的互动交流可以使下级正确感知上

① Coleman，J. S. Social Capital in the Creation of Human Capital，American Journal of Sociology，1988（94）：95－120.

级对自己价值的认可和对个人能力、人格等的尊重，从而建立起对组织正确的心理感知，满足个体的社会尊重需要。[①] 边疆少数民族地区高校教师在社会关系网络中互动的对象越多、范围越大，网络凝聚力越强，教师对自己所属高校整体的认识就会越全面，对所处的环境的感知就会更丰富和准确，从而使归属感增强，满意度提升，这种广泛的网络联系更有利于教师教学效能感的建立。

基于社会交换理论，边疆少数民族地区高校教师密切的社会关系网络可以促进教师与学生之间、同事之间及上下级之间互动公平感的建立，并在这些基础上形成对工作的满意度，而教师工作满意度与教师自我效能感的形成密切相关。波多尼（Podolny，J. M.）和詹姆斯（James，N.）曾在《资源和关系：工作中的社交网络与动机》（Resources and Relationships：Social Networks and Mobility in the Workplace）一文中指出，组织内员工的非正式社会网络关系传递着来自网络中的社会支持力量，他们相互转换与工作相关的资源和具有战略的信息，成员能从这种网络关系中找到一种对组织的归属感和对工作的满意感，并产生强烈的工作动机。[②] 马斯特森（Masterson，S. S.）等学者曾在《整合公平与社会交换》（Integrating Justice and Social Exchange）一项实证研究中指出，组织中的互动公平与员工的工作绩效呈正相关，管理者公平公正地对待每一个员工，员工就会取得更好的工作效率，获取更好的工作成绩。[③] 这些结论同样适合于高校组织，高校教学管理者与教师之间的有效互动会建立起教师对学校组织的公平感知，有助于教师教学效能感的建立；教师与学生之间的有效互动会建

① Morrison，E. W.，Robinson，S. L. When Employees Feel Betrayed：A Model of How Psychological Contract Violation Develops，Academy of Management Review，1997（22）：226 - 256.；Robinson，S. L.，Morrison，E. W. The Development of Psychological Contract Breach and Violation：A Longitudinal Study，Journal of Organizational Behavior，2000（5）：525 - 546.

② Podolny，J. M.，James，N. Resources and Relationships：Social Networks and Mobility in the Workplace，American Sociological Review，1997（5）：673 - 693.

③ Masterson，S. S.，Lewis，K. & Goldman，B. M. Integrating Justice and Social Exchange：The Differing Effects of Fair Procedures and Treatment on Work Relationships，Academy of Management Journal，2000（4）：738 - 748.

立起学生对教师的公平感知，已有的研究文献表明，师生关系影响学生学习成绩，而学生的学习结果又反过来影响教师教学效能感的提升，所以学生的公平感知也有助于教师教学效能感的建立；教师与同事（尤其是同一学科领域的同事）之间在互动过程中，如果能建立公平感知，则有利于教学团队的建立，容易形成共同的价值观和共同的信念，提高教学效能感。无论是学校组织还是教学团队，当教师感知到自己是置身于一个具有凝聚力的社会网络关系之中时，就会消除由于文化差异而带来的各种疑虑和不信任，建立起团结友爱、互帮互助的良好社会行为，形成强烈的归属感；反之，如果教师感知到自己处于一个凝聚力不强的群体中，往往会在行动中有所顾虑，并且相互猜测，产生不信任感，甚至会出现离职倾向，因此，边疆少数民族地区高校教师密切的社会关系网络联系会直接影响教师对个人的社会关系的感知和判断，有助于教师建立起团队的归属感和社会支持感，进而影响教师在工作中教学效能感的建立。基于以上的分析，本书提出如下假设：

H_6：教师社会网络规模与教师教学效能感的建立与发展有着正向作用

H_7：教师社会网络凝聚力与教师教学效能感的建立与发展有着正向作用

（二）关系资源社会资本要素与教师教学效能感

边疆少数民族地区高校教师教学效能感建立的前提是教师在高校这一组织内拥有良好的社会关系资源，获得社会性支持，因为教师高质量的社会关系资源将影响到教学效能感的内容和水平，是教师社会关系的具体表现，可以说，它是教师形成教学效能感的一个前因变量。已有研究表明，教师教学效能感并非纯属个人主观感受，教学效能感的产生与教师管理学生和对职业的满意度有关，学校教学主管部门对教师能力的评价以及学校教师团队形成的教学文化都将影响教师教学效能感的形成。[1] 可见，

---

[1] Woolfolk Hoy, A. & Burke-Spero, R., Changes inTeacher Efficacy During The Early Years of Teaching: A Comparison of Four Measures, Teaching and Teacher Education, 2005 (4): 343 –356.

教师教学效能感是和教师与学生、教学管理者及同事组成的教学团队密切相关，是"环境—主体—行为"相互作用的结果。

师生关系与教师教学效能感。尊重、信任学生并能与学生平等相处的教师在与学生交往的过程中，往往很容易建立和谐融洽的师生关系，这种关系既可有力地推动师生之间真诚地交流，也可进一步促进教师强化教学信念，有效调整教学方式，提高教学效能感。心理学研究表明，教师对学生（尤其是弱势群体的学生）的信念和态度与学生的学习积极性及学习成绩呈正相关，反过来，学生学习的积极性和学习成绩又影响着教师的教学效能感的形成，而教师的教学效能感最能提升学生的学习动机和学习兴趣。[①] 教师的教学效能感影响教师在课堂教学中与学生的互动方式，而课堂师生互动又决定着师生关系的质量，根据教师对班级管理控制和学生参与教学的情况，可将教师分为专制型、策略型、放任型和民主型四种类型的教师，专制型教师在课堂教学中往往喜欢采用对学生进行训导的教学方式，以讲授和测试为主，师生互动少；而民主型教师则以引导学生研讨、情境体验、角色扮演等教学方式，注重师生共同参与教学、共同设计教学方法以提高学生学习能力。显然，专制型的教师教学效能感要低于民主型教师的教学效能感。而戈达德（Goddard，R. D.）等研究者发现，相同家族背景和文化背景的学生在教师教学效能感强的班级比在教师教学效能感弱的班级成绩会更优秀，师生关系也更融洽，原因主要是教学效能感强的教师对教学的期望值比较高。[②] 基于以上分析，本书认为良好的师生关系能进一步加强教师的教学信念，有利于教学效能感的建立，故提出如下假设：

① Pajares, F. & Bengston, J., The Psychologizing of Teacher Education: Formalist Thinking and Preservice Teachers' Beliefs, Peabody Journal of Education, 1995 (70): 83 - 98.; Stipek, D., Givvin, K., Salmon, J. & MacGyvers, V., Teachers' Beliefs and Practices Related to Mathematics Instruction, Teaching and Teacher Education, 2001 (17): 213 - 226.

② Goddard, R. D. & Goddard, Y. L., A multilevel Analysis of the Relationship Between Teacher and Collective Eefficacy in Urban Schools, Teaching and Teacher Education, 2001 (17): 807 - 818.

H₈：师生关系与教师教学效能感的建立与发展有着正向作用

同事关系与教师教学效能感。依据社会交换理论，伴随着信息资源和社会性支持的高质量同事关系有利于个人的发展。同事关系影响着个人完成工作任务，与个人的工作态度与绩效有着密切关系。[①] 在一个组织中，拥有高质量同事关系的员工愿意与他人共同分享信息，相互反馈意见，在情感上更愿意相互支持和帮助。[②] 高质量同事关系与员工的工作满意度、组织承诺、支持、工作参与及绩效等呈正向关系，[③] 更加有利于员工降低工作压力，减少员工对工作的不满情绪和离职倾向，愿意承担额外工作，增强工作的奉献精神。[④] 基于人际关系的视角，高校教师的同事关系是教师间相互信任、相互尊重并坦诚交流思想的关系。[⑤] 能尊重、信任同事并和他们平等相处的教师往往倾向于积极参与同事之间开展的各种教学研讨或经验交流活动，在这些活动中，同事们会根据自己的教学知识和经验，从不同视角提出自己的看法和建议，教师可从同事的建议中寻找到合适的方法和途径来应对教学中遇到的问题，逐渐积累经验。马尔霍兰（Mulholland，J.）和华莱士（Wallace，J.）的案例研究表明，教师在获取丰富的教学经验的同时不仅可提高教学能力，更能提高教学效能感、有效组织探索性学习活动。[⑥] 马蒂亚斯（Mathias，H.）在研究中也发现，教师与不同学科的同事展开教学研讨活动不仅可以促进教师正确认识教学规

---

① Seers A. Team-Member Exchange Quality: A New Construct for Role-making Research, Organizational Behavior and Human Decision Processes, 1989 (1): 118 – 135.

② Sherony KM, Green SG., Coworker Exchange: Relationships Between Coworkers Leader-member Exchange, and Work Attitudes, Journal of Applied Psychology, 2002 (3): 542 – 548.

③ Liden RC, Wayne SJ, Sparrowe RT. An Examination of the Mediating Role of Psychological Empowerment on the Relations Between the Job, Interpersonal Relationships, and Work Outcomes, Journal of Applied Psychology, 2000 (3): 407 – 416.

④ Wang P, Walumbwa F. Family-friendly Programs, Organizational Commitment, and Work Withdrawal: The Moderatingrole of Transformational Leadership, Personnel Psychology, 2007 (2): 397 – 427.

⑤ Jarzabkowski L. M. A Case Study in Collegiality, Leading and Managing, 2000 (1): 21 – 36.

⑥ Mulholland, J. & Wallace, J., Teacher Induction and Elementary Science Teaching: Enhancing Self-efficacy, Teaching and Teacher Education, 2001 (2): 243 – 261.

范，而且更能提高教师的教学兴趣，找准教师角色定位，形成教学信念。[1] 可见，同事关系是教师情感支持和工作援助的最重要来源，高质量的同事关系能使教师不断接收到来自同事之间的帮助、关怀和信息共享，从而产生一种归属感和自我认同感。因此，本书认为边疆少数民族地区高校教师与同事之间建立起良好的互动关系，将有助于教师教学效能感的建立，更好地完成教学任务。故提出如下假设：

H₉：同事关系与教师教学效能感的建立与发展有着正向作用

上下级关系与教师教学效能感。社会交换理论认为，领导者与员工的关系通常是以双方交换关系质量来衡量的，其基本原理是领导与员工培养出什么样的交换关系，如果领导与员工双方都能彼此尊重、相互信任，领导对员工具有高度的责任感，员工拥有较高的忠诚度，那么，领导与员工之间就拥有一种高质量的关系。[2] 格斯特纳（Gerstner, C. R.）等学者通过实证研究方法证实了信任是高质量的领导员工关系形成的基础，这种关系与员工在工作中的表现结果密切相关，领导者具有较高的影响力和对员工信任并表现出高支持力，员工被赋予更多责任感和自主感，则会形成相应的工作态度与行为表现，如拥有良好的公民行为，对组织的承诺并愿意奉献、对工作持有较高满意度，有较强的自我信念，并表现出令人满意的工作绩效等，否则，员工会出现不满情绪，甚至有离职倾向。[3] 这说明当领导者与员工交换双方具有不同的上下级关系时，信任与责任会使员工在态度上和行为上产生差异，[4] 而积极的工作态度将影响到员工的自我信念和效能感

---

① Mathias H. Mentoring on a Programme for New University Teachers: a Partnership in Revitalizing and Empowering Collegiality, International Journal for Academic Development, 2005 (2): 95 – 106.

② Graen GB, Uhl-Bien M. Relationship-based Approach to Leadership: Development of Leader-member Exchange (LMX) Theory of Leadership Over 25 Years: Applying a Mufti-level Mufti-domain Perspective, Leadership Quarterly, 1995 (2): 219 – 247.

③ Gerstner CR, Day DV. Meta-analytic Review of Leader-member Exchange Theory: Correlates and Construct Issues, Journal of Applied Psychology, 1997 (6): 827 – 844.

④ Wayne SJ, Shore LM, Bommer WH, Tetrick LE. The Role of Fair Treatment and Reward in Perceptions of Organizational Support and Leader-member Exchange, Journal of Applied Psychology, 2002 (3): 590 – 598.

的产生。我国学者郑伯埙在对拥有不同文化背景的华人组织的研究中指出，管理者对员工的信任和员工的忠诚是考量高质量上下级关系的重要因素，良好的上下级信任关系更能够导致并强化良好的心理契约。[①] 而这种心理契约是员工产生自我信念的基础。基于以上研究成果，本书假设基于信任基础之上的边疆少数民族地区高校教师与教学管理者之间形成的上下级关系可以更好地推进教师教学效能感的形成和发展，并有助于教师发展密切的社会关系网络、获得与关系网络中各节点之间互相支持的心理感知。故提出如下假设：

H₁₀：上下级关系与教师教学效能感的建立与发展有着正向作用

三、教学知识的获取与教学任务绩效

从已有的研究成果看，专业知识和专业技能是个体顺利完成工作任务的基础与条件，是任务绩效的决定因素。对于边疆少数民族地区高校教师来说，学科知识和学科教学知识（或称理论知识和实践性知识）是其从事教学所必备的，是教师做好教学工作、完成教学任务的基础。教师的社会关系网络有利于教师对学科知识和学科教学知识的获取，是教师提高获取知识效率的基本保障。本书选取教师学科知识和学科教学知识获取来衡量知识对教师教学任务绩效的影响。

从知识转移的作用来看，不同性质的知识对完成工作任务的影响是不同的。泰格兰德（Teigland，R.）和瓦斯科（Wasko，M.）在《跨国企业知识转移》（Knowledge Transfer in MNCs）一文中认为，企业知识转移包括显性知识和隐性知识的转移，显性知识即已经编码的知识，这种知识不利于创新性成果的产出，但个体通过获取这些已编码的显性知识，将其与自己已有的知识整合起来并在工作中加以利用，能提高工作效率。而隐性知识是一种未编码的知识，带有主观经

---

① 郑伯埙："差序格局与华人组织行为"，载《本土心理学研究》1995 年第 3 期，第 142～149 页。

验性，难以进行转移但有利于工作的创新。① 科斯基宁（Koskinen，K. U.）等学者在《工作环境中隐性知识的获取与分享》（Tacit Knowledge Acquisition and Sharing in a Project Work Context）一文中认为，隐性知识一般与主观信念密切相关，个体可通过与社会环境的互动来获得，隐性知识将有助于个体知识创新和高效完成工作任务。② 无论是显性知识还是隐性知识，在知识转移的过程中，知识需求主体选择什么样的传递知识方式都将会影响知识转移的成本和效率。③ 知识转移主体认知结构的差异、主体的能力以及主体间的凝聚程度是影响知识传递的主要因素。④ 在边疆少数民族地区高校教师所拥有的知识中，学科知识属于已编码的知识，教师如果能通过社会网络关系获取学科专业知识，将会大大节省教师学习时间，并能将知识有效地纳入到长时记忆中，这样既提高了教师知识获取的效率，也将大大加强在教学过程中的工作记忆效率，形成教学机智，因而教师的教学绩效也随之提高。教师学科教学知识属于隐性知识，即未编码的知识，是教师创造性教学的重要因素。从一定意义上说，边疆少数民族地区高校教师属于知识员工，里德（Reed，M. I.）曾从理论与实践两个角度分析了知识员工如何进行创新工作，他指出，知识员工的工作主要依靠理论知识和实践技能，包括显性的和隐性的两部分知识，但环境知识也非常重要，将这些知识有机地整合起来加以利用，能帮助知识员工在工作中系统而又赋予创造性地思考和解决问题，有利于获得更好的工作成就。⑤ 因此，边疆少数民族地区高校教师在工作环境中通过高质

① Teigland, R., Wasko, M. Knowledge Transfer in MNCs: Examining How Intrinsic Motivations and Knowledge Sourcing Impact Individual Centrality and Performance, Journal of International Management, 2009 (15): 15 – 31.

② Koskinen, K. U., Pihlanto, P., Vanharanta, H. Tacit Knowledge Acquisition and Sharing in a Project Work Context, International Journal of Project Management, 2003 (21): 281 – 290.

③ 潘杰义、李燕、詹美求："企业——大学知识联盟中知识转移影响因素分析"，载《科技管理研究》2006 年第 7 期，第 206 ~ 210 页。

④ 苏延云："知识转移的障碍及应对策略"，载《科技情报开发与经济》2006 年第 5 期，第 194 ~ 196 页。

⑤ Reed, M. I. Expert Power and Control in Late Modernity: An Empirical Review and Theoretical Synthesis, Organization Studies, 1996 (4): 573 – 597.

量的社会网络关系所获取的学科知识和学科教学知识，既可使教师节省大量查阅教学资料的时间，也可以通过与关系网络成员互动将教学中遇到的问题进行研讨，获取相关的建设性建议或意见，有利于教师在教学过程中提高教学效率，同时在互动交流过程中能顺利地实施知识的转换和信息的分享；有利于促进教师在教学中产生新的思想，不断反思和总结教学经验，有利于教学结果的产出。

教师自身所拥有的知识和在高校多元文化环境互动中获得的新知识是边疆少数民族地区高校教师教学任务绩效的直接决定因素，而教师在多元文化校园环境背景中能获得教学知识尤其是实践性教学知识的质与量，主要又取决于教师的社会资本水平。前述分析表明，边疆少数民族地区高校教师关系网络的规模越大、凝聚力越强则相互之间了解的程度就越深，越能得到更多的社会支持，教师的教学理论知识和实践性知识则越容易进行转移，教师在知识的分享中不断吸收和积累经验，不断反思教学、创新教学。教师与各民族学生之间、同事之间以及教学管理者之间相互理解、尊重和信任的水平决定了教师对自己所属高校的认可，能将自己作为高校的主人去承担各种该承担的义务和责任，不同民族之间没有相互排斥的思想，在知识转移过程中，知识传递方愿意贡献知识，知识接收方愿意获得知识。也就是说，良好的高校内部环境有助于教师建构起安全的心理环境，使教师可以没有顾忌地大胆交往，向他人请教和询问问题，相互学习，提高获取知识的能力。可以说，教师的社会资本有利于教师教学知识的获得，而教学知识又是教师提高教学行为效率和取得良好教学结果的条件，是高质量完成教学任务的基础，因而教师社会资本促进教学知识的获得，间接地推进教学任务绩效的提高。基于以上分析，本书提出以下假设：

H_{11}：教师教学知识的获取有助于提高教师教学行为的效率

H_{12}：教师教学知识的获取有助于提高教学结果

H_{13}：教师教学知识的获取在教师社会资本与教学任务绩效中起中间作用

四、教学效能感与教学绩效

（一）教学效能感与教学任务绩效

教师教学任务绩效是教师满足高校教学目标和实现个人需求，高效率、创造性地完成教学任务所取得的绩效。如前所述，教师教学知识是完成任务绩效的重要因素，但这只是一个条件，具备一定教学知识的教师能否真正表现出创造性教学，还会受到教师心理动机和教师信念的影响。美国机能主义心理学派创始人之一威廉·詹姆斯（James，W.）的研究表明，每个人都有很大潜力，而大多数人在工作中只是使用了他们能力和天资的一部分，通常情况下，一个人发挥20%～30%的能力就足以应付工作，但是，如果他的动机处在被激励的状态时，他的能力可以发挥到80%～90%。[①]可见，人们通常的工作水平和强动机下的工作水平相差3～4倍之多，动机的强度影响着行为结果。美国心理学家班杜拉用自我效能感解释了在特殊情境下动机产生的原因，认为个人工作动机之强弱，将决定于个人对其自我效能的评估。[②] 因此，教师在教学上所表现出的自我效能感水平会影响教师的教学任务绩效。来自教师社会交换的教学效能感是教师对所处的高校关系环境评估后的主观心理感知，影响着教师成就动机的形成和对社会需求的满意度，从而也决定着教师的教学信念。从人的社会性特征看，和谐融洽的关系环境更能满足教师自身情感的需要和得到更多的社会性支持，更好地促进自我实现，进而取得满意的工作绩效。

H₁₄：教师教学效能感与教学行为有着正向作用

H₁₅：教师教学效能感与教学结果有着正向作用

基于前面的分析可知，教师教学效能感的建立与教师的社会资本水平相关，教师与学生、同事及教学管理者之间相互信任、尊重的程

---

① "工作动机"，载豆丁网，http：//www. docin. com/p - 395482925. html，访问时间：2015 年 3 月 28 日。

② 张春兴：《现代心理学》，上海人民出版社 2003 年版，第 525 ～526 页。

度越高、交流互动的规模越大、凝聚力越强，教师就越会拥有良好的心理感知，产生心理安全感，越有利于提高教师的教学效率、提升教学学术水平，从而越容易推动教师教学任务绩效的实现。

心理学研究表明，个体行为来自个体的心理动机，动机是引起和维持个体活动，并促使活动朝向一定目标进行的内在作用。[①] 边疆少数民族地区高校教师教学效能感的建立，表明了教师对高校内多元文化环境的认可。良好的关系网络环境能使教师在心理上产生安全感和满足感，从而在工作上不仅愿意与他人分享知识和经验，而且也愿意吸取他人的知识和经验，表现出主动学习和获取知识的行为。可以说，教师社会资本促进了教师教学效能感的形成，而这种教学效能感促成了教师教学信念和动机的生成，形成强烈的教学责任感，因而可直接推动教学任务绩效的提高，同时，教学效能感能推进教师对教学知识的积累，进而间接促进了教师的任务绩效提高。基于以上分析，本书假设：

H_{16}：教师教学效能感在教师社会资本与教学任务绩效中起中间作用

H_{17}：教师教学效能感在教师社会资本与知识获取之间起中间作用，通过促进教学知识获取间接促进教师的任务绩效

（二）教学效能感与情境绩效

在教师教学绩效中，教学任务绩效通常会受到学校相关教学制度及岗位规范等制度的限制，绩效的高低可以有具体的衡量标准。但相对于教学任务绩效来说，教师的情境绩效更具有自主性特点，是教师的自我选择行为，很少能受到学校正式制度的限制，教师的自我感知信念和动机对情境绩效的影响更为突出，当教师将心理上的感知转化为内化的教学动机和外化的教学行为时，教师的奉献意识和行为随之产生，情境绩效也会相应提高。教师教学效能感即为教师对自身教学的一种主观感知和信念。已有的理论和实证研究文献表明，教师教学效能感与工作绩效之间存在显著正相关，教学效能感有利于教师产生

---

① 张春兴：《现代心理学》，上海人民出版社 2003 年版，第 489 页。

人际促进和工作奉献。[1] 边疆少数民族地区教师的教学效能感越高，教师所表现出的活力、奉献精神和专注程度也越强，工作投入的程度越高；相反，教师教学效能感越低，情感上常表现出一种消极的教学行为，对工作会缺乏奉献精神。[2]

从文化环境的视角，由于受传统文化的影响，"家族取向、关系取向、权威取向和他人取向"是中国人独有的文化价值体系结构，[3] 不管是哪种取向的交往，"情感"一直是一个紧密相连的元素。边疆少数民族地区高校教师与各民族的学生、同事及教学管理者之间的社会联系和社会交往倾向于关系取向和他人取向，在交往中，教师如果具有高度情感承诺，他们就会对所属的群体产生一种强烈的情感寄托，能将自己从情感和行为上充分融入所属集体的发展中。同时，受传统文化教育的影响，中国人一向强调集体观念，对"集体内"成员和"集体外"成员有着明显不同的态度和认同，非常在乎集体内人与人之间的和谐相处，这种集体观念将促进教师认同自己所在的集体，他们理解与尊重的态度与团结和谐的关系将促进他们关注不同民族的学生与同事，并会在需要的时候给予人际支持。在教师教学效能感的相关研究中，教师的社会资本反映了教师与学生、同事及教学管理者之间关系的特征，教师教学效能感是教师教学行为的基础。基于此，在多元文化背景之中，教师在基于对高校内的社会关系环境感知基础上所建立的教学效能感影响着情境绩效。

基于教师教学效能感产生视角，边疆少数民族地区高校教师社会资本水平影响着教学效能感水平。教师在高校内的社会关系网络规模越大、社会凝聚力越强，教师与学生、同事及教学管理者之间的相互了解程度就越深，情感联结则越强，这样有利于教师对关系网络环境

---

① 贾翠新："企业内训师教学效能感、领导支持度和其主职工作绩效的关系"，华东师范大学 2011 年硕士学位论文，第 10 页、第 19 页。

② 司海燕："中学组织气氛、教师教学效能感与工作投入的关系研究"，河北师范大学 2008 年硕士学位论文，第 33 页。

③ 杨国枢："中国人的性格与行为：形成及蜕变"，载《中华心理学刊》1981 年第 1 期，第 39 ~ 55 页。

做出准确判断。教师感知到能与关系网络中各成员之间平等互助、相互尊重与信任，有强烈的社会支持感和集体归属感，将有利于促进教师教学效能感的建立。

基于上述分析，本书建立以下假设：

H_{18}：教师教学效能感与教师的人际促进行为有着正向作用

H_{19}：教师教学效能感与教师的工作奉献行为有着正向作用

H_{20}：教师教学效能感在教师社会资本与教师情境绩效中起中间作用

表 4 - 1　研究假设汇总

研究假设类别	研究假设
社会资本与教学知识的获取	H_1：教师社会网络规模与教师教学知识的获取有着正向作用
	H_2：教师社会网络凝聚力与教师教学知识的获取有着正向作用
	H_3：师生关系与教师教学知识的获取有着正向作用
	H_4：同事关系与教师教学知识的获取有着正向作用
	H_5：上下级关系与教师教学知识的获取有着正向作用
社会资本与教学效能感	H_6：教师社会网络规模与教师教学效能感的建立与发展有着正向作用
	H_7：教师社会网络凝聚力与教师教学效能感的建立与发展有着正向作用
	H_8：师生关系与教师教学效能感的建立与发展有着正向作用
	H_9：同事关系与教师教学效能感的建立与发展有着正向作用
	H_{10}：上下级关系与教师教学效能感的建立与发展有着正向作用
教学知识的获取与任务绩效	H_{11}：教师教学知识的获取有助于提高教师教学行为的效率
	H_{12}：教师教学知识的获取有助于提高教学结果
	H_{13}：教师教学知识的获取在教师社会资本与教学任务绩效中起中间作用
教学效能感与教学绩效	H_{14}：教师教学效能感与教学行为有着正向作用
	H_{15}：教师教学效能感与教学结果有着正向作用
	H_{16}：教师教学效能感在教师社会资本与教学任务绩效中起中间作用
	H_{17}：教师教学效能感在教师社会资本与知识获取之间起中间作用，通过促进教学知识获取间接促进教师的任务绩效
	H_{18}：教师教学效能感与教师的人际促进行为有着正向作用
	H_{19}：教师教学效能感与教师的工作奉献行为有着正向作用
	H_{20}：教师教学效能感在教师社会资本与教师情境绩效中起中间作用

第三节　本章小结

　　本章主要探索边疆少数民族地区高校教师社会资本对教学绩效的影响路径和机理，建构了教师社会资本与教学绩效关系的概念模型和20个研究假设。从理论上进一步说明了教师社会资本是高校内部的社会关系环境的重要组成部分，它通过影响教师的教学效能感和教学知识的获取，间接地影响教学绩效。

第五章 边疆少数民族地区高校教师社会资本与教学绩效关系的问卷编制

　　科学研究过程一般包括概念化过程和操作化过程，概念化过程就是研究者将某种设想或创意转化为研究假设；操作化过程就是将研究概念转化为可观测的变量。[①] 对我国边疆少数民族地区高校教师社会资本与教学绩效关系进行深入探索和分析，既需要对其进行规范性的理论推理，也需要运用科学和恰当的实证研究方法，对理论分析中所提出的假设进行分析和验证。本书依据理论分析建构了概念模型并提出了相应的研究假设。因为验证研究假设主要是通过调研问卷收集数据，所以最终检验结果是否准确，概念模型是否合理，是否具备普适性直接受到问卷设计和数据收集过程的合理性与精确性的影响。本章主要对研究变量进行操作化定义，重点介绍调查问卷设计、变量测量、样本选择与数据收集等内容，阐述研究所用样本数据的获取过程。

第一节　预测问卷的设计

一、预测问卷设计的原则

　　为保证调查问卷指标度量的客观性，且具有较好的信度和效度，

[①] 李怀祖：《管理研究方法论》，西安交通大学出版社 2004 年版。

本书将参照丘吉尔（Churchill，G. A.）[1] 和海凯恩 （Hinkin，T. R.）[2]
等研究者关于问卷设计的原则，采用科学的问卷设计方法来确定具体
的测试题目，并运用以下的设计原则以确保问卷质量。

第一，在文献梳理的基础上，尽可能选择相关文献中已验证过的
问卷来确定变量的范围。文献（尤其是核心文献）阅读的目的是为本
书的变量测量奠定基础，同时使预研究的问题保持与已有研究的连续
性。在国内外已有的重要文献中，很多学者从管理学、社会学的视角
研究了关于企业的社会资本、知识获取及个体绩效等领域的内容，在
教师发展研究中比较关注教学效能感的研究，并进行了测量验证。通
过对相关文献的阅读，可以比较全面地了解不同的文化环境中研究者
研究的主题、解决的问题、相同构想的测量等。企业与高校虽各自有
别，但可借鉴一些适合本书研究且有较高信度和效度、并得到广泛应
用的问卷，结合本书中重要变量的特点形成初步调查问卷。

第二，与专家、学者、同事、教师等展开讨论，并进行小规模访
谈，形成初始问卷。在很多研究中，由于研究目的的不同，相关量表
的测量方式和题项也会有很大差异。参照或借鉴其他学者的量表时，
必须通过选择或修订以适合本书研究内容的测量项目和表达方式。本
书在初始问卷形成后，针对问卷的合理性和适用性两方面选取了教学
专家群体和调查对象群体，实施小范围的深度访谈或者小组讨论，整
理量表的选项，制定评价标准，尽量消除初始问卷中有异议的和不合
理的方面，努力确保变量选取的合理性。

第三，问卷调查前的小样本测试与分析。为保证量表的信度和效
度，在进行大范围发放问卷前，有必要将初步确定的测试量表编制成
问卷，并选取部分目标人群进行测试及分析，小样本测试的目的是通
过运用统计学中探索性因子分析、信度和效度分析等以选择最能度量
研究中各测量变量的选项，删减不合理题项，根据预测分析结果，在

① Churchill, G. A. A Paradigm for Developing Better Measures of Marketing Constructs,
Journal of Marketing Research, 1979 （16）: 64 – 79.

② Hinkin, T. R. A Review of Scale Development Practices in the Study of Organizations,
Journal of Management, 1995 （5）: 967 – 988.

修订的基础上将其设计成正式问卷，形成最终有效调查问卷。

第四，利用最终确定的调查问卷，在六所高校里进行正式的问卷发放和数据收集，分析调查结果。问卷回收后，主要采用了SPSS19.0软件和AMOS 17.0软件对各变量进行验证性因素分析、信度、效度分析及结构方程模型分析。

二、预测问卷设计的过程

本书涉及的研究变量可划分为三种类型：（1）自变量，主要是指边疆少数民族地区高校教师社会资本；（2）因变量，主要指边疆少数民族地区高校教师教学绩效；（3）中介变量，主要包括边疆少数民族地区教师教学效能感和教师教学知识的获取。研究变量可归纳为如表5－1所示。

表 5－1　研究变量

变量类型	变量名称
自变量	边疆少数民族地区高校教师社会资本
因变量	边疆少数民族地区高校教师教学绩效
中介变量	边疆少数民族地区教学效能感、教学知识的获取

（一）自变量

1. 边疆少数民族地区高校教师结构性社会资本测量量表

边疆少数民族地区高校教师结构性社会资本包括网络规模和网络凝聚力两个潜变量。网络规模主要是用来衡量教师社会关系的多元化程度，预示着教师从社会关系网络中获取资源的广度，是测量教师社会网络最直接的因素。一般而言，网络规模越大，网络成员的数量就越多，在关键的时候就更容易获得情感性资源和工具性资源。教师的网络凝聚力主要是指教师与关系网络成员联系的密切程度，包括社会联系的频率、强度及亲密程度等。本书测量教师社会结构的指标主要借鉴两个已有的测量工具，一个是纳哈彼特（Nahapiet，J.）和高莎

尔（Ghoshal，S.）对社会互动的测量量表[1]，另一个是查维斯
（Chavis，D. M.）、莱依（Lee，K. S.）和阿科斯塔（Acosta，J. D.）
2008 年在葡萄牙首都里斯本召开的第二国际社会心理学会议上提交的
论文《社群意识（SCI）修订：SCI – 2 的信度和效度》（The Sense of
Community（SCI）Revised：The Reliability and Validity of The SCI – 2）
量表[2]，共选取了 9 个测量题项作为教师网络规模和网络凝聚力的测
量指标，并根据本书研究的需要和高校多元文化特点进行语言表述方
面的修改，如表 5 – 2 所示。

表 5 – 2 结构性社会资本变量的测量题项

变量	题项	参考文献
网络规模	我性格开朗，喜欢与不同的人交朋友	整合纳哈彼特、高莎尔（1998）的社会互动量表与查维斯、莱依和阿科斯塔（2008）的社群意识量表
	学生毕业后还能与我保持各种联系	
	在单位我喜欢与各民族师生员工沟通交流	
	我与自己民族的朋友聚会多，而与其他民族聚会较少	
	生活中我的朋友主要是自己本民族的	
网络凝聚力	我认为各民族教师之间成立教学团队非常重要	
	如果有教学团队，我非常愿意成为团队成员	
	我认为教师与学生之间应积极组成教学共同体	
	大学就是一个共同体组织，有利于每位教师的发展	

---

① Nahapiet, J. , Ghoshal, S. Social Capital, Intellectual Capital and the Organizational Advantage, Academy of Management Review, 1998（2）：242 – 266.

② Chavis, D. M. , Lee, K. S. & Acosta, J. D.（2008）. The Sense of Community（SCI）Rrevised：The Reliability and Validity of the SCI – 2, http：//www. senseofcommunity. com/files/SOC_II%20product. pdf, 2014 – 6 – 23.

2. 边疆少数民族地区高校教师关系资源社会资本测量量表

边疆少数民族地区高校教师关系资源社会资本主要包括师生关系、同事关系和上下级关系三个潜变量。

美国辛辛那提大学格莱恩（Graen，G. B.）和阿拉斯加大学玛丽·尤尔比安（Uhl-Bien，M.）于 1995 年设计了一套衡量领导与员工即上下级关系的量表，[①] 这是一个十分完整的量表，在这一量表中，从尊重（respect）、信任（trust）和责任（obligation）三个维度共 6 个问题来衡量领导与员工的关系。中国台湾学者钟凯里（Chung-Kai Li）和查环环（Chia-hung hung）[②] 于 2009 年通过对此量表进行语言表达上的修正，将其作为同事关系量表，并认为"同事对我的潜能比较了解"这一问题与同事关系联系不大，将其删除了，他们提出的同事关系量表主要由 5 个题项组成，经过对中国台湾 52 所中小学的 1040 名教师进行测量，量表具有良好的信度和效度，其中 α 系数达到 0.830。我国学者蔺玉在博士论文《博士生科研绩效及其影响因素的实证研究》中分别将这两个量表用来测量"博士生与导师的关系"以及"博士生与同学的关系"，均具有较好的信度和效度。本书也借鉴该量表所涉及的"责任、信任和尊重"三个维度，并且根据研究需要，增加"合作"这一维度来设计边疆少数民族地区高校教师中的上下级关系、同事关系和师生关系量表，并在语言表达上予以修正，使其更符合高校教师与学生、同事及教学管理者之间关系这三个变量的要求，如表 5 - 3 所示。

---

① George B. Graen & Mary Uhl-Bien. Relationship-based Approach To Leadership: Development Of Leader-Member Exchange (LMX) Theory Of Leadership Over 25 Years: Applying A Multi-Level Multi-Domain Perspective, Leadership Quarterly, 1995 (2): 219 - 247.

② Chung-KaiLi and Chia-hung hung. The Influence Of Transformational Leadership On Workplace Relationships And Job Performance, Social Behavior And Personality, 2009 (8): 1129 - 1142.

表 5 – 3 边疆少数民族地区高校教师关系资源变量的测量题项

变量	题项	参考文献
上下级关系	教学督导听完课后常会与我讨论教学中的优缺点,并给予指导和建议	改编自格莱恩、尤尔比安(1995)开发的领导—员工关系量表
	教学督导对我的教学评价很充分,很有帮助	
	学校管理者与教师经常保持沟通与合作,共同研讨教学中存在的问题	
	教学管理者及督导和教师的关系非常密切	
	我很信任教学管理者和督导,当其他人不理解时我愿意为他们的决策辩护	
同事关系	当我在教学中遇到困难时首先会与同事讨论,并寻求帮助	
	我喜欢与各民族教师互相合作,共同分享专业和研讨教学问题	
	我很信任同事,当其他人不理解他们时我愿意为他们辩护	
	我平时与自己民族的同事交往较多	
师生关系	我能及时了解到学生对我的教学的满意度	
	我常与学生一起讨论学习中遇到的问题,并及时给予指导	
	教学中我喜欢以互动的方式与学生共同探索知识	
	教学中我以民主平等的方式对待各民族的学生	
	我对其他民族学生的了解不太多	

(二)因变量

1. 边疆少数民族地区高校教师教学任务绩效测量量表

边疆少数民族地区高校教师教学的任务绩效是指与教师完成教学工作所需要的专业知识、专业技能、职业角色行为等有关的绩效,包括教学行为和教学结果两个潜变量。本书中教师教学行为绩效变量侧重于教师利用教学知识与技能完成教学工作任务的效率和效果,具体表现在课前的教学准备、课堂中的教学组织和课后的教学反思及研究,因此量表的内容以此为依据。本书测量教师教学行为的指标主要借鉴我国学者景丽珍在《高校教师教学科研成果的影响因素研究》[①]

---

① 景丽珍:《高校教师教学科研成果的影响因素研究(英文版)》,中央民族大学出版社 2012 年版,第 451 ~ 454 页。

中开发的《高校教师工作表现量表》中关于教师教学方面的测量题项。教师教学结果变量的测量主要以高校对教师的教学评价结果（包括学生评教结果、教学督导评教结果、同事评教结果及教师自我评教）以及教师的教学研究成果（教学学术）为主，如表 5 - 4 所示。

表 5 - 4　教学任务绩效变量的测量题项

变量	题项	参考文献
教学行为	对于熟悉的课程我一般不需要花太多的时间去备课	改编自景丽珍（2012）开发的高校教师绩效量表（英文版）
	我注重指导学生使用合适的学习策略和技能	
	我常针对教学问题进行教学反思和研究	
	课堂教学中我以讲授为主	
教学结果	您在期刊上发表过的教学论文数量	
	学生对您的课堂教学的评价等级	
	学校教学督导对您的课堂教学的评价等级	
	同事对您的课堂教学的评价等级	
	您对自己的课堂教学的评价等级	

2. 边疆少数民族地区高校教师情境绩效测量量表

边疆少数民族地区高校教师教学的情境绩效主要包括教师在教学工作中的奉献程度和人际促进两个变量。工作奉献主要表现为教师在教学工作中，为实现学校的教学目标而主动承担教学、努力完成教学任务的自律行为，因此，工作奉献主要是测量教师在教学工作中的主动性程度；人际促进是教师有助于教学目标实现的人际倾向行为，通过积极促进教师在单位的人际关系，鼓励教师团结合作，以此提高教师的士气，营造一种能更好地完成任务绩效的人际环境氛围，因此人际促进主要是用来测量教师积极促进与学生、同事、教学管理者等之间关系的情况。本书借鉴斯科特（Scotter，J. R.）和莫特维多（Motowidlo，S. J.）[1] 在 1996 年编制的包括工作奉献和人际促进两个因素在内的情境绩效量表中的测量项目，进行适当修订，并在语言表达上予以修正，使其更符合边疆少数民族地区高校多元文化环境的特点，

---

[1]　Van Scotter J. R, Motowidlo, S. J. Interpersonal Facilitation and Job Dedication as Separate Facets of Contextual Performance, Journal of Applied Psychology, 1996 (81): 525 - 531.

如表 5 – 5 所示。

表 5 – 5　情境绩效变量测量题项

变量	题项	参考文献
工作奉献	我不喜欢具有挑战性的教学工作	改编自 Van Scotter J. R.，Motowidlo, S. J.（1996）开发的情境绩效量表
	我会主动解决教学中出现的问题	
	我会自觉克服困难以便出色完成教学任务	
	我注重各种形式的学习，尽量提高教学水平	
	我在工作中能自觉遵纪守法，严于律己	
人际促进	不管是哪个民族的师生，只要有困难我都会主动帮助	
	工作中我喜欢团队合作的氛围	
	我会努力帮助化解单位中出现的各种人际矛盾	
	我喜欢与大家一起分享对教学有利的各种知识和信息	
	我愿意利用自己的人际资源为院系服务	

（三）中介变量

如果将教师社会资本看作是影响教学绩效的外在因素，那么中介变量就是影响教学绩效的内在因素，外因通过内因而对教学绩效产生影响。所以中介变量从边疆少数民族地区高校教师的内因出发，提出教学效能感变量和教学知识获取变量。

1. 边疆少数民族地区高校教师教学效能感测量量表

边疆少数民族地区高校教师教学效能感是指教师基于教学任务和教学能力的分析，对自己的教学与能力的一种知觉和信念，是教师认可和感知到的应承担的教学责任和义务，以及来自教学方面的社会性支持。在教师教学效能感量表选择的过程中，要考虑到不同的教师在不同的学科教学中，其工作内容会有所不同，因此，需要选择具有通用性的量表。吉普逊（Gibson, S.）和德姆博（Dembo, M.）于1984年编制了《教师自我效能感量表》（Teacher Efficacy Scale）[1]，1993 年美国心理学家沃尔弗克（Woolfolk, A. E.）和霍伊（Hoy, W. K.）

---

① Gibson, S., Dembo, M., Teacher Efficacy: A Construct vValidation. Journal of Educational Psychology, 1984（4）: 569–582.

对此量表进行了修订。① 量表具有较高的信度和效度，是目前在国外研究中被广泛使用的一个量表。我国学者黄喜珊和王永红也对此量表的信度给予了研究，Cronbach α 系数达到 0.819，说明量表总体具有较好的信度，② 是一个比较成熟的量表。此外，我国学者俞国良、辛涛和申继亮依据我国的文化环境和教师的特点编制了《教师教学效能感量表》(The Sense of Teaching Efficacy Scale)，③ 辛涛、申继亮和林崇德对其量表试用常模进行了修订。④ 本书中教师教学效能感量表将参考并借鉴这些量表的测量题项，进行适当修订，并在语言表达上加以修正，如表 5 - 6 所示。

表 5 - 6 　边疆少数民族地区高校教师教学效能感变量测量题项

变量	题项	参考文献
教学效能感	对于学习困难的学生，我知道如何去帮助他、掌握适合他的学习方法	改编自 Gibson, S. Dembo, M. (1984) 开发的教师自我效能感量表
	对于开设的新课程，我有信心能很好地完成，且让学生满意	
	对于课堂教学中出现的偶发性问题，我能随机应变，很好地驾驭	
	教育的本质就是激发学生积极向善的愿望	
	我认为大学课堂教学的重点是要培养学生的批判性思维和创新思维	

2. 边疆少数民族地区高校教师教学知识获取测量量表

本书将教师的知识获取界定为教师通过一定的社会关系网络对教学知识的理解、建构和应用的行为过程。这一行为结果是教师通过理解和建构，获得一定质量的教学知识，主要表现在教学知识获取的效果方面。卡明斯（Cummings, J. L. ）与泰恩（Teng, B. S. ）在研究

---

① Woolfolk, A. E. & Hoy, W. K. Teachers' Sense of Efficacy and Organizational Health of Schools, The Elementary School Journal, 1993 (93): 355 - 372.

② 黄喜珊、王永红："教师效能感与社会支持的关系"，载《中国健康心理学杂志》2005 年第 1 期，第 45 - 47 页。

③ 俞国良、辛涛、申继亮："教师教学效能感：结构与影响因素的研究"，载《心理学报》1995 年第 5 期，第 159 ~ 166 页。

④ 辛涛、申继亮、林崇德："教师个人教学效能感量表试用常模修订"，载《心理发展与教育》1995 年第 4 期，第 22 ~ 26 页。

中指出，对教师知识获取的测量主要应从教师是否感知到通过建构获
得了教学知识、对教学知识获取的满意程度和教学知识的有用性这三
方面来测量。卡明斯（Cummings，J. L.）和泰恩（Teng，B. S.）在
《知识转移：影响知识转移成功的关键因素》（Transferring Knowledge：
The Key Factors Affecting Knowledge Ttransfer Success）一文中针对知识
转移效果设计了测试量表；[1] 邱（Chiu，C.）和赫舒（Hsu，M.）等
在《理解社团知识共享：社会资本和社会认知理论集成》（Under-
standing Knowledge Sharing in Virtual Communities：An Integration of So-
cial Capital and Social Cognitive Theories）一文的研究中也设计了知识
分享的量表，其中包括了知识获取的测量，[2] 本书将这两个量表整合
起来，借鉴知识转移效果和知识分享过程中知识获取的相关研究题项，
结合高校教师教学知识获取的特点，在语言表达上进行修正，使其更加
符合教师教学知识的获取这一变量的要求，如表 5 - 7 所示。

表 5 - 7　教师教学知识获取变量测量题项

变量	题项	参考文献
教学知识的获取	我经常能从与学生、同事及教学管理者的交流中获得有助于教学的知识和灵感	整合 Cummings，J. L. & Teng，B. S.（2003）的知识转移量表与 Chiu，C.，Hsu，M.，& Wang，E. T. G.（2006）的知识获取量表
	教学中我向学生传递知识的同时自己也获取了知识	
	我对学校开展各种形式的教学经验交流很满意	
	我希望学校成立教师教学发展中心来促进教师的专业发展	
	教学经验主要靠自己琢磨，很难从别人那里学到	

① Cummings，J. L. & Teng，B. S.，Transferring R & D Knowledge：The Key Factors Affecting Knowledge Transfer Success，Journal of Engineering & Technology Management，2003（20）：39 - 68.

② Chiu，C.，Hsu，M.，& Wang，E. T. G.，Understanding Knowledge Sharing in Virtual Communities：An Integration of Social Capital and Social Cognitive Theories，Decision Support Systems，2006（42）：1872 - 1888.

三、小范围访谈与座谈

要使所设计的问卷真正科学、合理，必须对相关的专家和调查对象进行访谈，并不断修改，否则可能出现闭门造车、纸上谈兵的现象。访谈的目的在于用更加真实的语言来修正由文献阅读所产生的量表内容及可能存在的异议、可能会引起被试者在回答时不易理解或不清晰和模棱两可的题项，以确保所设计的每个题项尽可能合理和恰当。本书中各量表的设计，题项基本来源于国内外已有文献的研究成果，对于英文文献，由于中西文化在语言上的差异，在翻译过程中可能会出现理解偏差，主要通过以访谈和座谈的形式对翻译中不恰当的题项内容进行纠正和加以正确措辞。通过对该研究领域专家的访谈，专家能够准确地把握题项的内容以及测量的目的性和合理性，洞察各变量之间的内在联系，这样能正确把握所设计的各项变量内容是否比较全面地覆盖了所要研究的内容，从而使问卷更加趋于合理和完善；此外，边疆少数民族地区高校教师是本书调查的目标人群，通过与他们的座谈和讨论，能够比较全面地了解量表各题项的语言是否通俗易懂，是否反映了教师的心声，教师们对问卷的整体感觉如何，他们是否愿意做真实的回答，等等。

本书的访谈和座谈时间是在 2014 年 9 月、10 月两个月完成，共 3 位学者专家和 10 位不同民族的高校教师（包括 4 位汉族教师、3 位哈萨克族教师、3 位维吾尔族教师）参与，在取得 3 位专家和 10 位教师同意后，约定具体时间对专家进行专访，与 10 位教师进行了座谈。与专家访谈的内容主要包括三个方面：第一，量表的内容能否比较全面反映出研究的问题？是否遗漏了一些重要内容？第二，调查问卷是否能反映出研究目的与预期结论的一致性？第三，在语言的表达上是否有不清晰或表达不妥之处？与高校教师座谈的问题也聚集于三个方面：第一，量表中各题项的语言表达是否清晰且通俗易懂？是否存在暗示的成分？第二，问卷的内容是否能反映出教师的实际情况？内容是否合理？是否会让教师感到过于冗长？第三，问卷中是否有容易造成误解的内容、容易引起教师的不悦甚至抵触情绪？访谈和座谈在一种温馨愉快的氛围中进行，首先请专家或教师们当场完成调查问卷；接着研究者简单介绍本书涉及的问题、目的及预期的研究结论等，提出讨论的问题；然后认真倾听专家及教师们各自的感想和修改建议，并针对每个问题进行了详细记录。

　　总体上，问卷题项得到了专家和教师们的一致认可，基本上不存在异议，民族教师提出了是否要将问卷翻译成民族语言？通过讨论后，大家认为不翻译更好，因为少数民族地区高校教师的汉语水平基本都达到了 8 级 HSK 水平，完全可以理解问卷内容。因此，问卷最后采纳不翻译成其他民族语言的意见。

第二节　预测问卷的内容与施测

一、预测问卷内容

　　依据上述得到的各量表指标，编制《边疆少数民族地区高校教师社会资本与教学绩效关系调查问卷》。问卷的题项均用 Liket - 5 量表记分法，即 5 代表 "完全同意"；4 代表 "同意"；3 代表 "不确定"；2 代表 "不同意"；1 代表 "完全不同意"。在正式问卷调查实施前，对所编制的初始问卷进行了小范围的预测与修正，如表 5 - 8 所示。

表 5 - 8　研究变量的测量

变量	编号	题项
网络规模	A_1	我性格开朗，喜欢与不同民族的人交朋友
	A_2	学生毕业后还能与我保持各种联系
	A_3	我与自己民族的朋友聚会多，而与其他民族的朋友聚会较少
	A_4	在单位我喜欢与各民族师生员工沟通交流
	A_5	生活中我的朋友主要是自己本民族的

变量	编号	题项
网络凝聚力	B_6	我认为各民族教师之间成立教学团队非常重要
	B_7	如果有教学团队，我非常愿意成为团队成员
	B_8	我认为教师与学生之间应积极组成教学共同体
	B_9	大学就是一个共同体组织，它有助于每位教师的发展
上下级关系	C_{10}	教学督导听完课后常会与我讨论教学中的优缺点，并给予指导和建议
	C_{11}	教学督导对我的教学评价很充分，很有帮助
	C_{12}	学校管理者与教师经常保持沟通与合作，共同研讨教学中存在的问题
	C_{13}	教学管理者及督导和教师的关系非常密切
	C_{14}	我很信任教学管理者和督导，当其他人不理解时我愿意为他们的决策辩护
同事关系	D_{15}	当我在教学中遇到困难时首先会与同事讨论，并寻求帮助
	D_{16}	我喜欢与各民族教师互相合作，共同分享专业发展经验和研讨教学问题
	D_{17}	我很信任同事，当其他人不理解他们时我愿意为他们辩护
	D_{18}	我平时与自己民族的同事交往较多
师生关系	M_{19}	我能及时了解到学生对我教学的满意度
	M_{20}	我常与学生一起讨论学习中遇到的问题，并及时给予指导
	M_{21}	教学中我喜欢以互动的方式与学生共同探索知识
	M_{22}	教学中我以民主平等的方式对待各民族学生
	M_{23}	我对其他民族学生的了解不太多
教学效能感	F_{24}	教育的本质就是激发学生积极向善的愿望
	F_{25}	对于开设的新课程，我有信心能很好地完成，且让学生满意
	F_{26}	对于课堂教学中出现的偶发性问题，我能随机应变，很好地驾驭课堂
	F_{27}	对于学习困难的学生，我知道如何去帮助他/她掌握适合的学习方法
	F_{28}	我认为大学课堂教学的重点是要培养学生的批判性思维和创新思维

续表

变量	编号	题项
教学知识的获取	G_{29}	我经常能从与学生、同事及教学管理者的交流中获得有助于教学的知识和灵感
	G_{30}	教学中我向学生传递知识的同时自己也获取了知识
	G_{31}	我对学校开展各种形式的教学经验交流很满意
	G_{32}	我希望学校成立教师教学发展中心来促进教师的专业发展
	G_{33}	教学经验主要靠自己，很难从别人那里学到
教学行为	H_{34}	对于熟悉的课程我一般不需要花太多的时间去备课
	H_{35}	我注重指导学生使用合适的学习策略和技能
	H_{36}	我常针对教学问题进行教学反思和研究
	H_{37}	课堂教学中我以讲授为主
工作奉献	I_{38}	我不喜欢具有挑战性的教学工作
	I_{39}	我会主动解决教学中出现的问题
	I_{40}	我会自觉克服困难以便出色完成教学任务
	I_{41}	我注重各种形式的学习，尽量提高教学水平
	I_{42}	我在工作中能自觉遵纪守法，严于律己
人际促进	J_{43}	不管是哪个民族的师生，只要有困难我都会主动帮助
	J_{44}	工作中我喜欢团队合作的氛围
	J_{45}	我会努力帮助化解单位中出现的各种人际矛盾
	J_{46}	我喜欢与大家一起分享对教学有利的各种知识和信息
	J_{47}	我愿意利用自己的人际资源为院系服务

注：其中 A_3、A_5、D_{18}、M_{23}、G_{33}、H_{34}、H_{37}、I_{38} 为反向计分题项。

二、预测问卷施测与被试分布

通过小样本数对初始确定的问卷进行预测数据分析，其目的主要是检验预测问卷的有效性问题，最终确定比较完整的正式问卷。量表的质量是实证研究结论的重要保证，而信度和效度是衡量质量的核心指标，[①] 因而信度和效度是量表有效性评价的两个重要方面。本书主

---

① 张红霞：《教育科学研究方法》，教育科学出版社 2009 年版，第 221 页。

要是基于边疆少数民族地区高校教师社会资本的研究，因此选取的研究对象必须是边疆少数民族地区高校的教师，根据本书研究的需要，在预测中主要选取新疆教育学院、喀什师范学院和塔里木大学三所本科院校的民、汉教师。在预测试时，问卷的数量一般为变量的 5～10 倍，本次研究包括 10 个变量，因此 100 份问卷是合理的选择。预测中，发放问卷 120 份（每所大学各 40 份），收回 116 份，剔除无效问卷 25 份，有效问卷 91 份，有效回收率为 75.8%。在有效问卷中，汉族教师 49 人，占 54%；少数民族教师 42 人，占 46%；女性教师 44 人，占 48%；男性教师 47 人，占 52%。问卷施测后，采用 SPSS19.0 对数据进行录入和整理。

三、预测问卷信、效度与探索性因子分析

（一）预测结果的正态性检验

在对调查问卷进行预测分析前，首先要对调查问卷进行正态性检验。一般认为，在偏度绝对值小于 3，峰度绝对值小于 10 的范围内，样本基本上呈现正态分布。[①] 本书在预测问卷中的各变量的均值、标准差、偏度和峰度等统计指标如表 5 - 9 所示，结果表明，偏度绝对值均小于 3，峰度绝对值均小于 10，各数值均在服从正态分布的范围之内，因此可以进行下一步分析。

表 5 - 9 预测问卷正态性检验

变量	题项	均值	标准差	偏度	峰度
网络规模	A_1	4.220	0.772	- 1.145	2.487
	A_2	4.165	0.654	- 0.424	0.368
	A_3	4.418	0.616	- 0.554	- 0.581
	A_4	4.352	0.780	- 1.574	3.716
	A_5	4.231	0.776	- 1.159	2.454

---

① 杨静："供应链内企业间信任的产生机制及其对合作的影响——基于制造业企业的研究"，浙江大学 2006 年博士学位论文。

续表

变量	题项	均值	标准差	偏度	峰度
网络凝聚力	B_6	4.320	0.775	-1.091	0.929
	B_7	4.440	0.703	-1.058	0.599
	B_8	4.396	0.713	-1.126	1.293
	B_9	4.033	0.781	-0.487	-0.124
上下级关系	C_{10}	3.560	0.968	-0.662	0.510
	C_{11}	3.626	0.962	-0.790	0.779
	C_{12}	3.418	1.116	-0.597	-0.272
	C_{13}	3.418	1.0859	-0.422	-0.202
	C_{14}	3.330	1.096	-0.588	-0.202
同事关系	D_{15}	3.890	0.795	-0.884	1.553
	D_{16}	3.868	0.718	-0.167	-0.233
	D_{17}	4.022	0.698	-0.429	0.333
	D_{18}	3.912	0.769	-0.745	1.538
师生关系	M_{19}	3.945	0.765	-0.362	-0.164
	M_{20}	4.098	0.700	-0.337	-0.214
	M_{21}	4.131	0.763	-0.689	0.354
	M_{22}	4.186	0.758	-0.797	0.584
	M_{23}	3.626	0.962	-0.330	-0.471
教学效能感	F_{24}	3.934	0.711	-0.093	-0.511
	F_{25}	4.022	0.759	-0.659	1.391
	F_{26}	4.076	0.601	-0.343	1.084
	F_{27}	4.307	0.740	-1.404	3.799
	F_{28}	4.241	0.793	-1.146	2.124
教学知识的获取	G_{29}	4.241	0.602	-0.155	-0.480
	G_{30}	4.285	0.792	-1.382	2.938
	G_{31}	4.285	0.792	-1.108	1.083
	G_{32}	4.318	0.801	-1.175	1.126
	G_{33}	4.219	0.663	-0.275	-0.739

续表

变量	题项	均值	标准差	偏度	峰度
教学行为	H_{34}	2.439	0.897	0.610	-0.122
	H_{35}	3.011	1.140	0.116	-1.020
	H_{36}	2.527	0.898	0.808	0.042
	H_{37}	4.098	0.578	-0.001	-0.001
工作奉献	I_{38}	3.307	0.985	-0.301	-0.473
	I_{39}	4.175	0.549	0.080	0.028
	I_{40}	4.164	0.563	0.031	-0.034
	I_{41}	4.153	0.648	-1.158	5.205
	I_{42}	4.406	0.595	-0.435	-0.655
人际促进	J_{43}	4.175	0.692	-1.069	3.701
	J_{44}	4.164	0.703	-1.026	3.321
	J_{45}	3.868	0.733	-0.652	1.698
	J_{46}	4.186	0.665	-1.155	4.717
	J_{47}	4.131	0.846	-1.270	2.716

（二）预测问卷 CILC 与信度分析

信度（Reliability）是对测量工具可靠性的度量，主要是指论证方法和数据的可信性，衡量测量结果的一致性（数据或结论）和稳定性。量表的一致性是指量表中各测量题项之间是否具有相同的内容或特质，反映的是题项间的关系；而量表的稳定性是指同一量表在不同时间上重复测试同一被试群体所得到的测量结果之间的差异，反映的是量表的可靠性程度。信度通常可采用重测信度（test-retest reliability）、复本信度（parallel-forms reliability）、折半信度（spilt-half reliability）和内部一致性系数（也称 α 系数，科隆巴赫 Cronbach α 系数）等方法来测量。科隆巴赫 Cronbach α 系数是对被试在问卷上显示的态度的一致性（即不出现矛盾）的考查。[1] 是一种可直接分析各题项之间一致性或相关程度的指标，适合于对定距尺度测试量表的信度检测，尤其在

---

[1] 张红霞：《教育科学研究方法》，教育科学出版社 2009 年版，第 222～223 页。

Likert 量表法中经常使用。通常情况下，Cronbach α 系数在 0.65 ~ 0.7 之间是最小可接受值，达到 0.7 以上属于高信度值。[①] 此外，雏查尔（Churchill，G. A.）强调，在进行探索性因素分析前要对测量题项进行净化，并且要删除 "垃圾题项"，一般是通过校正的题项—总分相关系数（Corrected Item-Total Correlation，CITC）进行净化，如果 CITC 值小于 0.5 并且在删除后可以增加 α 系数值的题项则予以删除。[②] 本书的量表没有进行多次重复测量，所以采用 Cronbach α 系数来评价量表信度，以 α 系数大于 0.7 为标准，即信度符合量表设计要求；另外，CITC 值小于 0.5 并且在删除后可以增加 α 系数值的题项则予以删除。通过运用 SPSS19.0 对收集的数据进行 Cronbach α 系数和 CITC 值计算，各量表的 Cronbach α 系数与 CITC 值检验结果如表 5 – 10 所示。

表 5 – 10　各量表 CITC 值与信度检测结果

变　量	题项	项已删除的均值	项已删除的方差值	CITC	项已删除的 Cronbach's α
网络规模	A_1	182.142	346.902	0.594	0.938
	A_2	182.197	349.049	0.500	0.938
	A_3	181.945	349.964	0.593	0.938
	A_4	182.011	346.278	0.510	0.937
	A_5	182.131	357.605	0.367	0.938
网络凝聚力	B_6	182.033	342.743	0.639	0.937
	B_7	181.923	343.516	0.679	0.936
	B_8	181.967	345.254	0.601	0.937
	B_9	182.329	346.201	0.512	0.937

---

① 侯杰泰、温忠麟、成子娟：《结构方程模型及其应用》，教育科学出版社 2004 年版，第 16 ~ 21 页。

② Churchill, G. A. A Paradigm for Developing Better Measures of Marketing Constructs, Journal of Marketing Research, 1979 (16)：64 – 79.

变 量	题项	项已删除的均值	项已删除的方差值	CITC	项已删除的 Cronbach's α
上下级关系	C_{10}	182.802	340.405	0.570	0.937
	C_{11}	182.736	338.085	0.641	0.936
	C_{12}	182.945	338.186	0.542	0.937
	C_{13}	182.945	335.608	0.626	0.937
	C_{14}	183.033	338.321	0.550	0.937
同事关系	D_{15}	182.472	342.319	0.637	0.937
	D_{16}	182.494	360.675	0.243	0.937
	D_{17}	182.340	344.338	0.651	0.937
	D_{18}	182.450	343.095	0.632	0.937
师生关系	M_{19}	182.417	346.446	0.515	0.937
	M_{20}	182.263	344.307	0.651	0.937
	M_{21}	182.230	345.157	0.563	0.937
	M_{22}	182.175	345.902	0.539	0.937
	M_{23}	182.736	354.463	0.481	0.938
教学效能感	F_{24}	183.428	355.825	0.076	0.938
	F_{25}	182.340	348.316	0.552	0.938
	F_{26}	182.285	351.406	0.641	0.938
	F_{27}	182.054	347.608	0.590	0.938
	F_{28}	182.120	346.685	0.558	0.938
教学知识的获取	G_{29}	182.120	349.107	0.643	0.937
	G_{30}	182.076	344.138	0.576	0.937
	G_{31}	182.076	351.250	0.331	0.939
	G_{32}	182.044	345.798	0.612	0.937
	G_{33}	182.142	349.279	0.583	0.938
教学行为	H_{34}	183.923	363.694	-0.082	0.942
	H_{35}	182.351	346.742	0.685	0.938
	H_{36}	182.835	345.517	0.511	0.937
	H_{37}	182.263	350.930	0.582	0.938

变　量	题项	项已删除的均值	项已删除的方差值	CITC	项已删除的Cronbach's α
工作奉献	I_{38}	182.054	355.608	0.238	0.938
	I_{39}	183.186	352.020	0.455	0.938
	I_{40}	182.197	351.472	0.570	0.938
	I_{41}	182.208	344.234	0.708	0.936
	I_{42}	181.956	349.820	0.517	0.938
人际促进	J_{43}	182.186	343.576	0.687	0.936
	J_{44}	182.197	344.894	0.624	0.937
	J_{45}	182.494	350.208	0.599	0.938
	J_{46}	182.175	342.435	0.765	0.936
	J_{47}	182.230	354.446	0.259	0.937

　　预测问卷中校正的题项—总分相关系数（Corrected Item-Total Correlation，CITC）检验结果显示：CITC 值在 0.5 以下的项目主要有 A_5、D_{16}、M_{23}、F_{24}、G_{31}、H_{34}、I_{38}、I_{39}、J_{47} 九个题项。在网络规模、同事关系、师生关系、教学效能感、教学知识的获取、教学行为以及工作奉献和人际促进这些变量中，CITC 净化前的 α 系数分别是 0.724、0.750、0.685、0.623、0.694、0.524、0.680、0.704，净化后 α 系数分别为 0.825、0.852、0.791、0.708、0.783、0.825、0.812、0.806，Cronbach's α 系数前后变化比较大，因此将 A_5、D_{16}、M_{23}、F_{24}、G_{31}、H_{34}、I_{38} I_{39}、J_{47} 这九个题项予以删除。预测问卷在净化前 α 系数为 0.925，净化后 α 系数为 0.946。表 5 - 11 所示的信度检验中，CITC 值净化后各变量的 Cronbach' α 系数均在 0.7 以上，说明各变量具有较高的信度，由此说明研究量表的内部一致性较好，CITC 值净化后调查问卷各维度变量的测量题项符合要求。

表 5 – 11   CITC 净化前后变量的信度比较

变量	净化前 α 系数	净化后 α 系数
网络规模	0.724	0.825
网络凝聚力	0.849	0.849
上下级关系	0.716	0.716
同事关系	0.750	0.852
师生关系	0.685	0.791
教学效能感	0.623	0.708
教学知识的获取	0.694	0.783
教学行为	0.524	0.825
工作奉献	0.680	0.812
人际促进	0.704	0.806

(三) 预测效度分析

效度是对测量工具有效性的反映，是指测量的结果能够真正反映测量目的和意图的程度，是衡量测评工具的核心指标。在理论界关于效度的测量主要有表面效度（face validity）、内容效度（content validity）、构造效度（construct validity）和标准参照效度（criterion-related validity）这几种类型。表面效度指依据常识的判断，题项内容的字面含义与待测变量的相关性，它通常会受到问题表述的明确性、逻辑性及选项设置的合理性等因素的影响。内容效度指测量工具能够测出的内容和各个方面与待测变量所涵盖的内容方面的定性比较，它的有效程度通常取决于测量项目产生的实际背景。构造效度（又称结构效度）是指测量工具对所测量现象在多种理论上的构成维度及其关系反映的准确程度，即问卷中的问题与被研究理论概念之间的一致性程度。标准参照效度（又称效标效度）是指测量的结果与已有标准的一致性程度，它往往是通过测验分数和效标分数之间的关系来建立的。[①]这四种效度分别代表了效度的不同侧面，表面效度是依据常识进行判断，内容效度是依据与变量有关的理论进行判断，构造效度是一种总

---

① 张红霞：《教育科学研究方法》，教育科学出版社 2009 年版，第 223 ~ 224 页。

体性的、评价性的判断，标准参照效度依据参照标准进行判断。内容效度和构造效度的代表性较强，通常量表开发都以检测这两种效度来作为量表总体效度的判断标准。本书也将以内容效度和构造效度作为评价各量表效度的依据，对于表面效度和标准参照效度将不做检测。

内容效度是建立理论变量与指标关系的关键，也是建立构造效度的必要条件。大体而言，当量表中的测量项目涵盖了它要测量内容的代表性项目，可以反映测量内容特征时，就可以认为量表具有内容效度。但如何测量内容效度，目前统计学上还没有一个正式的统计测量方法，大都只能依据已有的文献研究成果和通过访谈的方式来对量表的综合性程度进行判断，如果变量的题项来源于已有的研究文献，则可认为量表具有内容效度。本书中边疆少数民族地区高校教师社会资本量表是基于系统的国内外已有理论文献与相关问卷的分析和整理的基础来确定各测量变量的题项，问卷题项设计完成之后，为了使问卷内容更符合调查的实际，还在小范围内对教学领域理论界的研究学者进行了访谈，与调查目标人群进行了座谈，在此基础上对个别指标的语义描述进行了修改。因此，可以认为边疆少数民族地区高校教师社会资本的调查量表、教学效能感量表、教学知识获取量表及教学行为量表和情境绩效量表均具有较高的内容效度。

构造效度主要反映的是量表与所依据的理论相契合的程度，对于构造效度的检测，探索性因子分析（Explorative Factor Analysis，EFA）是常用的检测方法，通过探索性因子分析，可以将具有错综复杂关系的变量概括为几个核心因子，从而找到多元观测变量的本质结构，以发展新的理论假设。因此，如果能通过探索性因子分析有效地提取量表中的共同因子，且与理论结构接近，则可以认为量表具有构造效度。本书中边疆少数民族地区高校教师社会资本量表的五个观察变量主要是依据已有文献的理论推演而来的，相关测量题项也是借鉴了已有的研究量表，并通过实地访谈收集到第一手资料，在此基础上编订量表，所以在预测试中需要对其进行信度检测和探索性因子分析。教学效能感量表、教学知识获取量表及教学行为量表和情境绩效量表则只做信度检测，在正式样本数据中，通过对其进行验证性因子分析，检测结构模型与样本数据是否契合，各观察变量（测量指标）能否作为各潜在变量的测量变量（指标）。

本书主要采用主成分分析方法（Principle Component analysis Methods）对边疆少数民族地区高校教师社会资本变量进行探索性因子分析，提取公共因子，采用最大方差数法（varimax）进行旋转以获得一个更为简单的负荷结构，采用特征值（eigenvalue）大于 1 这一标准来选择因子个数，即因子的特征值小于或等于 1 的将不纳入因子提取范围。对量表区分效度的评价将遵循吴明隆在《问卷统计与分析实务》一书中的三项原则：（1）如果题项只有一个因子，那么内部一致性特点是不成立，则删除；（2）题项要具有收敛效度，则所属因子的载荷量必须大于 0.5，否则删除；（3）每一题项所对应的因子载荷必须接近 1（越大越好），但在其他因子的载荷必须接近于 0（越小越好），才表明具有区分效度，因此，如果项目在所有因子的载荷均小于 0.5，或者在两个或两个以上因子的载荷大于 0.5，属于横跨因子现象，应该删除。[①] 这三项标准主要是防止了概念测量的单因子性和测量项目横跨因子的现象。一般来说，变量如果要做因子分析，适宜做因子分析的条件是各变量之间必须具有较高的相关性。相关性检验方法可采用 KMO 取样适合度检验（Kaiser-Meyer-Olkin Measure of Sampling Adequacy）和 Bartlett 球体检验（Bartlett test of sphericity）方法。KMO 取样适合度检验的基本原理是计算所有变量的简单相关系数的平方和与这些变量之间的偏相关系数的平方和之差，KMO 越接近 1，越适合于做因子分析，通常使用的主观标准是：KMO 在 0.9 以上，表明非常适合；在 0.8~0.9 之间，表明很适合；在 0.7~0.8 之间，表明适合；在 0.6~0.7 之间，表明不太适合；在 0.5~0.6 之间，表明很勉强；而如果低于 0.5，则被认为不适合。Bartlett 球体检验的统计量主要是看卡方 χ^2 的分布情况，从整个相关系数矩阵来判断是否适合做因子分析，可以通过常规的假设检验来判断相关系数矩阵是否显著异于零，

---

① 吴明隆：《问卷统计分析实务》，重庆大学出版社 2014 年版。

当拒绝零假设 H_0 时，就可以做因子分析。[①] 根据这一原则，KMO 值在 0.7 以上的，且 Barlett 球型度检验的统计显著性概率小于或等于显著性水平，则进行因子分析。

1. 边疆少数民族地区高校教师结构性社会资本效度检验结果

边疆少数民族地区高校教师社会资本是由结构性社会资本和关系资源社会资本两个维度构成，而这两个维度又包括不同的测量要素，因此需要检验各测量要素是否具有构造效度，采用 SPSS19.0 进行效度检验。

结构性社会资本问卷由 8 个测量变量构成，通过分析这 8 个测量变量的相关矩阵，变量总体 KMO 值为 0.810，具有良好的因素分析适应性，Bartlett 球体检验的近似卡方值（χ^2）为 295.321（$df = 28$，$P < 0.000$），8 个测量变量之间呈显著性相关，符合做因子分析的条件，通过主成分分析方法，8 个测量变量高一阶合成 2 个因子，累计解释方差为 65.27%，如表 5 - 12 所示。表 5 - 13 所示的成分矩阵结果显示，测量变量 A_1、A_2、A_3、B_6、B_7、B_8、经正交旋转后标准化因子负荷都显著高于 0.6（研究建议的最低临界水平），且 $P < 0.000$，具有较强的统计显著性，表明具有较好的内敛效度，其中 A_1、A_2 和 A_3 对应了网络规模潜变量，B_6、B_7、B_8 对应了网络凝聚力潜变量。而测量变量 A_4、A_5 和 B_9 经正交旋转后标准化因子负荷低于 0.6，属无效测量变量，因此在问卷中将这三个题项予以删除。

表 5 - 12　结构性社会资本提取因子的特征值和方差解释

成分	初始特征值和方差贡献		
	特征值	方差贡献率/%	累积方差贡献率/%
1	3.868	48.356	48.356
2	1.353	16.914	65.270
3	0.673	8.408	73.678
4	0.594	7.425	81.103

① 谢荷锋："企业员工知识分享中的信任问题实证研究"，浙江大学 2007 年博士学位论文，第 123 页。

成分	初始特征值和方差贡献		
	特征值	方差贡献率/%	累积方差贡献率/%
5	0.554	6.927	88.030
6	0.447	5.587	93.617
7	0.296	3.702	97.319
8	0.214	2.681	100.000

表 5-13　结构性社会资本探索性因素分析结果

变量	因子 1	因子 2
B7	0.812	
B8	0.811	
B6	0.806	
B9	0.423	
A1		0.924
A3		0.883
A2		0.762
A4		0.501
A5		0.348
KMO	0.810	
Bartlett 球体检验	近似卡方值 (χ^2)	295.321
	自由度 (df)	28
	显著性 ($Sig.$)	0.000

2. 边疆少数民族地区高校教师关系资源社会资本效度检验结果

边疆少数民族地区高校教师关系性社会资本问卷由 12 个测量变量构成，通过分析这 12 个测量变量的相关矩阵，变量总体 KMO 值为 0.817，具有良好的因素分析适应性，Bartlett 球体检验的近似卡方值 (χ^2) 为 851.184（$df=66$，$P<0.000$），12 个测量变量之间呈显著性相关，符合做因子分析的条件，通过主轴因素分析法，12 个测量变量高一阶合成 3 个因子，累计解释方差为 70.245%，如表 5-14 所示。

表 5 – 15 所示的成分矩阵结果显示，11 个测量变量经正交旋转后标准化因子负荷都显著高于 0.6（研究建议的最低临界水平），且 $P < 0.000$，具有较强的统计显著性，表明具有较好的内敛效度，其中 C_{10}、C_{11}、C_{12}、C_{13} 和 C_{14} 对应了上下级关系潜变量，D_{15}、D_{17} 和 D_{18} 对应了同事关系潜变量，M_{19}、M_{20}、M_{21} 和 M_{23} 对应了师生关系潜变量。而测量变量 C_{13} 经正交旋转后标准化因子负荷低于 0.6，属无效测量变量，因此在问卷中将这一题项予以删除。

表 5 – 14　关系性社会资本提取因子的特征值和方差解释

成分	初始特征值和方差贡献		
	特征值	方差贡献率/%	累计方差贡献率/%
1	5.774	48.120	48.120
2	2.267	18.893	67.013
3	1.214	10.113	77.126
4	0.648	5.397	82.523
5	0.549	4.572	87.095
6	0.490	4.083	91.178
7	0.312	2.601	93.779
8	0.203	1.693	95.472
9	0.187	1.558	97.030
10	0.164	1.365	98.395
11	0.124	1.034	99.429
12	0.068	0.571	100.000

表 5 – 15　关系性社会资本探索性因素分析结果

变量	因子 1	因子 2	因子 3
C14	0.883		
C10	0.868		
C12	0.785		
C11	0.723		
C13	0.521		
M22		0.817	

续表

变量	因子1	因子2	因子3
M19		0.809	
M20		0.788	
M21		0.769	
D15.819			
D18.806			
D17.727			
KMO	0.817		
Bartlett 球体检验	近似卡方值（χ^2）	851.184	
	自由度（df）	66	
	显著性（$Sig.$）	0.000	

3. 边疆少数民族地区高校教师社会资本效度检验结果

依据理论分析，本书确定了边疆少数民族地区高校教师社会资本的五个潜变量，20 个测量变量，为确定这 20 个测量变量是否具有构造效度，能否真正作为高校教师社会资本的测量内容，需要对其进行探索性因子分析。通过分析 20 个测量变量的相关矩阵，变量总体 KMO 值为 0.828，具有良好的因素分析适应性，Bartlett 球体检验的近似卡方值（χ^2）为 1280.789（$df = 190$，$P < 0.000$）。20 个测量变量之间呈显著性相关，符合做因子分析的条件，通过主轴因素分析法，20 个测量变量高一阶合成 5 个因子，累计解释方差为 70.371%，如表5 – 16 所示。而表 5 – 17 所示的成分矩阵结果显示，在 20 个测量变量中，有 16 个测量变量经正交旋转后标准化因子负荷都显著高于 0.6（研究建议的最低临界水平），且 $P < 0.000$，具有较强的统计显著性，表明具有较好的内敛效度，其中 A_1、A_2 和 A_3 对应了网络范围潜变量，B_6、B_7、B_8 对应了网络凝聚力潜变量，C_{10}、C_{12}、C_{14} 对应了上下级关系潜变量，D_{15}、D_{17}、D_{18} 对应了同事关系潜变量，M_{19}、M_{20}、M_{21}、M_{22} 对应了师生关系潜变量，表明其具有较好的内敛效度。

表 5 – 16　社会资本提取因子的特征值和方差解释

成分	初始特征值和方差贡献		
	特征值	方差贡献率/%	累计方差贡献率/%
1	10.705	38.231	38.231
2	3.311	11.824	50.056
3	2.395	9.553	59.609
4	1.775	7.338	66.947
5	1.519	6.929	73.876
6	0.756	3.782	77.657
7	0.673	3.365	81.022
8	0.585	2.927	83.948
9	0.535	2.677	86.625
10	0.502	2.510	89.136
11	0.459	2.295	91.430
12	0.360	1.799	93.229
13	0.289	1.446	94.676
14	0.232	1.159	95.834
15	0.198	0.992	96.826
16	0.177	0.884	97.710
17	0.163	0.817	98.527
18	0.139	0.695	99.221
19	0.104	0.522	99.743
20	0.051	0.257	100.000

表 5 – 17　社会资本探索性因素分析结果

变量	因子 1	因子 2	因子 3	因子 4	因子 5
A1	0.875				
A3	0.872				
A2	0.708				
A4	0.417				
B8		0.793			

续表

变量	因子1	因子2	因子3	因子4	因子5
B7		0.724			
B6		0.701			
B5		0.530			
C14.865					
C12.806					
C10.798					
C11.328					
C13.487					
D15	0.794				
D18	0.776				
D17	0.652				
M22		0.785			
M19		0.782			
M20		0.760			
M21		0.742			
KMO	0.828				
Bartlett 球体检验	近似卡方值 (χ^2)		1280.789		
	自由度 (df)		190		
	显著性 ($Sig.$)		0.000		

而测量变量 A_4、B_5、C_{11} 和 C_{13} 经正交旋转后标准化因子负荷低于 0.6，属无效测量变量，因此在问卷中将这四项予以删除。

边疆少数民族地区高校教师社会资本的探索性因子分析结果显示，高校教师社会资本及其各变量的测量量表具有较好的信度和效度，可以作为后续测量的测量工具。

第三节 正式问卷的形成与施测

一、正式问卷的形成与被试样本

最终，通过对 91 个被试的预测试，问卷的信度和效度均达到了要求。通过对校正的项目—总分相关系数（Corrected Item – Total Correlation，CITC）检验，如果 CITC 值小于 0.5 并且在删除后可以增加 a 系数值的题项则予以删除，因此，删除 A_5、D_{16}、M_{23}、F_{24}、G_{31}、H_{34}、I_{38}、I_{39}、J_{47} 这九个无效测量题项，通过对边疆少数民族地区高校教师社会资本量表的探索性因素分析，删除 A_4、B_5、C_{11} 和 C_{13} 这四个无效的测量题项，在删除了这 13 个测量题项之后，本书将所有测量变量的量表编制成正式的调查问卷。《边疆少数民族地区高校教师社会资本与教学绩效关系》调查问卷由两个部分组成，第一部分是调查对象的个人基本信息，包括性别、民族、年龄、教龄、学历五方面内容；第二部分为本问卷的主体部分，即边疆少数民族地区高校教师社会资本对教学绩效影响的相关调查，包括高校教师社会资本量表 16 道测试题，其中，网络规模（3 题）、网络凝聚力（3 题）、上下级关系（3 题）、同事关系（3 题）、师生关系（4 题）；教学效能感量表 4 道测试题；教学知识获取量表 4 道测试题；教学绩效量表 15 道测试题，其中，教学行为（3 题）、工作奉献（3 题）、人际促进（4 题），教学结果主要是针对调查对象所取得的教学成果，主要包括教学成果的发表和课堂教学评价结果两部分内容，共设计 5 个题项。正式调查问卷共计 39 道测试题项，其中第 3、12、24、27 题为反向计分题项。问卷使用 Likert 5 点计分制，其中"完全同意"为 5 分、"同意"为 4 分、"不确定"为 3 分、"不同意"为 2 分、"完全不同意"为 1 分。具体调查问卷可参见附录 1。

在进行大样本的抽样调查中，调查对象主要选取了西藏自治区的西藏 A 大学、内蒙古自治区的内蒙古 A 大学、新疆维吾尔自治区的新疆 A 大学、新疆 B 大学、新疆 C 学院和新疆 D 学院六所高校,共发放问卷 500 份,其中西藏 A 大学、内蒙古 A 大学、新疆 A 大学和新疆 B 大学各 100 份,新疆 C 学院和新疆 D 学院各 50 份。收回 492 份,我们首先对收回的问卷进行了筛选,筛选的标准主要依据三个方面:第一,题项填写时有太多的缺失处;第二,题项填写时表现出较严重的极端性,如所有题项或三分之二以上的题项都是只选"同意"或者是"不同意"项的;第三,所选的题项表现出自相矛盾的。经筛选后,剔除了 61 份无效问卷,最终的有效问卷 431 份,有效问卷回收率约 86.2%,其样本分布如表 5-18 所示。这些高校的特点是:高校师生主要是由汉族和各少数民族师生组成,教学中全部采用汉语和少数民族语言教学,即采用两种或两种以上不同民族语言。

表 5-18 调查样本人数分布

高 校	男		女		总 计
	汉族	民族	汉族	民族	
西藏 A 大学	21	17	19	30	87
内蒙古 A 大学	16	12	20	29	77
新疆 A 大学	26	25	28	11	90
新疆 B 大学	24	24	25	20	93
新疆 C 学院	9	13	11	10	43
新疆 D 学院	11	8	13	9	41
总计	107	99	116	109	431

二、问卷各量表的描述性统计与信度检验分析

(一) 量表各维度的描述统计分析

本研究变量包括自变量 (5 个)、中间变量 (2 个) 和因变量 (4 个),这些变量均为不可直接观测的潜变量,因此,需要对其进行赋值。在统计学中,有两种常用的赋值方法,一是运用均值的方法来直接计算潜变量的值;二是运用因子分析的方法计算各因子值,并将其作为潜变量的计算值。本书采用第一种方法对变量赋值。赋值后研究

变量的描述性统计结果如表 5 - 19 所示。

表 5 - 19 教师社会资本维度描述统计

维度	频数	最小值	最大值	均值	标准差
网络规模	431	4.00	15.00	10.457	2.540
网络凝聚力	431	3.00	15.00	10.385	2.349
上下级关系	431	3.00	15.00	10.824	2.424
同事关系	431	3.00	15.00	10.464	2.422
师生关系	431	4.00	20.00	14.385	3.059

1. 边疆少数民族地区高校教师社会资本

边疆少数民族地区高校教师社会资本分为网络规模、网络凝聚力、上下级关系、同事关系和师生关系五个子维度，共 16 道题。

从表 5 - 19 中可以看出，网络规模的均值为 10.457，网络凝聚力的均值为 10.385，上下级关系的均值为 10.824，同事关系的均值为 10.464，师生关系的均值为 14.385。说明边疆少数民族地区高校教师的社会资本是可以由网络规模、网络凝聚力、上下级关系、同事关系和师生关系这五个方面组成，即这五个方面对教师社会资本具有解释力。之所以师生关系变量的均值高于其他四个变量，这是因为师生关系的题项有 4 道，而前四个变量的题项只有 3 道导致的，题项多分数自然要高些。进一步将各变量的均值除以题项数发现，师生关系题项的均值为 3.596，而其他四项分别为：3.485、3.416、3.608 和 3.484，师生关系变量还是略高于其他四项，且在标准差的数值上，师生关系的标准差稍大于其他四个变量的标准差，说明师生关系的离散程度略高于其他四个变量的离散程度。因此，整体来说，边疆少数民族地区高校教师的社会资本的来源更倾向于师生关系。

2. 边疆少数民族地区教师社会资本与教学绩效关系的中介变量

边疆少数民族地区高校教师社会资本与教学绩效关系的中介变量包括教师教学效能感和教学知识获取两个变量，各 4 个题项，共 8 道题。

表 5 – 20　中介变量描述统计

维度	频数	最小值	最大值	均值	标准差
教学效能感	431	5.00	20.00	14.708	3.063
教学知识的获取	431	5.00	20.00	14.596	3.172

由表 5 – 20 可知，在中介变量中，教师教学效能感的均值为14.708，教学知识获取的均值为14.596，说明两者的均值都较高且差异不大，同时，标准差的差异也不明显。

3. 边疆少数民族地区高校教师教学绩效

边疆少数民族地区高校教师教学绩效分为教学行为、教学结果、工作奉献、人际促进四个子维度，共15道题。

表 5 – 21　教学绩效维度描述统计

维度	频数	最小值	最大值	均值	标准差
教学行为	431	3.00	15.00	10.988	2.469
教学结果	431	6.00	25.00	19.086	3.302
工作奉献	431	3.00	15.00	10.956	2.554
人际促进	431	5.00	20.00	14.633	3.132

由表 5 – 21 可以看出，在教学绩效的四个维度中，教学行为的均值为10.988，工作奉献的均值为10.956，这两者的均值都较高但差异不大，且标准差的差异也不明显，这是由于这两个变量具有相同数量的题项，均为3道题项；而人际促进的均值为14.633，教学结果的均值为19.086，这是由于人际促进变量有4个题项，而教学结果变量是5个题项，进一步将各变量的均值除以题项数发现，人际促进为3.658，教学结果为3.817，且这两者的标准差差异不大，数据值均比较集中。表明高校教师教学绩效更趋向于由教学结果而定。

（二）量表的描述性统计与信度检验分析

在大样本的条件下，首先运用 SPSS19.0 对各观察变量数据的均值与标准差进行描述性统计分析，以了解数据的集中趋势与离散趋势；然后通过对样本数据的分析，来检测量表的各测试题项之间是否具有内部一致性，以此确定各潜在量表的信度，由于本书没有进行多次重复测量，所以对测量题项的内部一致性检验将采用可直接分析各题项之间一致性或相关程度的 Cronbach α 系数作为评价标准。样本数据的描述性统计分析与信度检验的结果如表 5 – 22 所示，各潜在变量的 Cronbach's α 值均在 0.80 以上，表明各量表测试题项内部的一致性和稳定性程度较高，各量表均具有良好的信度。

表 5 – 22　各潜在变量的描述性统计与信度检验结果

变量	题项	均值	标准差	Cronbach's α
网络规模	A_1	3.466	0.896	0.939
	A_2	3.471	0.886	
	A_3	3.520	0.909	
网络凝聚力	B_4	3.476	0.851	0.912
	B_5	3.464	0.853	
	B_6	3.446	0.841	
上下级关系	C_7	3.568	0.910	0.885
	C_8	3.601	0.896	
	C_9	3.654	0.883	
同事关系	D_{10}	3.504	0.889	0.915
	D_{11}	3.439	0.841	
	D_{12}	3.522	0.889	
师生关系	M_{13}	3.599	0.843	0.901
	M_{14}	3.636	0.8516	
	M_{15}	3.555	0.879	
	M_{16}	3.596	0.907	
教学效能感	F_{17}	3.664	0.8466	0.898
	F_{18}	3.708	0.872	
	F_{19}	3.668	0.865	
	F_{20}	3.668	0.914	

续表

变量	题项	均值	标准差	Cronbach's α
教学知识的获取	G_{21}	3.669	0.899	0.891
	G_{22}	3.589	0.910	
	G_{23}	3.643	0.883	
	G_{24}	3.696	0.959	
教学行为	H_{25}	3.680	0.917	0.878
	H_{26}	3.668	0.899	
	H_{27}	3.640	0.937	
教学结果	K_{28}	3.671	1.188	0.823
	K_{29}	3.845	0.799	
	K_{30}	3.849	0.767	
	K_{31}	3.87	0.744	
	K_{32}	3.856	0.730	
工作奉献	I_{33}	3.652	0.9545	0.833
	I_{34}	3.645	1.005	
	I_{35}	3.659	0.989	
人际促进	J_{36}	3.636	0.945	0.850
	J_{37}	3.631	0.945	
	J_{38}	3.698	0.948	
	J_{39}	3.668	0.932	

三、样本的验证性因素分析

为确保样本数据质量,探究样本数据与本书中所设的理论结构模型是否契合,观察变量是否可以有效地作为潜在变量的测量指标,除检验量表的信度外,还需要对量表建构效度的适切性和真实性进行验证性因素分析。本部分将主要运用结构方程模型统计软件AMOS17.0来测量模型,运用最大似然估计法(Maximum Likehood Estimation,MLE)对自变量(边疆少数民族地区高校教师的社会资本)、中间变量(教师教学效能感、教师教学知识获取)及因变量(教师教学绩效）进行验证性因素分析，对各变量进行拟合程度的检验，以此确保量表的理论模型与实际搜集的数据是否契合，指标变量能否有效地反映潜变量的特点。如果测量模型中的调整拟合指数 AGFI（adjusted goodness of fit index）、比较拟合指数 CFI（comparative fit index）、相对拟合指数 RFI（relative fit index）、非标准拟合指数 TLI（Tucker-Lewis index = non-normed fit index）、标准拟合指数 NFI（normed fit index）、拟合优度指数 GFI（goodness of fit index）等都大于 0.9，标准化残差平方根 SRMR（standardized root mean square residual）小于 0.05，则测量模型的拟合度是可接受的。[①]

（一）教师社会资本的验证性因素分析

第二章的文献综述部分表明，边疆少数民族地区高校教师社会资本内部各变量之间存在相互影响和互相依存的关系，因此在进行验证性因素分析时将采用多因素斜交模型进行分析，所得到的分析结果如表 5 – 23 所示。从教师社会资本一阶验证性因素分析的结果和拟合系数来看，各量表的测试题项与其对应的潜在变量之间具有较高的一致性和适切性，各项拟合指数均符合要求，说明各测量变量的内部结构良好，即量表具有良好的结构效度，符合结构方程建模检验的要求，适合做结构方程的建模分析，并且各变量之间具有一定的相关性，这也表明理论中所推论的各维度之间的相关关系是成立的，进一步表明高校教师社会资本的各因素之间是相互影响和相互促进的，这些因素将形成高校各民族教师相互团结、促进发展的有利社会环境。

表 5 – 23　教师社会资本理论模型验证性因素分析结果与拟合系数

	Estimate	S. E.	标准化因子载荷	C. R.
A3←网络规模	1.000		0.908	
A2←网络规模	1.016	0.031	0.947	32.816 ***
A1←网络规模	0.968	0.034	0.892	28.725 ***

① Gefen, D., Straub, D. W., Boudreau, M. C. Structural Equation Modeling and Regression: Guideline for Research Practice, Communications of the Association for Information Systems, 2000 (4): 1 – 70.

续表

	Estimate	S. E.	标准化因子载荷	C. R.
B6←网络凝聚力	1.000		0.858	
B5←网络凝聚力	1.094	0.042	0.926	25.767 ***
B4←网络凝聚力	1.018	0.044	0.864	23.267 ***
C9←上下级关系	1.000		0.847	
C8←上下级关系	1.096	0.047	0.916	23.490 ***
C7←上下级关系	0.960	0.050	0.790	19.345 ***
D12←同事关系	1.000		0.838	
D11←同事关系	1.055	0.042	0.934	25.024 ***
D10←同事关系	1.064	0.045	0.891	23.572 ***
M15←师生关系	1.000		0.843	
M14←师生关系	0.961	0.046	0.836	20.977 ***
M13←师生关系	0.910	0.046	0.801	19.639 ***
M16←师生关系	1.047	0.048	0.856	21.732 ***
CMIN：221.829	DF：94	CMIN/DF：2.360		
SRMR：0.020	AGFI：0.910	CFI：0.978	RFI：0.952	
IFI：0.978	TLI：0.972	GFI：0.938	NFI：0.963	

注："***"代表 $p < 0.001$。

(二) 教师教学绩效的验证性因素分析

边疆少数民族地区高校教师教学绩效量表包括教学任务绩效（教学行为、教学结果）和情境绩效（工作奉献、人际促进）两方面，其中，教学行为、工作奉献及人际促进量表主要采用了相对成熟的量表，教学结果量表是由客观的题项组成的，所以只需要对量表的内部结构质量予以验证即可，运用验证性因素分析分别对任务绩效和关系绩效测量模型进行检验，检验结果如表 5-24 和表 5-25 所示。从高校教师教学任务绩效与教学情境绩效一阶验证性因素分析的结果和拟合系数来看，各量表的测试题项与其对应的潜在变量之间具有较高的一致性和适切性，各项拟合指数均符合条件，说明教学任务绩效测量模型与教学情境绩效测量模型均具有良好的结构效度与较好的拟合结果，适合做结构方程的建模分析。

表 5 – 24　教师教学任务绩效理论模型验证性因素分析结果与拟合系数

	Estimate	S. E.	标准化因子载荷	C. R.
H27←教学行为	1.000		0.862	
H26←教学行为	0.952	0.046	0.855	20.681 ***
H25←教学行为	0.914	0.047	0.805	19.301 ***
K30←教学结果	1.000		0.722	
K29←教学结果	1.036	0.076	0.718	13.594 ***
K28←教学结果	1.397	0.113	0.651	12.389 ***
K31←教学结果	0.964	0.071	0.717	13.581 ***
K32←教学结果	1.025	0.070	0.778	14.607 ***
CMIN：25.574	DF：19		CMIN/DF：1.346	
SRMR：0.018	AGFI：0.972	CFI：0.996	RFI：0.977	
IFI：0.996	TLI：0.994	GFI：0.985	NFI：0.985	

注："***"代表 $p < 0.001$。

表 5 – 25　教师情境绩效理论模型验证性因素分析结果与拟合系数

	Estimate	S. E.	标准化因子载荷	C. R.
I35←工作奉献	1.000		0.844	
I34←工作奉献	0.952	0.059	0.791	16.251 ***
I33←工作奉献	0.840	0.055	0.735	15.292 ***
J38←人际促进	1.000		0.796	
J37←人际促进	0.926	0.061	0.739	15.273 ***
J36←人际促进	0.932	0.061	0.745	15.391 ***
J39←人际促进	0.963	0.060	0.780	16.131 ***
CMIN：34.779	DF：13		CMIN/DF：2.675	
SRMR：0.028	AGFI：0.948	CFI：0.984	RFI：0.959	
IFI：0.984	TLI：0.974	GFI：0.976	NFI：0.974	

注："***"代表 $p < 0.001$。

（三）教师教学效能感与教学知识获取的验证性因素分析

教学效能感与教学知识的获取是边疆少数民族地区高校教师社会

资本与教学绩效关系的两个中间变量，这两个量表主要采用相对较成熟的已有测试量表，因此只需要对量表的内部结构质量予以验证即可，运用验证性因素分析分别对教师教学效能感与教学知识的获取两个测量模型进行检验，检验结果如表 5 – 26 和表 5 – 27 所示。从教师教学效能感与教学知识的获取一阶验证性因素分析的结果和拟合系数来看，两个量表的测试题项与其对应的潜在变量之间具有较高的一致性和适切性，各项拟合指数均达到要求，说明教学效能感测量模型与教学知识获取测量模型均具有良好的结构效度与拟合结果，符合结构方程建模分析要求。

表 5 – 26　教师教学效能感理论模型验证性因素分析结果与拟合系数

	Estimate	S. E.	标准化因子载荷	C. R.
F17←教学效能感	1.000		0.873	
F18←教学效能感	1.037	0.043	0.878	23.850 ***
F19←教学效能感	1.019	0.043	0.871	23.544 ***
F20←教学效能感	0.874	0.052	0.706	16.926 ***
CMIN: 9.264	DF: 2		CMIN/DF: 4.632	
SRMR: 0.011	AGFI: 0.950	CFI: 0.993	RFI: 0.975	
IFI: 0.993	TLI: 0.980	GFI: 0.990	NFI: 0.992	

注："***"代表 $p < 0.001$。

表 5 – 27　教师教学知识获取理论模型验证性因素分析结果与拟合系数

	Estimate	S. E.	标准化因子载荷	C. R.
G21←教学知识获取	1.000		0.845	
G22←教学知识获取	1.106	0.045	0.923	24.473 ***
G23←教学知识获取	1.012	0.044	0.871	22.787 ***
G24←教学知识获取	0.822	0.055	0.651	14.879 ***
CMIN: 13.121	DF: 2		CMIN/DF: 6.561	
SRMR: 0.018	AGFI: 0.923	CFI: 0.990	RFI: 0.965	
IFI: 0.990	TLI: 0.970	GFI: 0.985	NFI: 0.988	

注："***" $p < 0.001$。

四、样本变量的相关性检验分析

对模型中各变量之间相关性的检验，是采用结构方程进行模型检验的前提。本书运用 Pearson 相关分析方法检验研究变量的相关性，初步判断本书假设的基本状况。主要使用 SPSS19.0 软件工具，其结果如表 5 - 28 所示。

表 5 - 28　量相关性检验结果（Pearson 相关，双尾，$N = 431$）

	教学绩效	网络规模	网络凝聚	上下关系	同事关系	师生关系	教学效能	知识获取	教学行为	教学结果	工作奉献	人际促进
教学绩效	1.000											
网络规模	0.484 **	1.000										
网络凝聚	0.501 **	0.487 **	1.000									
上下关系	0.492 **	0.500 **	0.601 **	1.000								
同事关系	0.450 **	0.421 **	0.558 **	0.582 **	1.000							
师生关系	0.533 **	0.549 **	0.607 **	0.610 **	0.566 **	1.000						
教学效能	0.648 **	0.498 **	0.536 **	0.532 **	0.509 **	0.552 **	1.000					
知识获取	0.639 **	0.576 **	0.655 **	0.637 **	0.608 **	0.633 **	0.709 **	1.000				
教学行为	0.687 **	0.493 **	0.559 **	0.568 **	0.547 **	0.617 **	0.685 **	0.691 **	1.000			
教学结果	0.832 **	0.466 **	0.435 **	0.385 **	0.369 **	0.419 **	0.625 **	0.631 **	0.576 **	1.000		
工作奉献	0.715 **	0.195 **	0.197 **	0.220 **	0.228 **	0.255 **	0.324 **	0.277 **	0.249 **	0.449 **	1.000	
人际促进	0.749 **	0.293 **	0.318 **	0.320 **	0.232 **	0.330 **	0.320 **	0.321 **	0.291 **	0.416 **	0.483 **	1.000

注："**"代表相关系数的显著性水平为 0.01（双尾检验）。

从表 5 – 28 中变量之间的相关系数矩阵可以看出,边疆少数民族地区高校教师结构性社会资本——网络规模、网络凝聚力与教师的教学绩效之间的相关系数分别为 $r = 0.484$ ($P < 0.01$)、$r = 0.501$ ($P < 0.01$),表明高校教师结构性社会资本与教学绩效有显著正向关系。

边疆少数民族地区高校教师关系资源社会资本——上下级关系、同事关系、师生关系与教师的教学绩效显著相关,即上下级关系与教学绩效的相关系数 $r = 0.492$ ($P < 0.01$)、同事关系与教学绩效的相关系数 $r = 0.450$ ($P < 0.01$)、师生关系与教学绩效的相关系数 $r = 0.533$ ($P < 0.01$),相关分析结果说明,边疆少数民族地区高校教师关系资源社会资本与教学绩效存在着显著正相关性。

教学效能感和教学知识获取之间的相关系数为 $r = 0.709$ ($P < 0.01$),表明两者之间存在显著相关性。

教师教学效能感因素与教学绩效有显著相关性,相关系数为 $r = 0.648$ ($P < 0.01$),同时与教师社会资本也具有显著相关性,与网络规模的相关系数 $r = 0.498$ ($P < 0.01$)、与网络凝聚力的相关系数 $r = 0.536$ ($P < 0.01$)、与上下级关系的相关系数 $r = 0.532$ ($P < 0.01$)、与同事关系的相关系数 $r = 0.509$ ($P < 0.01$)、与师生关系的相关系数 $r = 0.552$ ($P < 0.01$)。因此,本书认为教学效能感很可能是边疆少数民族地区高校教师社会资本与教学绩效关系的中介变量。

边疆少数民族地区教师教学知识获取因素与教学绩效有显著相关性,相关系数为 $r = 0.639$ ($P < 0.01$),其中与任务绩效中的教学结果的相关系数 $r = 0.691$ ($P < 0.01$)、与教学行为的相关系数 $r = 0.631$ ($P < 0.01$);同时,教师教学知识获取因素与教师的社会资本也具有显著相关性,与网络规模的相关系数 $r = 0.576$ ($P < 0.01$)、与网络凝聚力的相关系数 $r = 0.655$ ($P < 0.01$)、与上下级关系的相关系数 $r = 0.637$ ($P < 0.01$)、与同事关系的相关系数 $r = 0.608$ ($P < 0.01$)、与师生关系的相关系数 $r = 0.633$ ($P < 0.01$)。因此,本书认为教学知识的获取很可能是边疆少数民族地区高校教师社会资本与教学绩效关系的中介变量。

通过对上述研究变量相关性的分析,初步为本书的假设预期提供了证据，但相关性分析只能说明研究变量之间具有一定的相关关系，而不能说明两变量之间的因果关系及其影响程度的大小。因此，为证明本书的理论模型，需在此基础上采用结构方程模型进一步检验理论模型和研究假设。研究变量相关性分析结果表明，所有研究变量之间的相关系数都在 $P < 0.01$ 水平上显著，符合结构方程建模分析的要求。

第四节　本章小结

本章从问卷设计的原则、过程、内容以及问卷发放与收集等方面对本书的研究设计和方法进行了阐述。根据现有的国内外研究成果及访谈与座谈形式，确定了量表的设计步骤，并对自变量、因变量及中介变量进行定义和操作化处理，确定了相应的问卷测量题项，通过对各变量的测试题项进行重新整理后，形成了调查问卷的初稿并通过小样本数据进行了预测试，以保证调查问卷的科学性、合理性和可操作性；通过对预测问卷的信度、效度及因子分析，删除了相应的不合理的题项，形成正式问卷；基于对样本数量及样本代表性等因素的考虑，本书选取了与研究相关的问卷发放对象，收集了 431 份有效问卷，并对问卷各量表进行了描述性统计、信度检验分析与验证性因素分析和相关性分析，为概念模型的验证奠定了基础。

第六章 边疆少数民族地区高校教师社会资本与教学绩效关系的概念模型检验

第一节 模型检验方法

结构方程模型是统计学上的一种多变量统计方法，它整合了因素分析和路径分析两种统计方法，同时检验模型中包含的显性变量、潜在变量、干扰或误差变量之间的关系，进而获得自变量对因变量影响的直接效果、间接效果和总效果。其实质是广义的一般线性模型，主要分为测量模型（measured model）和结构模型（structural model）两部分，测量模型描述的是潜在变量与观察指标之间的关系；结构模型描述的是潜在变量之间的关系，是潜在变量间因果关系模型的说明。[①] 结构方程模型主要是用来验证研究者心中对于他所想象世界的猜想，而不是用来探索一个新的世界，具体而言，就是研究者根据不同理论而得出可以用来描述这个世界的不同想法，想要检验某一想法是否正确，便可建构一个结构方程模型，在代入真实数据对模型进行估计后，可以根据指标拟合程度来判断真实世界里的数据是否与自己所构建的模型相一致，从而知道自己原有的想法是否可以被接受，是否切

---

① 吴明隆：《结构方程模型》，重庆大学出版社 2010 年版，第 1~20 页。

合实际。运用结构方程模型方法的基本思路是：首先在已有理论的基础上经过推论和假设形成一组变量之间的相互关系理论模型；然后设计问卷，通过问卷调查获得一组观察变量数据和基于数据而形成的协方差矩阵（样本矩阵）。结构方程模型就是验证假设模型与协方差矩阵的拟合程度，如果假设模型能拟合客观的样本数据，说明模型成立，否则需要修正模型，如果修正之后仍然不能达到拟合要求，假设模型则被否定。由此，我们可以将结构方程模型的建立过程确定为四个基本步骤：模型设定、模型识别、模型评价和模型修正。本部分主要依据这四个步骤来对本书研究做结构方程模型分析。

第二节　结构方程模型分析

一、模型设定

结构方程模型设定就是用线性方程系统表示出理论模型，它是建立在理论假设的基础之上的，根据已有文献中的研究结果建立结构方程模型，在模型中，首先建立观察变量（测量指标）与潜在变量之间的对应关系和潜变量之间的影响关系，指定哪些因子间有相关或直接的效应；然后再根据研究者对研究问题所掌握的知识及经验，在模型中限制因子负荷或因子相关系数等参数的数值或关系。① 本书在量表的验证性因素检验和潜在变量之间的相关性分析的基础上，依据理论假设和结构方程建模原理，建立变量之间的结构方程理论模型，理论模型包括自变量、中间变量和因变量三部分，自变量包括结构性维度变量（网络规模、网络凝聚力）和关系资源维度变量（师生关系、同事关系、上下级关系）；因变量包括教学任务绩效变量（教学行为、教学结果）和教学情境绩效变量（人际促进、工作奉献）；中间变量

---

① "结构方程模型"，载豆丁网，http：//www.docin.com/p-672371101.html，访问时间：2015年1月8日。

由教师教学效能感和教学知识的获取两个变量构成，如图6-1所示。在理论模型的结构方程模型路径图中，椭圆表示潜在变量及误差或残差；长方形表示观察变量；变量之间的关系用单向连线箭头和双向弧形箭头表示，单向连线箭头表示变量之间的因果关系，从潜在变量指向观察变量的单向连线箭头表示两者之间的反映关系；双向弧形箭头表示变量之间的相关关系（非因果关系）；没有连线的变量之间表示没有直接关系，其路径参数固定为0。

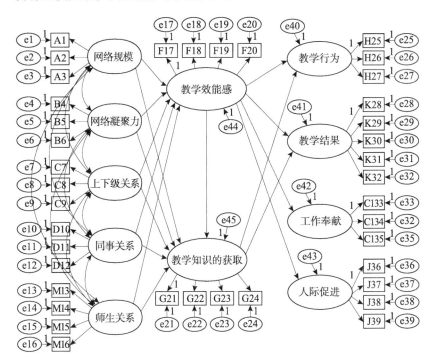

图6-1 理论模型的结构方程模型路径图

二、模型识别

模型识别是建立结构方程模型的重要阶段，如果所指定的理论模型不能被识别，估计参数将会导致无意义的参数值及其解释，模型也无法拟合。一般来说，结构方程模型识别包括对参数的识别、对测量模型的识别和对结构模型的识别这三个方面。本书的各测量模型已得到验证，且都具有较好的拟合效果，下面将根据模型识别条件，将从参数识别、测量模型识别和结构模型识别三个方面检验理论模型是否属于可识别模型。

（一）参数识别

对于所设定的结构方程模型，如果已具有了恰好识别和过度识别的特点，我们就可以进行下一步的分析。恰好识别是指某一个随机方程，当给定有关变量的样本观察值，其协方差的数量（方程的数量）正好等于自由估计的参数数量；过度识别是指某一个随机方程，当给定有关变量的样本观察值，其协方差的数量（方程的数量）多于自由估计的参数。因为恰好识别的方程只有唯一解，这种情况下很难得知数据和模型能拟合到何种程度，而在过度识别的情况下有可能计算出拟合度，所以很多时候在模型的设定上研究者会尽量去造成过度识别的情况，增加参数限制，减少自由估计的参数。要使结构方程模型为恰好识别和过度识别，就需遵循 t 规则，即模型可识别的一个必要条件是：$t \leqslant (p+q)(p+q+1)/2$，在这里，$t$ 为模型中自由估计参数的个数，具体包括潜变量之间与误差之间的协方差的总数、待定的路径系数和潜变量和误差的方差；p 是外生观察变量（教师社会资本）的个数，q 是内生观察变量（教学效能感、教学知识获取和教学绩效）的个数，其中，$p+q$ 表示测量变量的个数，$p+q$ 个测量变量可以产生 $(p+q)(p+q+1)/2$ 个方差或协方差，如果理论模型建立，则可以得到 $(p+q)(p+q+1)/2$ 个不同的方程。当 $t < (p+q)(p+q+1)/2$ 时为过度识别，在过多的方程式中只需求取少数几个因素解；当 $t = (p+q)(p+q+1)/2$ 时为充分识别，方程式正好满足求因素解所需；反之，当 $t > (p+q)(p+q+1)/2$ 时为识别不足，此种情况下会发生未知项多于已知项，方程式不足以求取所有因素解，因而将导致无法进行任何参数估计，模型则不能识别。本书模型中 $p+q$ = 39，$(p+q)(p+q+1)/2$ = 780；在模型的参数摘要表中，全部的参数有 161 个，其中固定参数有 56 个，待估计参数有 105 个，105 个待估计的参数中包括 45 个回归系数参数（负荷系数）、10 个协方差、50 个方差，即 $t = 105 < 780$，即 $t < (p + q)(p + q + 1)/2$，满足 t 规则，即模型满足可识别这一必要条件，由此排除本书模型的不可识别性。

（二）测量模型识别

理论（概念）模型中的测量模型是由潜在变量和负载在每个潜在变量上的观察变量组成的，测量模型是否可识别，重点是潜在变量的数量和观察变量的数量是否可以满足模型估计的条件，通常情况下，如果只有 1 个潜在变量，那么必须要有 3 个或 3 个以上非零负载的观察变量，并且误差不相关，这样才能满足可识别的条件；如果有 2 个或 2 个以上的潜在变量，每个潜变量都有 3 个或 3 个以上的观察变量，当误差不相关，且每个观察变量负载在一个潜在变量上时，模型是可识别的；如果潜在变量只有 2 个观察变量，当误差不相关，且每个观察变量只负载在 1 个潜在变量上时，模型也是可识别的。[1] 在本书模型中，所有潜在变量都具有 3 个或 3 个以上的观测变量，在验证性因子分析中已验证每个观察变量负载在 1 个潜在变量上，即每一观察变量只测量 1 个潜在变量，误差不相关，因此可判断概念模型中的测量模型是可识别的。

（三）结构模型识别

概念模型中的结构模型描述的是潜在变量之间的关系，它的识别决定于潜在变量之间关系的假设，主要看是否是递归模型，递归模型是指所有变量之间的关系都是单向链条关系、无反馈作用的因果模型。因为递归模型中变量之间只存在单向的因果关系，且所有残差都彼此不相关，所以在结构方程模型中所有的递归模型都是可识别模型。[2] 这充分保证了模型中的每一个结构方程其残差项与所有自变量不相关，因而每个方程可以推导出与之相关的所有参数。在本书建立的结构模型中，不存在内源变量双向的因果情况，属于典型的递归模型，因此概念模型中的结构模型满足被识别的充分条件。

---

[1] 吴明隆：《结构方程模型》，重庆大学出版社 2014 年版。

[2] 易丹辉：《结构方程模型方法与应用》，中国人民大学出版社 2008 年版，第 56 ~ 65 页。

综上所述，本书建立的理论模型是一个递归的、可识别的模型，下一步可以对模型予以评价。

三、模型评价

模型评价是模型建构的一个重要环节，模型评价的目的是考察所建立的模型在现有的证据和理论范围内是否是数据最好的或信息量最大的解释。模型评价通常是通过对模型参数的显著性检验和拟合度来评价的。参数即总体上的各种数字特征。参数检验是指当总体分布已知的情况下，根据样本数据对总体分布的统计参数（如均值、方差等）进行推断。模型参数检验的主要目的是通过对参数的显著性检验，来估计和评价参数的意义及它的合理性。在结构方程模型中，对参数的显著性检验与回归模型中参数的显著性检验基本一致，只需通过对参数的 t 检验即可。首先要对每一个估计的参数提出零假设和备择假设，零假设 H_0：参数等于零；备择假设 H_1：参数不等于零。当 $|t| \geqslant 1.96$，表明参数与零有显著性差异，假设模型中对这一参数进行自由估计是合理的，因此，拒绝零假设 H_0，参数检验通过；反之，如果不能拒绝零假设，即参数与零没有显著差异，则从模型中删除，需要对模型进行修正并重新估计。结构方程模型通常利用 C. R. （Critical Ratio）统计量来检验参数。C. R. 是一个 z 统计量，使用参数估计值与其标准误之比构成，p 为 C. R. 的统计检验时相应概率，通过 p 来判断路径系数或载荷系数的显著性检验结果，若 $p < 0.05$，则表明路径系数或载荷系数在 0.05 显著水平下呈现显著性，若 $p > 0.05$，则表明路径系数或载荷系数在 0.05 显著水平下不显著。本部分使用 Amos17.0 软件，得到各潜变量之间的路径系数估计值和相应的检验值，通过对所建立的理论模型进行参数的显著性检验、中间变量参数的显著性检验以及模型的拟合度来评价模型的理论建构是否合理。

（一）理论模型参数的显著性检验

对本书所建构的理论模型（见图 6 - 1）进行未标准化和标准化路径系数检验，其检验结果如图 6 - 2 和图 6 - 3 所示。

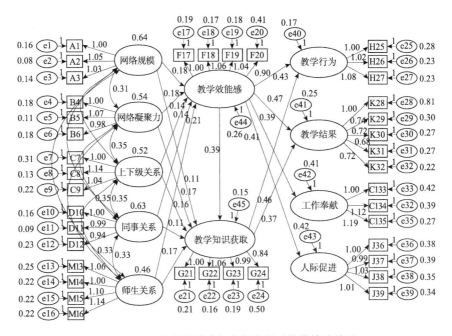

图 6-2 理论模型的未标准化路径系数的检验结果

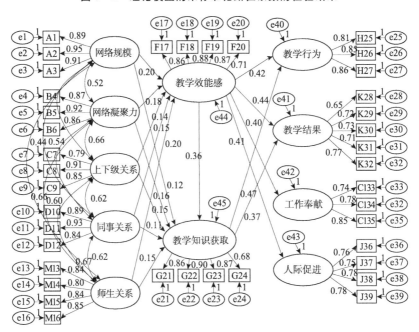

图 6-3 理论模型的标准化路径系数的检验结果

表 6 - 1　理论模型的路径系数估计

路径假设	未标准化路径系数估计	S. E.	C. R.	P	标准化路径系数估计
教学效能感←网络规模	0.181	0.047	3.871	***	0.199
教学知识获取←网络规模	0.113	0.040	2.830	0.005**	0.117
教学效能感←网络凝聚力	0.175	0.061	2.851	0.004**	0.178
教学知识获取←网络凝聚力	0.171	0.052	3.279	0.001**	0.163
教学效能感←上下级关系	0.142	0.067	2.134	0.033*	0.141
教学知识获取←上下级关系	0.161	0.056	2.852	0.004**	0.149
教学效能感←同事关系	0.139	0.052	2.665	0.008**	0.151
教学知识获取←同事关系	0.109	0.044	2.472	0.013*	0.111
教学效能感←师生关系	0.210	0.073	2.870	0.004**	0.196
教学知识获取←师生关系	0.167	0.062	2.690	0.007**	0.146
教学知识获取←教学效能感	0.386	0.051	7.575	***	0.361
教学行为←教学效能感	0.430	0.064	6.701	***	0.417
教学结果←教学效能感	0.473	0.079	5.967	***	0.442
工作奉献←教学效能感	0.390	0.054	7.262	***	0.403
人际促进←教学效能感	0.405	0.054	7.525	***	0.411
教学行为←教学知识获取	0.455	0.060	7.529	***	0.472
教学结果←教学知识获取	0.375	0.072	5.173	***	0.374

注：* 代表 $p < 0.05$；** 代表 $p < 0.01$；*** 代表 $p < 0.001$。

　　由表 6 - 1 理论模型的路径系数估计分析可以得知，"教学效能感←网络规模""教学知识获取←教学效能感""教学行为←教学效能感""教学结果←教学效能感""工作奉献←教学效能感""人际促进←教学效能感""教学行为←教学知识获取""教学结果←教学知识获取"这 8 条路径系数在 $p < 0.001$ 的水平上显著；"教学知识获取←网络规模""教学效能感←网络凝聚力""教学知识获取←网络凝聚力""教学知识获取←上下级关系""教学效能感←同事关系""教学效能感←师生关系""教学知识获取←师生关系"这 7 条路径系数在 $p < 0.01$ 的水平上显著；"教学效能感←上下级关系""教学知

识获取←同事关系"这 2 条路径系数在 $p<0.05$ 的水平上显著。由此可知，有 15 条路径系数在 99% 的置信度范围内与零存在显著性差异，因为该路径系数为零的概率是小于 0.01 的，因而拒绝零假设，接受备择假设。有 2 条路径系数在 95% 的置信度范围内与零存在显著性差异，其为零的概率小于 5%，是小概率事件，有理由认为其不为零，因而拒绝零假设，接受备择假设。由此可以得出，本书的理论模型所有路径系数在 $p<0.05$ 的水平上都是显著的。

（二）中介变量参数的显著性检验

在结构方程模型中，对中介变量的检验可通过对理论模型中的直接影响关系模型变量之间的标准化路径系数的检验而得知。[1] 直接影响关系模型即去掉理论模型中的中介变量，直接检验自变量对因变量的影响。

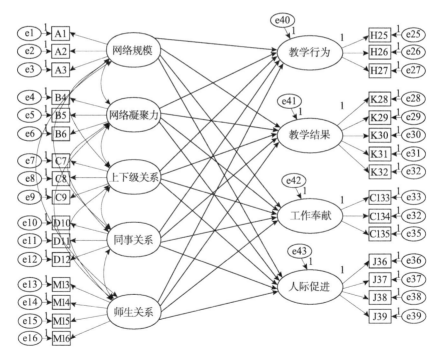

图 6 - 4 教师社会资本对教学绩效直接影响关系模型结构图

---

① Yli-Renko, H., Autio, E. & Tontti, V.. Social Capital, Knowledge, and the International Growth of Technology-based New Firms, International Business Review, 2002 (11): 279 - 304.

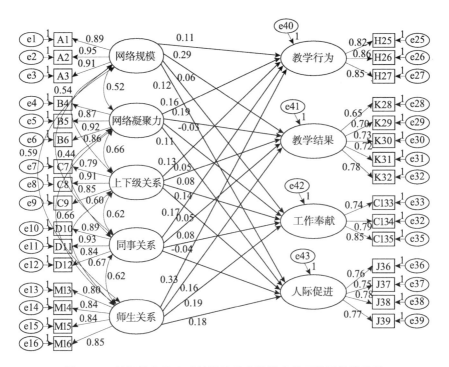

图 6 – 5　教师社会资本对教学绩效直接影响关系模型检验结果

　　边疆少数民族地区高校教师社会资本对教学绩效直接影响关系模型的路径系数、C. R. 值以及拟合系数如表 6 – 2 所示。从其检验的结果来看，教师社会资本的各变量对教学绩效各变量之间共有 20 条影响路径，其中有 2 条路径在 $p < 0.001$ 的水平上显著，即"教学结果←网络规模"和"教学行为←师生关系"；有 1 条路径在 $p < 0.01$ 的水平上显著，即"教学行为←同事关系"；还有 7 条路径在 $p < 0.05$ 的水平上显著，即"教学行为←网络规模""教学行为←网络凝聚力""工作奉献←网络凝聚力""教学行为←上下级关系""教学结果←师生关系""工作奉献←师生关系""人际促进←师生关系"；其他的 10 条路径没有达到显著性水平。这说明，在教师社会资本的不同维度中，有 10 条路径是直接作用于教师的教学绩效的，表明自变量能预测因变量，即二者的关系是显著的。另外，还有 10 条路径系数没有达到显著性水平的最低要求，即教师社会资本的这些相关变量

不是直接作用于教师教学绩效的，而是有可能通过中间变量间接地影响教师教学绩效。

表6 - 2　直接关系模型的路径系数、C. R. 值及拟合指数

直接路径	未标准化路径系数估计	S. E.	C. R.	P	标准化路径系数估计
教学行为←网络规模	0.103	0.046	2.249	0.025 *	0.113
教学结果←网络规模	0.267	0.058	4.584	***	0.286
工作奉献←网络规模	0.055	0.059	0.935	0.350	0.064
人际促进←网络规模	0.101	0.058	1.750	0.080	0.116
教学行为←网络凝聚力	0.165	0.064	2.590	0.010 *	0.159
教学结果←网络凝聚力	0.200	0.078	2.552	0.011 *	0.188
工作奉献←网络凝聚力	- 0.031	0.081	- 0.386	0.699	- 0.032
人际促进←网络凝聚力	0.105	0.080	1.318	0.188	0.105
教学行为←上下级关系	0.132	0.065	2.040	0.041 *	0.132
教学结果←上下级关系	0.049	0.079	0.623	0.533	0.048
工作奉献←上下级关系	0.079	0.083	0.952	0.341	0.084
人际促进←上下级关系	0.135	0.082	1.647	0.100	0.140
教学行为←同事关系	0.173	0.057	3.062	0.002 **	0.172
教学结果←同事关系	0.052	0.069	0.758	0.449	0.050
工作奉献←同事关系	0.075	0.072	1.049	0.294	0.080
人际促进←同事关系	- 0.040	0.071	- 0.569	0.569	- 0.041
教学行为←师生关系	0.335	0.069	4.842	***	0.330
教学结果←师生关系	0.166	0.083	1.991	0.046 *	0.159
工作奉献←师生关系	0.180	0.087	2.068	0.039 *	0.189
人际促进←师生关系	0.178	0.085	2.084	0.037 *	0.183
CMIN: 849.011	DF: 404	CMIN/DF: 2.102			
RMR: 0.062	AGFI: 0.861	CFI: 0.952			
RMSEA: 0.051	TLI: 0.945	GFI: 0.887			
RFI: 0.900	NFI: 0.913	IFI: 0.952			

注："*"代表 $p < 0.05$，"**"代表 $p < 0.01$，"***"代表 $p < 0.001$。

　　下面进一步检验自变量（教师社会资本）能预测因变量（教学绩

效）的 10 条路径的间接影响关系。一般而言，衡量变量之间影响关系的大小主要是由路径系数的大小来决定，变量之间的影响关系有直接影响也有间接影响，所谓间接影响，即自变量通过中介变量对因变量产生影响，计算方法为：间接影响 = 自变量对中介变量的路径系数×中介变量对因变量的路径系数。由表 6 - 1 的路径系数我们可以得知，网络规模潜变量对教学效能感的直接影响为 0.199，表示网络规模变动 1 个单位，教学效能感增加 0.199 个单位；教学效能感对教学行为的直接影响为 0.417，说明教师教学效能感每增加 1 个单位，教师的教学行为增加 0.417 个单位。由此得知，网络规模潜变量可以通过教学效能感这一中介变量间接地影响教学行为，且间接影响作用力大于网络规模潜变量对教学行为绩效直接影响的作用力，其间接影响的大小为 0.199 × 0.417 = 0.083。从表 6 - 2 的路径系数可知，网络规模对教学行为的总影响为 0.113。同理，可计算出其他路径的间接影响关系。各路径的间接影响与总影响系数如表 6 - 3 所示。

表 6 - 3　路径的间接影响与总影响系数

路径	中介变量	间接影响系数	总影响系数
教学行为←网络规模	教学效能感	0.199 × 0.417 = 0.083	0.113
	教学知识	0.117 × 0.472 = 0.055	
教学结果←网络规模	教学效能感	0.199 × 0.442 = 0.088	0.286
	教学知识	0.117 × 0.374 = 0.044	
教学行为←网络凝聚力	教学效能感	0.178 × 0.417 = 0.074	0.159
	教学知识	0.163 × 0.472 = 0.077	
教学结果←网络凝聚力	教学效能感	0.178 × 0.442 = 0.079	0.188
	教学知识	0.163 × 0.374 = 0.061	
教学行为←上下级关系	教学效能感	0.141 × 0.417 = 0.059	0.132
	教学知识	0.149 × 0.472 = 0.071	
教学行为←同事关系	教学效能感	0.151 × 0.417 = 0.063	0.172
	教学知识	0.111 × 0.472 = 0.052	
教学行为←师生关系	教学效能感	0.196 × 0.417 = 0.082	0.330
	教学知识	0.146 × 0.472 = 0.069	

续表

路径	中介变量	间接影响系数	总影响系数
教学结果←师生关系	教学效能感	$0.196 \times 0.442 = 0.087$	0.159
	教学知识	$0.146 \times 0.374 = 0.055$	
工作奉献←师生关系	教学效能感	$0.196 \times 0.403 = 0.079$	0.189
人际促进←师生关系	教学效能感	$0.196 \times 0.411 = 0.081$	0.183

为了更清晰地说明理论模型路径中，自变量（教师社会资本）和中介变量（教学效能感、教学知识获取）、自变量（教师社会资本）和因变量（教学绩效）以及中介变量（教学效能感、教学知识获取）与因变量（教学绩效）全部路径之间的作用效果，对理论模型的直接效应（direct effect）、间接效应（indirect effect）和总效应（total effect）的显著性关系进行统计分析，分析结果如表6-4所示。

表6-4 理论模型路径的效应分析

效应类型	结果变量	规模	凝聚力	师生	同事	上下	效能	知识
直接效应	教学效能感	0.20	0.18	0.20	0.15	0.14		
	知识获取	0.12	0.16	0.15	0.11	0.15	0.36	
	教学行为 0.42	0.47						
	教学结果 0.44	0.37						
	工作奉献 0.40							
	人际促进 0.41							
间接效应	教学效能感							
	知识获取	0.70	0.60	0.70	0.50	0.50		
	教学行为	0.17	0.18	0.18	0.14	0.15	0.17	
	教学结果	0.16	0.16	0.17	0.13	0.14	0.14	
	工作奉献	0.08	0.07	0.08	0.06	0.06		
	人际促进	0.08	0.07	0.08	0.06	0.06		

效应类型	结果变量	规模	凝聚力	师生	同事	上下	效能	知识
总效应	教学效能感	0.20	0.18	0.20	0.15	0.14		
	教学知识获取	0.19	0.23	0.22	0.17	0.20	0.36	
	教学行为	0.17	0.18	0.18	0.14	0.15	0.59	0.47
	教学结果	0.16	0.16	0.17	0.13	0.14	0.58	0.37
	工作奉献	0.08	0.07	0.08	0.06	0.06	0.40	
	人际促进	0.08	0.07	0.08	0.06	0.06	0.41	

注：表中数据均为标准化数值

从表 6 - 4 理论模型路径的效应分析表中可以看出，网络规模影响教学行为的间接效应和总效应均为 0.17；影响教学结果的间接效应和总效应均为 0.16；影响工作奉献的间接效应和总效应均为 0.08；影响人际促进的间接效应和总效应均为 0.08；影响教学效能感的直接效应和总效能为 0.2；影响教学知识获取的直接效应为 0.12，间接效应 0.7，总效应为 0.19。这表明，网络规模对教学绩效提升的促进作用，是通过教师教学效能感提高和教学知识获取的方式间接作用于教学绩效的提升。同理可以得出，网络凝聚力、师生关系、同事关系和上下级关系对教学绩效提升的促进作用，也是通过教师教学效能感提高和教学知识获取的方式间接作用于教学绩效的提升。通过对效应的分析，可以更为清晰地了解到边疆少数民族地区教师社会资本各维度对教学绩效各维度的影响，验证了"教师社会资本、教学效能感、教学知识获取与教学绩效"的关联性，解释了教师社会资本对教学绩效的作用机制。

通过上述对各路径系数的分析，可以看出模型理论假设的检验结果全部得到支持，如表 6 - 5 所示。

表 6 – 5 理论模型假设检验结果

研究假设	检验结果
H_6：教师社会网络规模与教师教学效能感的建立与发展有着正向作用	支持
H_1：教师社会网络规模与教师教学知识的获取有着正向作用	支持
H_7：教师社会网络凝聚力与教师教学效能感的建立与发展有着正向作用	支持
H_2：教师社会网络凝聚力与教师教学知识的获取有着正向作用	支持
H_{10}：上下级关系与教师教学效能感的建立与发展有着正向作用	支持
H_5：上下级关系与教师教学知识的获取有着正向作用	支持
H_9：同事关系与教师教学效能感的建立与发展有着正向作用	支持
H_4：同事关系与教师教学知识的获取有着正向作用	支持
H_8：师生关系与教师教学效能感的建立与发展有着正向作用	支持
H_3：师生关系与教师教学知识的获取有着正向作用	支持
H_{17}：教师教学效能感在教师社会资本与知识获取之间起中间作用，通过促进教学知识获取间接促进教师的任务绩效	支持
H_{14}：教师教学效能感与教学行为有着正向作用	支持
H_{15}：教师教学效能感与教学结果有着正向作用	支持
H_{19}：教师教学效能感与教师的工作奉献行为有着正向作用	支持
H_{18}：教师教学效能感与教师的人际促进行为有着正向作用	支持
H_{16}：教师教学效能感在教师社会资本与教学绩效中起中间作用	支持
H_{20}：教师教学效能感在教师社会资本与教师情境绩效中起中间作用	支持
H_{11}：教师教学知识获取有助于提高教师教学行为的效率	支持
H_{12}：教师教学知识获取有助于提高教学结果	支持
H_{13}：教师教学知识获取在教师社会资本与教学绩效中起中间作用	支持

（三）模型拟合度评价

建立结构方程模型的目的是再生一个观测变量的引申方差协方差矩阵，并使之尽可能地接近于样本方差协方差矩阵，在获得模型参数估计值后，需要进一步对模型与数据的拟合程度进行评价。模型拟合度评价就是把观察数据与统计模型相拟合，并用一定的拟合指标来判断其拟合程度。这就需要在对模型进行评价时，首先要分析测量模型的拟合程度，只有在测量方程具有较好的拟合度的情况下，再评价结构方程模型的拟合效果，同时还要讨论模型的现实可能性，通过对模型参数的估计，以此来判断结构方程模型的应用是否成功。一般来说，如果引申的方差协方差矩阵与样本的方差协方差矩阵之间存在的差异越少，即残差矩阵各个元素接近于 0，就可以认为模型拟合了数据。模型的总体拟合程度的测量指标即拟合指数，主要是评价理论模型与数据的适配程度，一般不作为模型是否成立的判断依据。Amos软件提供了多种模型拟合指数，本书将以学者吴明隆①所提出的拟合指数标准为依据来考察所建立的理论模型与收集数据的适配程度，结构方程模型适配度的评价标准及评价结果如表 6－6 所示。

表 6－6　理论模型适配度检验评价表

统计检验量	适配的指标或临界值	检验的结果数据	模型适配判断
绝对适配指数			
RMR 值	<0.05	0.050	是
RMSEA 值	<0.08	0.045	是
GFI 值	>0.90 以上	0.872	否
AGFI 值	>0.90 以上	0.852	否
增值适配指数			
NFI 值	>0.90 以上	0.906	是
RFI 值	>0.90 以上	0.896	否
IFI 值	>0.90 以上	0.954	是
TLI 值	>0.90 以上	0.949	是
CFI 值	>0.90 以上	0.954	是
简约适配指数			
PGFI 值	>0.50 以上	0.754	是
PNFI 值	>0.50 以上	0.825	是
PCFI 值	>0.50 以上	0.869	是
CN 值	>200	253	是
χ^2/df	<2.00	1251.955 /675 = 1.855	是
AIC 值	理论模型小于独立模型值和饱和模型	1461.955 < 1560.000	是
		1461.955 < 13341.169	
CAIC 值	理论模型小于独立模型值和饱和模型	1993.897 < 5511.564	是
		1993.897 < 13538.747	

模型适配度评价标准来源：吴明隆：《结构方程模型》，重庆大学出版社 2014 年版，第 52～53 页。

---

① 吴明隆：《结构方程模型》，重庆大学出版社 2014 年版，第 52～53 页。

从表 6 – 6 中可以读出：模型的绝对拟合指数中的 GFI 值、AGFI 值与增值适配指数中的 RFI 值均小于 0.9，未满足拟合指数大于 0.9 这一标准要求，其他的拟合指数均已达到判断标准的最低要求，整体而言本书模型拟合程度较好，可以被接受，但还不是最理想的模型，因此还需进行下一步的模型修正。

四、模型修正

模型修正即在初始模型基础上修改模型，使模型趋于理想模型。本书中边疆少数民族地区高校教师社会资本对教学绩效影响的初始理论模型的参数显著性检验表明，各路径系数与零均具有显著差异，都可通过检验，表明各因子的路径是合理存在的，理论假设均可得到支持；整体模型的大部分拟合指数基本满足判别标准，但有一小部分的拟合系数不符合判断标准的最低要求，与理想的拟合指数值还有一定的差距，因此需要进一步修正初始模型，在进行模型修正时，必须考虑模型的相关理论与实际情况再加以修改。

因各路径系数相对比较理想，所以主要考虑通过修正指数对模型进行修正，主要有七组可修正指数，如表 6 – 7 所示的理论模型修正指数表。e42 与 e43 的修正指数（Modification Indices，M. I.）值最大，为 73.307，表明如果增加 e42 与 e43 之间的残差相关的路径，则模型的卡方值会减小较多，从实际考虑，高校教师的工作奉献精神与人际促进之间也确实存在相关性，试想，教师如果愿意将自己的全部热情奉献给教学工作，在教学过程中他一定会与学生、同事及领导相处融洽，营造良好的人际氛围，反之，则关系不融洽，因此考虑增加 e42 与 e43 的相关性路径。重新估计模型，重新寻找较大的 M. I. 值，e13 与 e14 的 M. I. 值较大，为 52.06，表明如果增加 e13 与 e14 之间的残差相关的路径，则模型的卡方值会减小较多，e13 与 e14 分别对应的是师生关系潜变量中的"我能及时了解到学生对我的教学的满意度"指标和"我常与学生一起讨论学习中遇到的问题，并及时指导"指标，实际上，教师在指导与讨论学生学习时通常能更多地了解到学生对教学的满意程度，因此考虑增加 e13 与 e14 的相关性路径。重新估计模型，重新寻找较大的 M. I. 值，e41 与 e42 的 M. I. 值较大，为 23.826，表明如果增加 e41 与 e42 之间的残差相关的路径，则模型的卡方值会减小较多，实际上，教师的工作奉献与教学结果的好坏存在着相关性，试想，如果教师不喜欢自己的教学，对工作不具有奉献的意识和奉献的精神，其教学结果一定是很糟糕的，因此考虑增加 e41 与 e42 的相关性路径。重新估计模型，重新寻找较大的 M. I. 值，e36 与 e37 的 M. I. 值较大，为 20.646，表明如果增加 e36 与 e37 之间的残差相关的路径，则模型的卡方值会减小较多，e36 与 e37 分别对应的是人际促进潜变量中的"工作中我喜欢团队合作的氛围"指标、"我喜欢与大家一起分享对教学有利的各种知识和信息"指标，实际上，教师喜欢与他人一起分享知识与信息，也会喜欢与他人合作的氛围，两者也具有相关性，因此考虑增加 e36 与 e37 的相关性路径。重新估计模型，重新寻找较大的 M. I. 值，e41 与 e43 的 M. I. 值较大，为 22.601，表明如果增加 e41 与 e43 之间的残差相关的路径，则模型的卡方值会减小较多，实际上，教师的教学结果与其人际促进之间存在相关性，因为教学的过程是一种双向或多向的交流与互动的过程，良好的人际促进有利于好的教学结果的形成，因此考虑增加 e41 与 e43 的相关性路径。重新估计模型，重新寻找较大的 M. I. 值，e22 与 e23 的 M. I. 值为 16.227，表明如果增加 e22 与 e23 之间的残差相关的路径，则模型的卡方值会减小较多，e22 与 e23 分别对应的是教师教学知识获取潜变量中的"我经常能从与学生、同事及教学管理者的交流中获得有助于教学的知识和灵感"指标与"教学中我向学生传递知识的同时自己也获取了知识"指标，实际上，教师教学知识的获取可通过各种途径进行，与学生的交流、与同事及教学管理者的交流都是很好的获取途径，因此考虑增加 e22 与 e23 的相关性路径。重新估计模型，重新寻找较大的 M. I. 值，e1 与 e8 的 M. I. 值为 13.367，表明如果增加 e1 与 e8 之间的残差相关的路径，则模型的卡方值会减小较多，e1 与 e8 分别对应的是网络规模潜变量中的"我性格开朗，喜欢与不同民族的人交朋友"指标和上下级关系潜变量中的

"学校管理者与教师经常保持沟通与合作，共同研讨教学中存在的问题"指标，实际上，教师拥有广泛的人际关系和与他人保持良好的交流、合作对教师自身的发展都具有促进作用，因此考虑增加 e1 与 e8 的相关性路径。剩下的变量之间 M. I. 值均较小，不再考虑进一步修正了。通过增加 7 对修正指数提示的误差相关性，修正后的模型如图 6 - 6 所示。

表 6 - 7　理论模型修正指数表

修正指标值				修正指标值			
e42	↔	e43	73. 307	e41	↔	e43	22. 601
e13	↔	e14	52. 06	e22	↔	e23	16. 227
e41	↔	e42	23. 826	e1	↔	e8	13. 367
e36	↔	e37	20. 646				

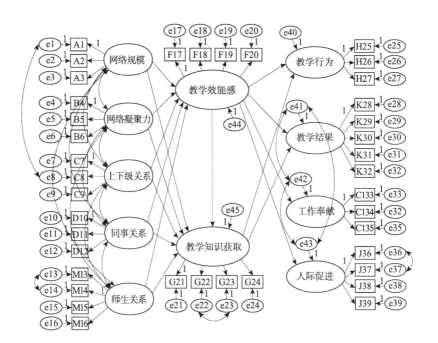

图 6 - 6　修正后的理论模型结构

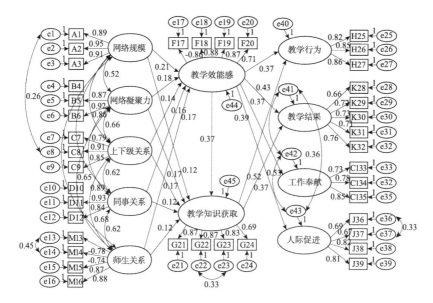

图 6 - 7 修正后理论模型的标准化路径系数的检验结果

对修正的理论模型重新进行结构方程模型分析，重新进行整体拟合检验，得到修正后模型的各项拟合指数如表 6 - 8 所示，表中显示，修正理论模型的各项拟合指数与初始理论模型的拟合指数发生了较大的变化，各项指标都有所改善，原来没有满足评价标准的 GFI 值和 RFI 值已达到了拟合指数的评价要求，尽管 AGFI 仍未达到拟合指数的评价要求，但 AGFI 值为 0.884，已趋于接近 0.9 的标准，同时，考虑到本书模型的复杂性，AGFI 的拟合指数是可以接受的。

表 6 - 8 修正后理论模型适配度检验结果

统计检验量	适配的指标或临界值	检验的结果数据	模型适配判断
绝对适配指数			
RMR 值	< 0.05	0.036	是
RMSEA 值	< 0.08	0.033	是
GFI 值	> 0.90 以上	0.901	是
AGFI 值	> 0.90 以上	0.884	否
增值适配指数			
NFI 值	> 0.90 以上	0.926	是

续表

统计检验量	适配的指标或临界值	检验的结果数据	模型适配判断
RFI 值	>0.90 以上	0.918	是
IFI 值	>0.90 以上	0.975	是
TLI 值	>0.90 以上	0.972	是
CFI 值	>0.90 以上	0.975	是
简约适配指数			
PGFI 值	>0.50 以上	0.772	是
PNFI 值	>0.50 以上	0.835	是
PCFI 值	>0.50 以上	0.879	是
CN 值	>200	321	是
χ^2/df	<2.00	979.355/668 = 1.466	是
AIC 值	理论模型小于独立模型值和饱和模型	1203.355 < 1560.000 1203.355 < 13341.169	是
CAIC 值	理论模型小于独立模型值和饱和模型	1770.759 < 5511.564 1770.759 < 13538.747	是

模型适配度评价标准来源：吴明隆：《结构方程模型》，重庆大学出版社 2014 年版，第 52~53 页。

由于理论模型修正时增加了 7 对修正指数提示的误差相关关系，因而需要对修正后理论模型路径系数的显著性进行重新检验，使用 Amos 软件进行估计和检验，修正后理论模型输出的未标准化和标准化的路径估计系数与参数显著性检验结果如表 6-9 所示。结果表明，所有的路径系数在 99% 的置信范围内与零存在显著性差异，由此可以判定，修正后理论模型的各路径系数是显著的。

表 6 - 9　修正后理论模型的路径系数估计

路径假设	未标准化路径系数估计	S. E.	C. R.	P	标准化路径系数估计
教学效能感←网络规模	0.190	0.047	4.013	***	0.208
教学知识获取←网络规模	0.115	0.040	2.848	0.004	0.116
教学效能感←网络凝聚力	0.183	0.062	2.942	0.003	0.184
教学知识获取←网络凝聚力	0.186	0.053	3.534	***	0.174
教学效能感←上下级关系	0.144	0.068	2.103	0.036	0.141
教学知识获取←上下级关系	0.190	0.058	3.279	0.001	0.172
教学效能感←同事关系	0.143	0.053	2.711	0.007	0.155
教学知识获取←同事关系	0.120	0.044	2.698	0.007	0.121
教学效能感←师生关系	0.200	0.081	2.467	0.014	0.171
教学知识获取←师生关系	0.154	0.068	2.268	0.023	0.123
教学知识获取←教学效能感	0.394	0.051	7.786	***	0.366
教学行为←教学效能感	0.385	0.066	5.821	***	0.375
教学结果←教学效能感	0.460	0.080	5.760	***	0.429
工作奉献←教学效能感	0.356	0.053	6.735	***	0.372
人际促进←教学效能感	0.345	0.050	6.877	***	0.388
教学行为←教学知识获取	0.491	0.063	7.804	***	0.515
教学结果←教学知识获取	0.367	0.072	5.139	***	0.369

注：" *** " 代表 $p < 0.001$。

综合以上分析，从模型的拟合指数上看，初始模型的卡方统计量 χ^2 为 1252，χ^2/df 为 1.86，修正模型的卡方统计量 χ^2 为 979，χ^2/df 为 1.47，表明修正模型和初始模型在卡方统计量上的变化比较大，从表 6-8 和表 6-9 中可看出，初始模型中的拟合指数未达到拟合标准要求的都在修正模型中都得到了改善，且修正模型的拟合指数比初始模型的拟合指数更好，表明拟合的程度更高。从表 6 - 1 初始模型的未标准化和标准化路径系数和表 6 - 9 修正模型的未标准化和标准化路径系数来看，前后变化不大，初始模型中得到支持的全部路径系数在修正模型中也同样得到支持，且其变化的范围也不大，这也表明本书假设具有一定的稳定性与合理性。因此，修正模型比初始模型更为完善和理想。

第三节　研究假设检验

在文献研究的基础上，本书建构了关于边疆少数民族地区高校教师社会资本与教学绩效关系的理论模型和研究假设。具体而言，本书所提出的核心假设"边疆少数民族地区高校教师社会资本影响教师的心理感知和行为选择进而作用于教学绩效"是成立的，即教师社会资本通过影响教师教学效能感和教师对教学知识的获取而间接作用于教师教学绩效，同时教学效能感的高低也直接影响到教师对教学知识的获取。本书以新疆维吾尔自治区、西藏自治区和内蒙古自治区三个民族自治区内的高校教师为样本，通过对 431 个有效样本数据进行的定量统计分析，对所建构的理论模型和研究假设进行了验证，结果表明，理论模型和 20 个研究假设均通过验证。这说明本书围绕多元文化背景中高校教师教学绩效差异形成的原因这一中心问题，得出教师社会资本的差异通过影响教师教学效能感和教学知识获取间接作用于教学绩效，进而形成了教学绩效的差异的结论。这一观点不仅在理论上符合逻辑的推演，而且也能够得到相应的实证检验结果的支持。

利用结构方程模型对基于 431 份边疆少数民族地区高校教师样本数据进行了分析，对本书提出的概念模型和理论假设进行了实证检验，结果表明所有的理论假设都得到了支持，说明概念模型是成立的，实证结果较好地回应了研究问题，基本上实现了研究目标。研究假设检验与实证结果如表 6 - 10 所示。

表 6 - 10　研究假设与实证结果一览表

研究问题	研究假设	实证结果
教师社会资本是否会对教师的心理和行为产生影响？教师教学绩效是否会受到教师心理和行为的影响？	H_1：教师社会网络规模与教师教学知识的获取有着正向作用	成立
	H_2：教师社会网络凝聚力与教师教学知识的获取有着正向作用	成立
	H_3：师生关系与教师教学知识的获取有着正向作用	成立
	H_4：同事关系与教师教学知识的获取有着正向作用	成立
	H_5：上下级关系与教师教学知识的获取有着正向作用	成立
	H_6：教师社会网络规模与教师教学效能感的建立与发展有着正向作用	成立
	H_7：教师社会网络凝聚力与教师教学效能感的建立与发展有着正向作用	成立
	H_8：师生关系与教师教学效能感的建立与发展有着正向作用	成立
	H_9：同事关系与教师教学效能感的建立与发展有着正向作用	成立
	H_{10}：上下级关系与教师教学效能感的建立与发展有着正向作用	成立
	H_{11}：教师教学知识获取有助于提高教师教学行为的效率	成立
	H_{12}：教师教学知识获取有助于提高教学结果	成立
	H_{14}：教师教学效能感与教学行为有着正向作用	成立
	H_{15}：教师教学效能感与教学结果有着正向作用	成立
	H_{18}：教师教学效能感与教师的人际促进行为有着正向作用	成立
	H_{19}：教师教学效能感与教师的工作奉献行为有着正向作用	成立
教师社会资本是否会通过教师心理和行为的变化而作用于教学绩效？	H_{13}：教师教学知识获取在教师社会资本与教学绩效中起中间作用	成立
	H_{16}：教师教学效能感在教师社会资本与教学绩效中起中间作用	成立
	H_{17}：教师教学效能感在教师社会资本与知识获取之间起中间作用，通过促进教学知识获取间接促进教师的任务绩效	成立
	H_{20}：教师教学效能感在教师社会资本与教师情境绩效中起中间作用	成立

第四节　分析与讨论

一、教师社会资本对教学效能感、教学知识获取的影响

本书研究的结果为边疆少数民族地区教师社会资本与教学效能感关系、教师社会资本与教学知识获取关系提供了充分的实证依据，再次证明了边疆少数民族地区教师社会资本的丰富与否，将直接影响教师的心理过程和教师获取社会资源的行为。对于多元文化背景的高校来说，教师结构性社会资本与关系资源社会资本对教师教学效能感的形成和教学知识的获取均有显著的正向影响。总体上说，边疆少数民族地区教师的社会网络范围越大、质量越高，教师获得学生、同事和领导的社会性支持越多，教师就越容易形成教学效能感，能更有效地从社会关系网络中获取社会资源，加速实现教学绩效的提升。运用社会交换理论、社会网络理论等对多元文化中的高校教师的教学绩效差异形成的原因进行揭示则更加具有现实意义。

第一，在本书的理论模型中，边疆少数民族地区教师的结构性社会资本的两个要素对教师教学效能感的形成具有直接显著的正向影响，从标准化路径系数中可看出，在 $P < 0.001$ 的显著性水平下，网络规模（0.208）比网络凝聚力（0.184）在对教学效能感形成的贡献率更大一些。边疆少数民族地区教师关系资源社会资本三要素对教学效能感的形成具有显著的正向影响，在 $P < 0.001$ 的显著性水平下，师生关系（0.171）、同事关系（0.155）、上下级关系（0.141）三者中师生关系的贡献率更大些，其次是同事关系，上下级关系相对来说少一些。这一实证研究结果支持了学者们的观点，社会联系和互动有利于加深成员之间的深层次的思想沟通和交流，进而形成共同的价值

观和信念（科尔曼）;① 成员能从网络中获得社会支持力量,从中找到一种对组织的归属感和对工作的满意感,并产生强烈的工作动机。② 社会网络关系规模反映了网络关系"量"的方面,体现了社会网络关系的普遍性和广泛性;社会网络关系的凝聚力反映了网络关系"质"的方面,体现了网络关系的有效性和功能性。本书研究中的结果显示,多元文化环境中边疆少数民族地区高校教师社会关系网络中"质"和"量"是形成高教学效能感的重要动力源,而关系网络中"质"的方面更为重要。说明网络规模和网络凝聚力,尤其是网络凝聚力在教师的自我信念和归属感及工作动机等方面的重要性,高质量的网络关系是教师真正认同的网络关系,对教师归属感和满意度的形成必不可少。

本书研究的实证结果显示,在边疆少数民族地区教师关系资源社会资本中,师生关系对教师教学效能感的影响力大于同事关系和上下级关系,这也说明了教学中两大主体相互作用的重要性。在多元文化环境下高校教师与学生到底是怎样的关系,尤其是在多元文化课堂教学中,什么样的师生关系才能真正做到有效教学?培育什么类型的关系可以提升"民汉兼通"的培养人才质量?这也是边疆少数民族地区高校普遍都很关注的焦点问题。目前,高校中教师与学生之间存在的关系风格特点是:由于文化的差异性,本民族的师生接触多,在教学上容易产生心理上的认同,他民族师生之间的接触不太多,容易产生心理隔阂。总体上来说,师生之间关系的交往是一种被动关系而非主动关系,虽然社会上极力倡导师生关系要民主平等,但实际上由于受到我国"尊师重教""一日为师,终身为父"等传统文化观念的影响,师生关系不够平等和公平,甚至学生会表示无条件地服从教师。基于本书研究的实证结果,不同文化背景的师生之间关系越好,则更有利于教师教学效能感的提高,教师与学生应努力建立起一种相互尊

---

① Coleman, J. S. Social Capital in the Creation of Human Capital, American Journal of Sociology, 1988 (94): 95 – 120.

② Podolny, J. M. , James, N. Resources and Relationships: Social Networks and Mobility in the Workplace, American Sociological Review, 1997 (5): 673 – 693.

重、相互理解、相互信赖的亲密无间的关系。和谐融洽的师生关系会进一步促进教师与学生之间真诚的交流，强化教学信念，有效调整教学，提高教学效能感。这一结果也支持了心理学家的观点，即教师的教学信念和态度与学生的学习积极性和学习成就之间是呈正相关的，说明师生关系的质量是影响教师教学效能感形成的重要因素。

第二，本书的实证研究结果为教师社会资本与教学知识的获取关系也提供了充分的实证依据，再次证实了教师社会资本的质量直接影响到教师获取社会网络资源的数量，对于边疆少数民族地区高校教师来说，教师与高校内关系网络节点中的各主体之间关系的范围和质量对教师从关系网络获取教学知识有显著影响。从教师社会资本对教师教学知识获取的影响程度看，在 $P < 0.001$ 的显著性水平下，依据标准化路径系数大小排列，顺序依次为网络凝聚力（0.174）、上下级关系（0.172）、师生关系（0.123）、同事关系（0.121）、网络规模（0.116），其中网络凝聚力因素对教师教学知识获取的贡献率最大，表明通过高质量社会关系网络能获取大量的与教学相关的知识，这些知识是教师完成教学任务、形成教学绩效的重要动力源。这与尤兹（Uzzi，B.）所提出的个体通过"社会网络关系可以从合作伙伴那儿获取更多的精炼信息，并能与合作伙伴共同解决工作中出现的问题"[1]这一观点基本是一致的。这一实证研究结果也表明，网络凝聚力是边疆少数民族地区高校教师获取知识的一个重要渠道，体现了教师在获取知识时，网络成员之间的相互尊重和团结、彼此信任和协作对教师知识尤其是异质性的知识获取至关重要。这一结论对于边疆少数民族地区多元文化背景的高校来说是无可置疑的，也符合当前我国民族地区所倡导的"以稳定促发展"的政策策略，因此，教师网络凝聚力的加强对于边疆少数民族地区高校来说是非常重要的。在教师关系资源要素中，上下级关系、师生关系和同事关系对教师教学知识获取都具有显著的正向影响，但在贡献率上存有差异，上下级关系的影响最

---

[1] Uzzi, B. Social structure and competition in interfirm networks: The paradox of embeddedness, Administrative Science Quarterly, 1997, 42 (3): 35 – 67.

大，且影响系数接近于网络凝聚力，说明了学校教学管理者的管理能力及自身的教学素养对教师知识获取的重要性，也体现了高校教学管理者的社会能力在知识转移和教学资源配置过程中的重要作用，从而进一步说明了高校为教师提供教学发展服务是十分必要的，也体现了教师们的期待。

二、教学效能感、教学知识的获取对教师教学绩效的影响

本书研究结果表明，边疆少数民族地区高校教师教学效能感和教学知识获取对教学绩效均有积极的正向影响作用。具体表现为：

第一，从教师教学效能感对教学绩效影响程度看，教学效能感对教学结果的影响系数是 0.429（$P < 0.001$），对教学行为的影响系数是 0.375（$P < 0.001$），说明教师建立起的教学效能感可以直接促进教学任务绩效，但影响的程度不同，对教师教学结果的影响更大。本书中的教学结果侧重指对教师教学的评价结果及教师的教学学术成果，在对高校教师的问卷调查和访谈中发现，教师对教学学术成果普遍比较重视，"因为这关系到老师的职称评定、年终的评优和科研的奖惩，没有科研成果，这些都是一票否决"（访谈），所以这一结论也揭示了目前高校重科研、轻教学的现象。从教师教学效能感对情境绩效的影响来看，教师教学效能感会提高教师的人际促进，其影响的路径系数是 0.388（$P < 0.001$），同时也促进了教师对工作的奉献精神，教学效能感对工作奉献的影响系数为 0.372（$P < 0.001$）。说明教师的教学效能感也可以直接提升教师的情境绩效，强烈的归属感会进一步促进教师对人际的依恋程度，教师的自我信念和成就动机则进一步促进教师愿意将全部精力和能力倾注在自己的教育事业上，这一结论也符合教师是社会人的假设，当高校教师意识到自己处在一个和谐融洽的社会关系环境中时，便可以突破文化的障碍，自由地、无拘束地相互交流和情感沟通，进而可以更好地满足社会需要，产生工作的动机和愿望。

第二，从边疆少数民族地区教师教学知识的获取对教学任务绩效

影响程度看，知识获取对教学行为的影响作用最大，系数达到 0.515（$P < 0.001$），说明教学知识在教师的教学任务绩效尤其是教学行为中的重要性，这一结论与已有的以知识为视角研究个体工作绩效影响因素的文献结论基本是一致的。从知识获取对教学结果的影响看，教师获取的外部知识对教师教学结果的影响路径系数是 0.369（$P < 0.001$），小于对教学行为的影响路径系数。这一结论与现在管理领域的结论是一致的，一般而言，高校教师都属于高学历层次的高级知识分子，拥有丰富的专业知识和教学能力，相对较高的人力资本水平和能力决定了他们大都能够胜任大学教学工作。

三、教学效能感、教学知识获取的中介作用

本书研究运用结构方程建模分析了教学效能感与教学知识获取对多元文化背景之中高校教师社会资本与教学绩效之间的中介作用。实证研究结果如下：

第一，教学效能感在教师社会资本与教学绩效的关系中起中介作用。在 $P < 0.001$ 的显著性水平下，教师网络规模对教学绩效各因素的总效应路径系数分别为教学行为（0.17）、教学结果（0.16）、工作奉献（0.08）、人际促进（0.08）；教师网络凝聚力对教学绩效各因素的总效应路径系数分别为教学行为（0.18）、教学结果（0.16）、工作奉献（0.07）、人际促进（0.07），这意味着教师结构性社会资本并不能直接影响教师教学绩效，而是需要通过教师自我信念和归属感的形成间接地影响教师教学绩效。在 $P < 0.001$ 的显著性水平下，师生关系对教学绩效各因素的总效应路径系数分别为教学行为（0.18）、教学结果（0.17）、工作奉献（0.08）、人际促进（0.08）；同事关系对教学绩效各因素的总效应路径系数分别为教学行为（0.14）、教学结果（0.13）、工作奉献（0.06）、人际促进（0.06）；上下级关系对教学绩效各因素的总效应路径系数分别为教学行为（0.15）、教学结果（0.14）、工作奉献（0.06）、人际促进（0.06），这意味着教师关系资源社会资本也不能直接影响教师教学绩效，而是

需要教师在建构教学效能感基础上间接影响教学绩效。

第二，教学知识的获取在教师社会资本与教学任务绩效的关系中起中介作用。在 $P < 0.001$ 的显著性水平下，教师网络规模对教学任务绩效各因素的总效应路径系数分别为教学行为（0.17）、教学结果（0.16）；教师网络凝聚力对教学任务绩效各因素的总效应路径系数分别为教学行为（0.18）、教学结果（0.16）；师生关系对教学任务绩效各因素的总效应路径系数分别为教学行为（0.18）、教学结果（0.17）；同事关系对教学任务绩效各因素的总效应路径系数分别为教学行为（0.14）、教学结果（0.13）；上下级关系对教学任务绩效各因素的总效应路径系数分别为教学行为（0.15）、教学结果（0.14），这说明教师社会资本并不能直接影响教师教学绩效，而是需要通过提供教师教学绩效所需的大量教学知识资源，经过教师个人内化过程而间接地影响教学绩效的提升。

第三，教学效能感在教师社会资本与知识获取之间起中介作用，通过促进教学知识的获取间接促进教师的任务绩效。教师社会资本一方面能直接影响教师教学知识获取，另一方面教师社会资本还可通过教学效能感这一中介转换机制间接地影响教学知识获取。在 $P < 0.001$ 的显著性水平下，教师社会资本影响教学知识获取的总效应路径系数值分别是：网络规模（0.19）、网络凝聚力（0.23）、师生关系（0.22）、同事关系（0.17）、上下级关系（0.20），间接效应路径系数值分别是：网络规模（0.70）、网络凝聚力（0.60）、师生关系（0.70）、同事关系（0.50）、上下级关系（0.50），直接效应路径系数值是：网络规模（0.12）、网络凝聚力（0.16）、师生关系（0.15）、同事关系（0.11）、上下级关系（0.15），这表明，教师所建立的关系网络一方面能直接影响教师教学知识的获取，另一方面将嵌入网络中的资源转换成教师自身信念和强烈的工作动机，进一步推动教师愿意去获取教学知识，进而促进教学任务绩效的提升。这与罗森（Lawson，B.）等学者在《组织间产品开发团队的知识共享：正式和非正式社会机制的影响》（Knowledge Sharing in Interorganizational Product Development Teams：The Effect of Formal and Informal Socialization Mechanisms）① 一文中提出的"组织中成员的社会资本可以促进知识转移和流动，从而创新产品并提高新产品的绩效"的观点基本一致。从各要素对教师教学知识获取的影响程度看，教学效能感因素对教学知识获取的影响最大，其路径系数达到 0.366（$P < 0.001$），这也说明教师通过社会关系网络形成的自我信念和强烈的归属感及工作动机对教师的行为具有重要意义，能促使他们愿意通过各种途径来获取教学知识，从而提升教学绩效。

从总体来看，本书研究的实证分析结果支持了边疆少数民族地区高校教师教学效能感和教学知识获取在教师社会资本与教学绩效的关系中起中介作用。在过去已有的研究中，学者们普遍认为社会资本会影响到个体工作绩效，甚至是一个重要的影响因素，但很少更深入地探讨这两者之间的作用机制。另外，在社会资本研究中，也有一些学者将研究视角聚集在网络关系特征与通过网络形成知识转移、资源转换，网络关系与心理动机等问题上，强调不同的网络关系会影响网络中成员对信息、知识或更一般意义上的资源的获取与掌控；② 社会关系结构决定着组织协调能力和适应能力，从而影响组织的知识共享和创新行为。③ 将这两方面的相关研究联系在一起，可以认为，社会关系网络的差异会影响人们的心理动机和对网络中资源的获取，进而影响到绩效的产生，这样看，社会关系网络与绩效之间可以构成一个比较合理的理论逻辑。本书在文献检索中发现，对于关系网络、心理动机、知识获取和绩效形成的这种综合性实证研究并不多。

本书在理论模型建构过程中，将教师社会资本—教学效能感与知识获取、教学绩效等几个变量整合在一起，形成一个综合性的研究模型，认为教师社会资本的差异，终将导致教师不同的教学效能感和教

---

① Lawson, B., Petersen, K. J., & Cousins, P. D. et al. Knowledge Sharing in Interorganizational Product Development Teams: The Effect of Formal and Informal Socialization Mechanisms, Journal of Product Innovation Management. 2009 (2): 156 –172.

② McEvily, B. &Zaheer, A. Bridging ties: A source of firm heterogeneity in competitive capabilities, Strategic Management Journal, 1999 (12): 1133 –1156.

③ 王凯："基于网络结构的企业集群创新行为研究综述"，载《科技管理研究》2009年第12期，第369~370页。

学知识获取上的差异，进一步影响教师教学绩效。其中，教师教学效能感和教学知识获取作为两个重要变量，在教师社会资本与教学绩效关系中起中介作用，而且通过对所收集到的有代表性的 431 份边疆少数民族地区高校教师的样本数据所进行的结构方程建模分析，教学效能感和教学知识获取所起的中介作用也得到了本书实证研究结果的支持。本书研究的实证结果不仅验证了关于教师教学效能感和教学知识获取在多元文化背景中高校教师社会资本与教学绩效之间关系中具有中介作用这一研究假设在理论上是具有逻辑性和合理性，而且这一研究结论对社会资本研究领域所对应的综合性框架的相关研究也是一项重要的有益补充。

　　综上所述，本书针对"多元文化环境中高校教师的教学绩效差异及其形成原因"这一研究问题，通过实证研究过程，验证了研究中所提出的 20 项理论假设，也证明了边疆少数民族地区高校教师社会资本对教师教学绩效的积极的、正向影响作用。边疆少数民族地区高校各民族身份的教师在多元文化背景之中所形成的社会资本，对教师教学绩效的积极作用主要表现在两个方面：一方面体现了教师社会资本作为情感性资源和工具性资源的重要意义，另一方面也说明了高校教师教学绩效的影响因素，不仅只是受到高校正式制度、规则等的影响，更多地会受到教师社会资本系统这种非正式制度的积极影响，尤其是对教师情境绩效的影响，在高校正式规则难以达到预期激励效果时，如果能充分利用教师良好的社会关系网络，或许可以达到更好的激励效果。

第五节　本章小结

　　本章运用结构方程模型对边疆少数民族地区高校教师社会资本与教学绩效关系模型的测量模型和结构模型进行了识别。首先进行模型设定；其次从参数识别、测量模型识别和结构模型识别三个方面检验概念模型是属于可识别模型；再次通过对所建立的概念模型进行参数的显著性检验、中间变量参数的显著性检验以及模型的拟合度，对模型的理论建构是否合理进行了评价；最后是修正模型。对提出的概念模型和理论假设进行了实证检验，结果表明所有的理论假设都得到了支持，说明概念模型是成立的，验证了边疆少数民族地区高校教师社会资本对教师教学绩效的积极的、正向影响作用。实证结果较好地回应了这一研究问题，基本实现了研究目标。在实证分析的基础上，对所得出的结果进行了讨论。

第七章 边疆少数民族地区高校教师社会资本与教学绩效关系的群体差异分析

　　本章将采用定量研究与质性研究相结合的方法对边疆少数民族地区高校教师社会资本与教学绩效关系的群体差异展开分析。在教育研究中，定量研究与质性研究各有特点，定量研究倾向于通过收集大量数据来对变量进行操作和统计处理，以此分析和说明教育现象，从而揭示出教育现象中各变量的特征及相互之间的逻辑关系，它有利于研究者从宏观上把握教育现象。由于教育现象的复杂性，我们通过定量研究获得的只是对事物关系的一般性和概括化的认识。而质性研究倾向于研究者深入教育现象之中，通过亲身体验来感知研究对象的认知特点，在具体情境中收集到第一手资料并在此基础上建立起"主体间性"的意义解释。[1] 它强调的是研究者通过对现象的深入描述和分析，从而在微观上更好地把握教育现象，以弥补定量研究过度形式化的弊端，增进对定量研究中"数量化"结论的理解。[2] 因此，在定量研究的基础上再加以质性研究，能更深入细致地诠释数字符号背后的意义，有助于我们全面地把握研究对象。在这一章中，我们试图从边疆少数民族高校教师的背景信息中来进一步了解教师教学绩效存在差异的真正原因，定量研究帮助我们理解教师间

---

　　① 嘎日达：《方法的论争——关于质的研究与量的研究之争的方法论考察》，文津出版社 2008 年版，第 2 页。
　　② 陈向明："定性研究方法评介"，载《教育研究与实验》1996 年第 3 期，第 62～68 页。

教学绩效差异表现的基本逻辑联系，质性研究则使我们更加明确这一逻辑联系的丰富内涵。

第一节 研究方法

一、定量研究

在定量研究中，对样本是否具有显著性差异的检验，通常运用统计学中的独立样本 t 检验和方差分析进行平均数差异检验。独立样本 t 检验主要适用于对两个群体平均数的差异检验，一般自变量是二分类别变量，因变量是连续变量。两组平均数间的差异需通过 t 检验才能判断两组的差异值是否具有显著差异。本书中高校教师的不同性别和民族的组别间比较可采用独立样本 t 检验的方式来分析。方差分析主要适用于对三个或三个以上群体平均数的差异检验，如果方差分析整体检验的 F 值（$P < 0.05$）达到显著水平，但只表示这几组平均数之间存在显著性差异，若要区分哪两组或哪几组平均数之间存在显著性差异，还需要进行事后比较（a posteriori comparisons）才能得知。如果方差分析整体检验的 F 值（$P > 0.05$）未达到显著水平，表明这几组平均数的差异没有达到显著水平，则不需要进行事后比较。

二、质性研究

在教育研究中，陈向明教授用"像一把大伞"形容质性研究方法的多样性，[1] 表明质性研究方法是非常丰富的，主要有现象学、扎根理论、民族志等，在研究中一般运用访谈、参与观察、实物分析等方式来收集所需的资料。

---

[1] 陈向明：《质的研究方法与社会科学研究》，教育科学出版社 2000 年版，第 5 页。

访谈是质性研究中最为常用的一种手段，是研究者以研究性交谈的方式从研究对象那里获取或建构第一手资料的一种研究方法。依据访谈结构的特点，通常可将访谈划分为结构式（或封闭型）访谈、无结构式（开放型）访谈和半结构式（半开放型）访谈三种类型。结构式访谈主要是按研究者事先设计好的、具有固定结构的问题对研究对象进行标准化的访谈。无结构式访谈与结构式访谈刚好相反，研究者事先并没有设计好固定的访谈问题，而是让研究对象通过谈论自己认为重要的问题，以此来了解他们看待问题的视角和他们对意义的诠释。半结构式访谈是研究者对于访谈结构具有一定的控制作用，事先准备有一份粗线条的访谈提纲，主要是作为访谈过程中的一种提示，依据研究设计对研究对象进行提问，同时也鼓励研究对象提出自己的问题，在访谈中，研究者往往会根据具体情境对访谈的程序和内容进行灵活的调整。①

从一定意义上来说，定量研究的问卷调查可看作是一种特殊形式的结构式访谈。在多元文化环境中，各民族教师在与学生、同事及教学管理者的交流互动时所产生的真实想法，自己在教学中所取得绩效的感受与体验，如果只通过问卷调查这种特殊形式的结构式访谈，研究者是很难把握他们更深入的思考和内心的感受，因为这种有限的题项和固定的提问形式以及纸笔作答方式很容易使研究对象的思维停留在简单答案的表面分析上，内心的主观感受很难被呈现出来，所以很容易错过一些有价值的重要信息。与结构式访谈相比，半结构式访谈更适于对定量研究的发现进行追问。基于此，本章的质性研究主要选用结构式访谈来收集资料，在对研究对象正式访谈之前，设计了一份初步的访谈提纲（见附录四），确定了访谈的方向和基本问题，并在访谈过程中根据研究对象的具体情况而不断加以改进和反思。

---

①　陈向明：《质的研究方法与社会科学研究》，教育科学出版社 2000 年版，第 165～171 页。

第二节 研究过程

一、研究样本

本章中定量研究的样本还是正式调查问卷所收集到的 431 份有效样本，样本以及量表的各维度，采用 SPSS19.0 进行统计分析。因此不再多加介绍。下面主要介绍质性研究的抽样设想与过程。

质性研究中研究样本的抽样，最常用的是"非概率抽样"中的"目的抽样"（purposeful selection），即按照研究的目的抽取能够为研究问题提供最大信息量的研究对象。① 通常在研究中，研究者为使访谈能顺利进行并获得比较可靠的研究结果，还须考虑可能影响质性研究效度的因素，确定最佳的访谈对象和方案。

本部分根据研究需要，选取了新疆 C 学院作为主要考察点。这种抽样方式主要基于以下的考虑：新疆 C 学院位于新疆维吾尔自治区伊犁哈萨克自治州（这里汇聚了 47 个民族）首府伊宁市，是一所隶属新疆维吾尔自治区管理的普通高等师范院校。学校以教师教育类专业为主，同时开设了部分区域经济与社会发展需要的非教师教育类专业，现有 41 个本科专业、15 个专科专业，涉及文学、理学、工学、历史学、法学、艺术学、管理学和教育学 8 个学科门类，在编专任教师 846 人，普通本专科生 1.1 万余人。学校由不同的民族师生组成，多元文化气息浓郁。研究者本人为 C 学院的教师，主要担任教育学、心理学等课程教学，对学校的教学及其教学管理等工作均比较熟悉，在联系访谈对象和搜集相关资料上均具有一定的便利和优势，并且比较容易获得访谈对象的信任从而能更好地把握访谈内容，同时还可以通过相对客观地进行观察和回应，寻求共同的理解。由于访谈对象比

---

① Patton, M. Q., Qualitative Evaluation and Research Methods (2nd ed), Thousand Oaks, Calif: Sage. 1990: 169.

较具体，自然会涉及各方面的利益和个人隐私，因此，在正式访谈前，研究者首先将访谈的目的、用途和内容的处理方式等向访谈对象做了详细的介绍；在访谈中，在征求访谈对象同意后进行了访谈录音。

最终，共访谈了 16 位民汉教师，鉴于保密性原则，所用的教师姓名均用字母符号表示，其中 8 位是汉语言教学部的，分别用 A1、A2、A3、…、A8 代替；8 位为民族语言教学部的，分别用 B1、B2、B3、…、B8 代替，以下是他们的具体信息，如表 7 - 1 所示。

表 7 - 1　访谈对象的情况简介

姓名	性别	民族	年龄	教龄	职称	学历
A1	男	汉	26	2	助教	硕士
A2	女	蒙	29	3	助教	硕士
A3	男	汉	31	4	讲师	硕士
A4	女	汉	36	13	讲师	硕士
A5	男	汉	39	12	副教授	博士
A6	女	锡	45	19	副教授	博士
A7	男	回	47	25	教授	博士
A8	女	汉	51	26	教授	硕士
B1	男	哈	28	2	助教	本科
B2	女	维	29	2	助教	本科
B3	男	维	37	13	讲师	本科
B4	女	哈	38	15	讲师	硕士
B5	男	哈	39	15	副教授	硕士
B6	女	维	42	18	副教授	博士
B7	男	维	49	25	教授	硕士
B8	女	哈	54	29	教授	硕士

资料来源：本书访谈数据。

二、背景变量设定

本书中的背景变量主要包括性别、民族、年龄、教龄、职称、学历六个方面，对背景变量的描述性统计分析，结果如表7-2所示。

表7-2　调查样本的描述性结果

度量单位	类别	频数	百分比（%）	累计百分比（%）
性别	男	206	47.8	47.8
	女	225	52.2	100.0
民族	汉族	223	51.7	51.7
	少数民族	208	48.3	100.0
年龄	30岁以下	53	12.3	12.3
	31~40岁	256	59.4	71.7
	41以上	121	28.3	100.0
教龄	10年以内	172	39.9	39.9
	11~20年	138	32.0	71.9
	21年以上	121	28.1	100.0
职称	助教	59	13.7	13.7
	讲师	166	38.5	52.2
	副教授	163	37.8	90.0
	教授	43	10.0	100.0
学历	本科	147	34.1	34.1
	硕士	207	48.0	82.1
	博士	77	17.9	100.0

从样本高校教师的性别分布比例上看，男教师206人，占47.8%；女教师225人，占52.2%，女教师略高于男教师。从民族身份分布比例上看，汉族教师223人，占51.7%；少数民族教师208人，占48.3%，汉族教师所占比例略高于少数民族教师。从总体上说，性别和民族身份中教师所占的比例基本属于均衡状况。从年龄分布状况看，30岁以下的教师53人，所占比例为12.3%；31~40岁的教师所占的比例较大，有256人，比例为59.4%；41以上岁的教师121人，比例为28.3%。从教龄分布状况看，10年教龄教师172人，占39.9%；11~20年教龄教师138人，占32.0%；21年以上教龄教师121人，占28.1%。从职称分布上来看，讲师166人，副教授163

人，所占比重分别为 38.5% 和 37.8%；助教 59 人，教授 43 人，所占比重相对较小，分别为 13.7% 和 10.0%。从教师的学历状况来看，硕士学历 207 人，所占比重较大，所占样本比例为 48.0%；其次是本科 147 人，所占样本比例为 34.1%，博士 77 人，所占样本比例只有 17.9%。

三、质性研究资料收集与分析

（一）资料的收集过程

在质性研究中，研究者本人的角色意识、看问题的角度和个人经历等因素，都会影响研究实施的方式和结果，[①] 因而资料收集的过程往往也会受到很多条件的限制。为了使所收集到的资料服务于研究，研究者尽可能保持"价值中立"，以相对客观的态度去收集、分析和解释所收集到的资料。本书在访谈前事先设计了一份访谈提纲，但在访谈过程中并不是完全严格按照问题的先后依次进行，而更多的是采用开放性的方式，根据访谈的实际情况和访谈对象的特点灵活调整，只要访谈对象的谈话没有偏离研究的主题，谈话中只与对方进行一些眼神或表情的沟通或鼓励性提问，尽量让对方尽情表述而不打断他的话题。

每次在访谈前，笔者事先专门从学生与教学督导或同事处了解访谈对象的相关情况；访谈开始时，首先向访谈对象承诺保密性原则，以打消其不必要的顾虑，同时征求对方是否同意录音，16 位访谈对象全部同意录音，每次访谈持续的时间基本都在 2 小时左右；访谈结束后及时将录音进行回放并誊写整理，分析自己的提问是否恰当，是否给对方进行了暗示或影响对方自由发挥，以此调整后面的访谈。每次在将访谈录音转化为文字的过程中，与老师们互动的温馨场景依然清晰地浮现在脑海，缭绕于心间，他们的脸部表情、眼神以及手势和各种情绪的表现，他们的言语以及我对他们内心的揣摩和追问等都仿

---

① 陈向明：《质的研究方法与社会科学研究》，教育科学出版社 2000 年版，第 132 页。

佛就在眼前。当反复阅读所整理出来的文字，字里行间饱含着访谈对象的认知和情感及我对他们的由衷感激。

（二）资料的分析

资料分析的实质是一个浓缩的过程，即将具体、零散的访谈内容通过分析、综合、比较、分类、抽象和概括，进一步提升其核心概念或主题，从而提炼成有一定意义关联的资料。质性研究的目的并不仅仅是为了印证定量研究的结果，所以在做资料分析时，研究者尽可能地搁置起自己的前设和价值判断，采取主动"投降"的态度，[①] 让资料来说话。这样做一方面可以使研究者能相对保持"价值中立"的态度来分析资料，另一方面通过质性研究资料能够阐释定量研究结果背后的深层意义，构建一个合理的图式来架构这些充满真情实感的生活片断。

本书对于收集到的访谈资料的分析，基本分为两个阶段，第一阶段主要是"元分析"过程，即"收集—整理—分析"同步进行，同时还对"收集—整理—分析"这一过程展开分析，分析和反思自己在访谈过程中的各种表现，并不断调整访谈的内容，尽量确保后一次的访谈比前一次的访谈更理想，以确保访谈资料的真实有效并能不断弥补前面访谈中的不足。第二阶段主要是"综合—分析—综合"过程，16 份访谈提纲全部收集齐备后，根据研究问题将资料做了进一步的重组和分析，通过对资料重新编码以深入了解每一个主题的特点，抽象出共同类属，找寻它们的意义联结，并由此概括出新的整体。

开放式编码（open coding）是质性研究最常用的分析技术，可概括为三个步骤：第一步是应用概念对数据编码；第二步是比较和对比概念编码并进行同质分类；第三步是在分析问题的基础上确定每一类型的属性。

本章中的访谈资料也将运用开放式编码的方式展开分析，首先结合研究目的和资料自身的特点将原始资料中的一些具体概念抽象出来进行主题归类，然后采用了类属分析（categorization）的形式整理和

---

① 陈向明：《质的研究方法与社会科学研究》，教育科学出版社 2000 年版，第 277 页。

分析资料。在具体操作中，大致可归为七类：（1）与教师社会关系相关的描述（关系密切、关系网、小社会、团体、本民族、他民族、聚会、同学、师生情谊、朋友、一般、认识、走关系、民族情怀、信任、熟人、喜欢、谈心、讨厌）；（2）与师生交往、交流及评价相关的描述（互动、沟通、不怎么认识、敬畏、害怕、担心、认可、代沟、心理距离、间接性交流、课堂外、课堂内、满意、愿意聊天、热情、无表情、礼貌、避开、真实、基本相符）；（3）与同事交流、评价相关的描述（共同语言、喜欢、乐意、小团体、不愿意、聊天、说笑、共事、搞好关系、有看法、想法多、不太真实、面子、认可、敬佩、看不起）；（4）与教学督导、教学管理者相关的描述（形式、不太认可、作用不大、影响、水平、能力、限制、说服力、期待、反思、经验、平等）；（5）与多元文化知识相关的描述（民族情感、民俗风情、歌舞、音乐、缺少、吸取、不同民族、积累、掌握、必要、获得）；（6）描述自己教学感受的（有成就感、信念、效能感、满意度、反思、缺乏经验、积极、多学习、心理压力、认识到位、配合程度、素质）；（7）对教学绩效认知的描述（基本认同、满意、认同、意义、更看重、过程、结果、人际、重要性、肯定、不赞同）等。依据定量研究中对边疆少数民族地区高校教师的性别、民族身份、年龄、教龄、职称及学历这六大背景变量的方差分析结果，对高校教师之间所存在的差异进行分析。

第三节　研究结果分析

一、边疆少数民族地区高校教师性别差异分析

性别只有男、女两种类型的划分，属于二分类别变量，可采用独立样本 t 检验来分析高校男、女教师这两个独立样本的均值是否相等，结果如表 7-3 所示。

表 7 - 3　高校教师的性别变量差异分析

维度	子维度	性别	频数	均值	标准差	t 值	显著性
教师社会资本	网络规模	男	206	10.194	2.617	- 2.064*	0.040
		女	225	10.698	2.445		
	网络凝聚力	男	206	10.296	2.249	- 0.753	0.452
		女	225	10.467	2.439		
	上下关系	男	206	10.767	2.353	- 0.464	0.643
		女	225	10.876	2.492		
	同事关系	男	206	10.238	2.339	- 1.86	0.064
		女	225	10.671	2.484		
	师生关系	男	206	14.233	3.184	- 0.988	0.324
		女	225	14.524	2.939		
中间变量	教学效能感	男	206	14.723	2.962	0.101	0.919
		女	225	14.693	3.157		
	教学知识获取	男	206	14.529	3.018	- 0.420	0.675
		女	225	14.657	3.311		
教学绩效	教学行为	男	206	10.902	2.393	- 0.687	0.492
		女	225	11.066	2.538		
	教学结果	男	206	18.888	3.365	- 1.189	0.235
		女	225	19.266	3.238		
	工作奉献	男	206	11.082	2.571	0.985	0.325
		女	225	10.840	2.537		
	人际促进	男	206	14.752	3.197	0.754	0.451
		女	225	14.524	3.073		

注："*"代表 $p < 0.05$。

由表 7 - 3 可知，变量各维度的性别差异结果显示，教师社会资本的网络规模子维度（$P = 0.04 < 0.05$）在 0.05 的显著性水平下，男性教师与女性教师之间存在有显著差异，且女性教师高于男性教师。除此之外，其他各子维度的 t 统计量均未达显著水平，显著性概率均大于 0.05，表明在民族自治区域的高校里，男教师和女教师网络凝聚力、上下级关系、同事关系、师生关系、教学效能感、教学知识获

取、教学行为、教学结果、工作奉献、人际促进维度上都不存在差异。

通过对访谈资料的文本分析，边疆少数民族地区高校教师所拥有社会资本及教学绩效的共同特征主要有三个方面：

第一，在结构性社会资本方面，关系网络范围不大，基本上是集中在单位里的同事与学生，且具有同质性特点，网络各节点之间的联系也主要以间接性联系为主。"我的社会关系网极其简单，主要局限在校园之中。主要交往的大部分人群是我的同事、学生，基本都是教育工作者，一般在工作和生活中都有一些交集。我的关系网数量不多，经常联系或有交集的优先，与一些少数民族老师，主要是他们讲本民语的，思维也有差异，沟通起来有点困难，交流不是太多，有也只是工作上的事情。平时与大家的联系主要是通过 QQ 或微信联系，见面不太多，但关系都还算牢固。"（A4）"基本上是和自己气场相合的人交往，气场不相合的人的交往限于工作或其他现实需要，不主动交往，不深入交往。一般都在微信上聊天，平时大家都比较忙，聚得不算多。与学生的交往主要是在课堂教学中，平时大多是通过电话、微信和 QQ 等形式进行。"（A7）"我的社会关系群体主要为亲人、同事、同学、朋友。同城居住者以面对面交往方式为主，跨城（国）则以电话、网络（E-mail、微信、QQ 等）为主。数量适中，其中，约1/3 关系亲密，2/3 关系普通。"（B7）

第二，教师能通过关系资源社会资本来获得一定的教学资源，主要是通过课堂教学中师生互动和教研室活动获取，而教学督导的作用很重要，但真正所起的作用不大。"教学中可以用到一些社会关系网络中的资源，比如在讲一些理论的时候，很容易找到与之相关的事例。平常，也愿意和学生分享一些比较有目标、有追求的朋友的事，引发学生对自己的生活状态的思考。我经常可以从自己的社会关系网络中获得有助于教学和研究的资源，如获取文献资料、合作研究、横向课题等。"（A6）"师生之间、同事之间、教师与教学督导之间所建立的'二元'互动关系是大学必要的、必不可少的关系。良好的互动关系会促进双方发展，反之则有消极作用。特别是师生之间的关系是最重要的一对关系。师生之间的良好互动会促进双方关系的改进和教学效果的提升，是教师不断提高教学质量的坚定信念和动力。这种信念会促使教师不断在各方面提高和完善自己。教学督导的作用也是很重要的，但目前督导对老师所起的作用不是很大，基本上是一些已退休的老教师，他们自己在过去的教学中都存在有很多问题，观念也是老一套，所以影响力不大，不过也有一些帮助，尤其是新手教师，还是需要他们的。"（B8）"我比较善于总结教学中的收获，尤其是课堂教学中与学生的关系，能从他们的各种表现中总结教学的经验，比如有一次我上一堂讨论课，我们主要讨论'力'这个学科前沿问题，刚开始学生们不太配合，都保持沉默，似乎没有什么可讨论的，我想这可能是上课前自己没有与学生沟通好，学生们也没有做更多的准备工作，所以积极性不高。虽然是讨论课，但我之前都会做大量的信息搜集工作，包括各种数据、图片，我于是就改变讨论的程序，我将我准备的这些教学资源展示给他们，并给学生们讲述各种分析力的角度，分析的思路。后来同学们积极发言，课堂一下就活跃起来，思路也打开了，效果很好。我也从很多类似这样的课堂教学中总结了诸多经验，这些经验其实也就是从学生那里获得的资源。每周的教研活动中，与同事交流教学和科研中的困惑，分享教学资源，相互鼓励，对自己的教学很有帮助。实事求是地说，督导对我的影响不是很大，与他们的交流也很少，有时他们也来听课，听完就走人，感觉他们对教师没有真正起到督和导的作用。"（A5）

第三，教师的教学绩效会直接受到教师个体知识及教学品质的影响，而教师的知识与教学品质很大程度上又受到教师社会关系的影响，可以说，教师的社会关系、教师的教学知识与教学品质是影响教学绩效的内外两大因素。"我认为教学是教师个体的创造性活动，与个体所拥有的知识以及某些内隐品质高度相关，如教师个人的学科知识、教学理论知识、实践性知识、教学信念、认知水平、情绪稳定性、意志特征、动机与态度、行为风格等。学生、同事和教学督导对我的教学绩效的直接影响不大，但他们对我的知识获取和个人品格会有一定的影响。"（A3）"学生学习主动性的高低对我的教学绩效有影响，主动性低，在教学中互动无法有效开展，这对我的教学积极性有很大的影响，相反，学生主动性高，我也更有信心上好课，我带了两个民汉合堂的平行班，两个班的学生表现大不一样，我明显感觉自己在课堂里的表现就不一样，这一方面会影响到我的情绪，另一方面，在课堂教学中我也能吸收到很多教学知识和多元文化知识，这样最终影响到教学质量的提升。同事之间的听课评课、督导的教学质量监督，一定程度上能够促进自己不断去积累教学知识，提高自己的教学动机，注重教学绩效的提升。对于学生，期待他们树立专业意识，选择法学专业就要爱上这个专业，从兴趣出发，认真主动地去学习。对于督导及同事的期待，主要在于指出不足、帮助提高教学绩效。"（A2）"教师和学生之间是'教'与'学'的关系，还有就是教师指导和帮助学生进行学习，学生对教师的教学工作提供实践方面的支持，同事之间应该是交流协作的关系，教学督导对教师而言首先是监督，但更重要的是指导教师的教学，尤其在教学督导的选择方面应该是教学经验丰富，教学效果优秀，深受教师和学生喜爱的优秀骨干教师，同时应该是本专业或相关专业教师，这样更利于教师和督导之间的交流，更利于指导和帮助。这种关系会影响本人的教学信念和教学行为，教学信念对教学和研究的影响主要在于是否对教学工作有热情，是否投入教学工作和研究，是否愉快地教学和工作。"（B4）

二、边疆少数民族地区高校教师民族身份差异分析

本书中将高校教师的民族身份主要划分为汉民族和少数民族（包括维吾尔族、哈萨克族、蒙古族、藏族等各少数民族）两大类，属于二分类别变量，检验这两个独立样本的均值是否相等，可采用独立样本 t 检验分析，结果如表7-4所示。

由表7-4可知，高校教师民族身份在因变量检验的 t 统计量均达显著水平，显著性概率均小于0.01。高校汉族教师在社会资本和教学绩效等各子维度上，均高于高校的民族教师。从整体来看，高校汉族教师与民族教师比较，有较强的教学效能感，善于获取各种教学知

识，具有更加良好的社会资本和教学绩效。

表 7 - 4　高校教师的民族身份变量差异分析

维度	子维度	民族	频数	均值	标准差	t 值	显著性
教师社会资本	网络规模	汉	223	10.905	2.450	3.858 ***	0.000
		民	208	9.976	2.552		
	网络凝聚力	汉	223	10.730	2.263	3.199 ***	0.001
		民	208	10.014	2.386		
	上下关系	汉	223	11.134	2.203	2.778 **	0.006
		民	208	10.490	2.604		
	同事关系	汉	223	10.829	2.225	3.281 ***	0.001
		民	208	10.072	2.565		
	师生关系	汉	223	14.986	2.938	4.311 ***	0.000
		民	208	13.740	3.061		
中间变量	教学效能感	汉	223	15.466	2.763	5.504 ***	0.000
		民	208	13.894	3.163		
	教学知识获取	汉	223	15.188	2.883	4.085 ***	0.000
		民	208	13.961	3.346		
教学绩效	教学行为	汉	223	11.560	2.184	5.126 ***	0.000
		民	208	10.375	2.610		
	教学结果	汉	223	20.076	2.815	6.776 ***	0.000
		民	208	18.024	3.457		
	工作奉献	汉	223	11.878	1.970	8.370 ***	0.000
		民	208	9.966	2.735		
	人际促进	汉	223	16.000	2.518	10.504 ***	0.000
		民	208	13.168	3.066		

注："*"代表 $p < 0.05$，"**"代表 $p < 0.01$，"***"代表 $p < 0.001$。

通过对访谈资料文本分析，边疆少数民族地区高校民、汉教师所拥有的社会资本及教学绩效的差异特点主要表现为：

民族教师的社会资本突出的特点是同质性。"与其他民族的老师接触不太多，一般只是工作需要才打交道，可能主要是语言和习惯的原因吧。与自己同民族的老师之间的关系都比较好，有什么事大家会齐心协力帮助。我们民族有一个习惯，就是好朋友们定期进行聚会，至少一个月一次，每家轮流坐庄，在一起吃饭、唱歌、跳舞、祷告，非常放松。我们同事之间的感情一般就是在这种聚会中发展起来的，大家经常聚在一起，自然感情就很深了，我们每次都很期盼着聚会的日子。与学生之间的关系也比较好，我们的学生（本民族）对老师都非常有礼貌，学生们有时也跟我们说，汉班的老师要求严，因为民族学生的基础不是太好，所以（民族学生）与汉班学生一起上课时心理压力大，上汉班老师的课有点严肃和紧张，害怕老师提问，对老师是很敬畏的。"（B6）"因为语言的关系，我与汉族教师聊的不多，成为好朋友的也有但不太多，自己学院的一般仅限于教研室开展活动时在一起，平时在其他场所遇见也只是打个招呼，没有更深的交流。对于其他院的教师一般未主动交往，感觉自己的社会关系非常单一，很多人说可以通过微信联系，但我很少用，网也很少上，还不太会用。上课要求用多媒体教学，我有点不习惯。"（B5）

显然，民族教师这种同质性的社会关系特点使得同民族之间的凝聚力加强，但这种凝聚力更多倾向于在情感上的关怀，包括与学生之间的关系，学生普遍反映汉族教师对他们的要求比民族教师要严得多，但他们更多的还是喜欢汉族教师的课堂教学。在民族同事与民族学生对民族教师的教学评价中，同事的评价普遍比较高，但学生的评价却相对较低。因为语言和习俗不同，民族教师与以汉语为母语或以汉语为主的师生交往不多，这些必然会影响到民族教师对其他民族的了解，也很难从他们身上获取教学上的资源，这样也会影响到民族教师教学能力的提高，以致影响到其教学绩效水平。

汉族教师社会资本的突出特点是具有异质性，在社会关系这一网络中非常注重与网络节点之间的联系。"我认为师生如母女、同事如夫妻、教师与教学督导如父子。这些关系对我的教学有很大的影响，所以不管是哪个民族，我平时只要有机会都很喜欢和他们聊天，和他们成为好朋友。我认为人与人之间的感情是建立在相互信任、尊重和理解的基础上，我平时很注重少数民族的宗教信仰，尊重他们的风俗习惯，所以身边有各个民族的朋友，包括很多民族学生。这些对我的教学帮助很大。教学的过程，其实就是一个教学相长的过程，教学中也在促进自己的知识体系和理论水平不断完善与提高，在讲授中发现的问题，就是自己没有真正吃透的知识盲点，需要及时钻研，填补死角。与学生（包括各个民族的学生）的互动，对于自己专业知识水平和多元文化知识的提升都大有裨益。与教学督导、同事之间建立的关系，更多的是教学方式、形式的指导与交流，这对自己形成什么样的教学信念和采取什么样的教学行为都会产生很大影响。"（A8）"因为不同的民族有不同的特点，现在我们的课堂教学发生了很大的改变，民汉学生合堂，虽然我不太赞同这样，也不喜欢这样。但现实面前我们只能接受，重新思考如何激活这样一个以多元文化为背景的课堂教学，我也尝试过很多方法，最终我觉得还是要回到学生的特点上，了解他们（主要指少数民族学生）的认识特点和思维方式，了解他们的民族文化，了解他们的习俗，了解他们想要什么，这样做课堂教学才会有起色，所以我很注重与他们的交往。除课堂外，主要通过网络交流，如 QQ 群、微信群，在这种间接的交流中，学生都能畅所欲言地表达自己的观点。"（A5）

在边疆少数民族高校，民汉合班教学的改革，汉语部的教师由过去单一民族的课堂教学转化为多民族学生的课堂教学，这种以多元文化为背景的课堂，迫切需要教师转变教学观念，改善课堂教学方法，在访谈时可以感觉到，大部分汉语部的教师都在积极探索教学改革，而且认为具备多元文化知识及与各个民族学生广泛交流是改革课堂教学的前提，只有这样才能提高教学绩效。但访谈中发现也有一部分教师在面对多元文化的课堂教学中，出现了"教学倦怠"现象。"我本来比较喜欢上课，但现在不知为什么一站到讲台上就心烦，学生也不配合，不是玩手机就是睡觉，尤其是少数民族学生，一问三不知，甚至还不懂课堂规矩，上课迟到，课堂中想出去就出去了，看到他们我就心烦不想上课。学校安排的教学督导，对教师只有督而没有导，教学管理者出台的教学管理规则，对教师也只有惩罚没有奖励，哪怕是精神上的奖励，所以教学的动力越来越少了。"（A4）在这种情境下，教师的教学效果自然是不理想的。

三、边疆少数民族地区高校教师年龄差异分析

不同年龄的高校教师，由于生活阅历和知识经验等不同，在待人接物、职责和能力等方面都会表现出各自的特点。为了比较各年龄阶段高校教师在社会资本与教学绩效关系方面是否存在差异，运用方差分析（analysis of variance，ANOVA）方法对社会资本维度、中介变量和教学绩效维度分别进行差异比较，结果如表 7-5、表 7-6 和表 7-7 所示。

表 7-5　高校教师社会资本的年龄差异分析

维度	年龄	频数	均值	标准差	F 值	事后比较
网络规模	30 以下（A）	121	9.250	2.600	14.924***	B > A C > A
	31~40（B）	182	10.730	2.433		
	41 以上（C）	128	11.210	2.236		
网络凝聚力	30 以下	121	9.283	2.290	15.702***	C > B > A
	31~40	182	10.533	2.511		
	41 以上	128	11.203	1.708		
上下关系	30 以下	121	9.700	2.607	16.119***	B > A C > A
	31~40	182	10.956	2.437		
	41 以上	128	11.703	1.740		
同事关系	30 以下	121	9.341	2.269	15.112***	C > B > A
	31~40	182	10.626	2.584		
	41 以上	128	11.273	1.901		
师生关系	30 以下	121	12.991	3.118	15.190***	C > B > A
	31~40	182	14.544	3.170		
	41 以上	128	15.468	2.279		

注："***"代表 $p < 0.001$。

（一）高校教师社会资本的年龄差异分析

由表 7-5 可知，不同年龄阶段的高校教师社会资本存在显著差异。从网络规模、网络凝聚力、上下级关系、同事关系和师生关系五个因变量来看，方差分析整体检验的 F 值（$P = 0.000 < 0.001$）均达

到显著性水平，表明五个子维度上有显著差异存在，研究假设获得支持。而后通过采用最小显著差异法（least significant difference，LSD）的多重比较发现，在网络规模和上下级关系两个子维度上，31～40岁年龄段的教师显著高于30岁以下年龄段的教师，41岁以上年龄段的教师也显著高于30岁以下年龄段的教师，但31～40岁与41岁以上年龄段教师之间的差异不明显。在网络凝聚力、同事关系和师生关系三个子维度上，41岁以上年龄段的教师显著高于31～40岁年龄段的教师，31～40岁年龄段的教师显著高于30岁以下年龄段的教师。

访谈资料文本分析显示，在边疆少数民族地区高校中，30岁以下青年教师社会资本的特点主要表现为：社会关系网相对比较简单，结构性社会资本的范围不大，凝聚力不强；关系资源社会资本相对也比较弱，但这些青年教师都比较愿意更好地建构自己的社会资本，希望通过努力能从社会资本中获取更多的教学资源以提高自己的教学能力，积累教学经验。"我的社会关系网极其简单，主要局限在校园之中。主要交往的是同事、学生，还有学生时代的部分同学。与同事的交往主要是通过一些活动，如教研活动、听课，还有通过聚会的方式，一起聊天，但是聚会不是太多。另外就是网络，QQ、微信是主要的聊天方式，尤其是学校建立的聊天平台，有时可以尽情地发表自己的想法，通过这样的聊天，在教学上的收获还是挺大的，不懂的问题都可以在这里询问和得到答案。与学生之间的直接交流不太多，主要是在课堂里以提问的方式进行。教学督导有时会去听课，也会和我聊一些教学中的问题，但感觉他们与自己不是同一专业，所以谈论的问题也涉及不到专业知识，他们对我的影响不是太大，其实我很希望督导都是自己专业领域的专家，这样就能真正指导我们新教师的教学了，这样一来我们就会提高很快的。"（A1）"我的社会关系网较简单，交往的群体有限，主要是以自己的职业和专业为主要形成基础。比如我是学法学的，我的这些社会关系网络构建主要以法学专业为拓展基础，其他专业交往不多，因工作时间不太长，与其他的老师都不太熟，所以我的社会关系网数量较小，质量还可以，因为是同一专业，大家在一起时经常会讨论一些专业上的问题或是自己的观点、见解，感觉有共同的语言。"（A2）"我交往的大部分人群为我的同事，也就是基本上都是教育工作者，不一定是本民族的老师，我的汉语比较好，在工作和生活中喜欢与汉族老师交往。我觉得从一些优秀教师身上能学到很多自己所不知道的东西，所以我也喜欢请教他们，还有其他民族的一些老师，我认为朋友是不分民族的。与学生的关系也可以，在课堂上我说汉语比自己的语言（哈语）要多一些，学生也比较喜欢，这样更能帮助他们学好汉语。在教学上，我认为自己是一个比较努力和上进的人，有时督导听完课后，我会主动问他们的感受，还有哪些地方是不够的，希望能更多地得到他们的帮助。总体来说，我认为我的关系网数量不多，经常联系或有交往的优先，但关系都还算牢固。"（B1）

31~40岁的中青年教师在高校中所占的比例相对比较大，与青年教师相比，这些教师的社会资本已形成一定的规模，拥有一定关系密切的网络连接，即网络节点相对比较牢固，并善于从关系网络中获取自己想要的教学资源。

"因为教师职业的缘故吧，我的社会关系网更多的是自己的同事和从事教育行业的人员以及自己所带的学生，另外就是亲戚、同学（主要是同行业的工作的教师），其他的社会关系不太多。与同事们的关系相处都比较融洽，与民族老师也很团结，经常会和他们一起喝酒，这也是一种情感联络的方式，在这种完全放松的交往中，我对很多民族的风俗习惯和宗教信仰都有较深刻的了解，同时也学会了一些简单的民族语言。我觉得，如果你深刻了解了一个民族的文化，你才能真正融入一个民族。目前，我们院让我担任两个班的班主任，两个班将近一百名学生，我算了一下，有9个民族的学生，我利用自己平时所积累的少数民族文化知识来组织和管理班级，基本上都能得到学生的认同。平时在课堂教学中也是一样，民汉合班上课打破了过去课堂教学的模式，要想真正上好一堂课，必须充分了解民族学生的知识基础和学习特点。有些老师说少数民族学生不爱学习，其实我不赞同这个观点，关键是他们来到我们的课堂，我们可能对他们没有太多的了解，你的方法不适合他们。我在与各少数民族学生相处的过程中，也会遇到很多难题，这时我会找时机请教我的同事们。所以，我认为无论是教学、管理学生还是与同事相处，只有做到知己知彼，才能赢得他人的支持，才能和他们融入一个集中之中，形成良好的关系网络。"（A3）

41 岁以上教师的社会资本比较丰富，不仅仅只限于在单位与同事与学生的关系网，还有很好的校外关系网，并且能充分利用各种社会关系网络中的资源来充实教学。

"我的社会关系网比较复杂，因为本人喜欢旅游和户外活动，有很多机会跟各行各业的人相识，也因此结交了一些志趣相投的朋友。教学中有时就可以用到一些社会关系网络中的资源，比如在讲一些理论的时候，很容易找到与之相关的事例，这些生活中鲜活的案例很受学生的喜欢。平常，比较注重收集一些生活事例，并且随时记录下来，现在已有厚厚的一本了，没事的时候自己也经常去琢磨，有时在教研活动中，与同事一起分享、讨论，有时甚至会有新的灵感出现，所以这既是自己的教学资料，也是展开教学的研究资料，我认为非常好。平时在课堂上我也喜欢把一些有目标、有追求的朋友分享给学生，引发他们对生活的思考和对人生的规划，我认为课堂里大学老师除了是学生知识的引路人外，更多的应该是学生人生的引路人，要教会他们用智慧的头脑去思考生活，这也是学生们所需要的。所以平时学生很愿意和我聊天，包括一些毕业的学生，会经常通过网络的方式，微信或者 QQ 保持密切联系。"（A7）

（二）教学效能感与教学知识获取的年龄差异分析

由表 7 - 6 可知，在边疆少数民族地区高校中，不同年龄阶段的高校教师在教学效能感和教学知识获取方面都存在着显著差异，方差分析整体检验的 F 值（$P = 0.000 < 0.001$）均达到显著性水平。而后通过采用最小显著差异法（Least Significant Difference，LSD）的多重比较表明，在高校教师的教学效能感和教学知识获取两个维度上，41 岁以上年龄段的教师显著高于 31 ~ 40 岁年龄段的教师，31 ~ 40 岁年龄段的教师显著高于 30 岁以下年龄段的教师。

表 7 - 6　高校教师教学效能感与教学知识获取的年龄差异分析

维度	年龄	频数	均值	标准差	F 值	事后比较
教学效能感	30 以下（A）	121	13.008	3.316	23.842***	C > B > A
	31 ~ 40（B）	182	14.912	2.919		
	41 以上（C）	128	16.023	2.1788		
教学知识获取	30 以下	121	12.658	3.250	32.763***	C > B > A
	31 ~ 40	182	14.697	3.066		
	41 以上	128	16.265	2.094		

注："***" 代表 $p < 0.001$。

访谈资料文本分析显示，高校教师教学知识的获取和教学效能感的强弱与学生、同事及教学管理者对自己教学的认同程度成正比关系，这其中尤其是学生对课堂教学的认同度和满意度。一位已任教一年多的新教师谈及自己的教学经历时说："通过这一年多的教学，我对自己的教学效果不是太满意，感觉与学生的心理距离较远。课堂之外我认真备课，认真设计教学过程，可谓是费尽了心思，可在课堂中感觉学生并不感兴趣，玩手机的、窃窃私语的、昏昏欲睡的，看到这些，对教学越来越没有信心，也逐渐失去兴趣，教学效能感严重缺失，自然也就谈不上教学动力了。"（B2）一位青年教师在教学比赛中取得了优异的成绩，获得了评委和教师同行的肯定，内心充满了一种强烈的社会支持感，教学效能感也大增。"得知学校要举行青年教师讲课比赛，我做了充分的准备工作，并请教了一些教学经验丰富的老教师，同时请教历年在比赛中取得成功的教师，让他们谈他们的经验，最终自己也取得了比较满意的成绩，获得了学生、同事和教学管理者的一致认可。这使我的信心大增，一种教学的成就感油然而生，此后，我也非常注重对教学的理论知识和实践知识的积累，尤其是在与学生的交流互动中，如何把握学生的认知图式和心理特点，如何更好地让学生积极参与教学，如何组织大班的教学过程等教学知识，都是我在与学生互动过程中常思考的问题。"（A2）

在高校，尤其是在边疆少数民族高校，青年教师因为缺乏教学经验，对大学教学特点并未完全把握，更主要的是，在以多元文化为背景的课堂教学中，需要教师更多地了解各民族大学的文化特征，把握不同民族大学生的思维方式。31～40 岁的中青年教师在教学中就非常注重对多元文化课堂特征的把握。"我认为，少数民族高校教师应该具备的教学知识主要包括教学理论知识、教学实践知识和多元文化知识，因为只有了解来自不同文化背景的学生，才能形成良好的师生关系，才能深入他们的心灵深处，才能激发他们学习与发展。这些知识对课堂教学与研究都有帮助，这是显而易见的事情。因为高校教师的教学与科研是统一的，是相互影响与促进的。自己平时主要通过看一些有关多元文化的书籍、与少数民族师生交流以及对他们的一些观察等途径来获取多元文化知识。教学知识是教师上好课的前提，教师的课堂教学能取得学生和同行的肯定，才会有较高的效能感和成就感，才能形成良好的教学理念，增强教学信心。"（A4）41 岁以上的教师在教学中更加关注学生的文化背景，在教学活动中通过认知信息回路，利用情知交互作用来调控学生的学习情感，通过精心选择教学内容，巧妙组织教学内容，择优采用教学方法，引导学生积极的情感体验，进一步促进学生在教学中的认知发展，形成学习能力和学习兴趣。"平时我喜欢琢磨不同学生的特点，经常思考怎样将一些新的教学理论灵活运用到课堂教学中去，我给专业学生上《基础英语》课程，很注重教学方法和教学手段，将情境教学应用到课堂教学中，激发学生的情感。这门课程中教材选取的文章题材多样，语言规范，实用性和知识性相结合，借鉴了该教材和精品课程建设的成果，尽可能地丰富教学资源，投入了大量的时间和精力备课做课件，学生也收获很大。给专业班级上《英语语言学导论》课程，这门课程难度大，内容显得枯燥乏味。在两轮讲授之后，经常做教学反思，明确教学目标，更新教学内容和教学方法，鼓励学生从具体的、纷繁复杂的语言事实和语言现象中发现实例，理解抽象的语言学概念和理论，尽可能激发学生学习的积极性和主动性。"（B6）

（三）教师教学绩效的年龄差异分析

由表 7 - 7 可知，不同年龄阶段的高校教师教学绩效存在显著差异。从教学行为、教学结果、工作奉献和人际促进四个因变量上看，方差分析整体检验的 F 值（$P = 0.000 < 0.001$）均达到显著性水平，表明四个子维度上有显著差异存在，研究假设获得支持。而后通过采用最小显著差异法（Least Significant Difference，LSD）的多重比较发现，41 岁以上年龄段的教师显著高于 31 ~ 40 岁年龄段的教师，31 ~ 40 岁年龄段的教师显著高于 30 岁以下年龄段的教师。

表 7 - 7　高校教师教学绩效的年龄差异分析

维度	年龄（岁）	频数	均值	标准差	F 值	事后比较
教学行为	30 以下（A）	121	9.553	2.390	48.827 ***	C > B > A
	31 ~ 40（B）	182	10.983	2.3469		
	41 以上（C）	128	12.351	1.884		
教学结果	30 以下	121	16.562	3.341	101.403 ***	C > B > A
	31 ~ 40	182	19.076	2.699		
	41 以上	128	21.484	2.027		
工作奉献	30 以下	121	9.396	2.767	41.963 ***	C > B > A
	31 ~ 40	182	11.225	2.288		
	41 以上	128	12.046	1.939		
人际促进	30 以下	121	12.743	3.205	54.781 ***	C > B > A
	31 ~ 40	182	14.604	2.885		
	41 以上	128	16.460	2.205		

注："***"代表 $p < 0.001$。

访谈资料文本分析显示，30 岁以下的青年教师普遍对自己的教学绩效不太满意，认为教学缺乏经验，希望能与学生更好地配合，能得到同事和教学督导的帮助，以提高课堂教学的效果。"我对自己的教学绩效不是很满意，感觉自己教学经验不足，对知识和课堂的把控还有很大欠缺。而学生对课程的兴趣、上课时的配合度以及之前的知识储备在很大程度上会影响教学效果，同事之间的交流也会对自己有一定帮助，从而对教学绩效的提高产生一定的影响。而教学督导带来的压力可以督促教师更好地准备课程，另外，教学督导听课之后的点评也具有一定的参考价值。我希望通过自己的不断努力，得到大家的帮助来提高课堂教学效果，从而提高教学绩效。"（A1）"我对自己的教学绩效不是很满意，主要是在教学质量方面。我认为学生、同事、督导对绩效有影响，主要影响教学的质量，可以起到很好的监督与反馈，希望他们能更好地提出宝贵意见供教师参考，这样自己也会知道如何改进教学并逐渐进步。这样也能使自己树立教学信念，其实我很喜欢教师这一职业，也愿意将自己的所能与学生一起分享，每当看到学生有进步时心理也非常高兴。"（B1）

显然，新手教师由于教学经验缺失，他们非常期待能通过社会资本获得更多、更好的社会资源来提升自己的教学绩效，所以他们对学生、同事及教学督导都抱有较高的期望，这些社会关系对他们都有一定的影响。而31~40岁的中青年教师对教学绩效的满意度比初入职的青年教师要高一些，但他们认为学生对自己的绩效高低有较大的影响，而同事和教学督导也有影响，但没有学生的影响那么明显。"我对我目前的教学绩效还比较满意，我认为学生态度对我的教学绩效影响较大，他们在课堂中的各种表现暗示着他们对这门学科的学习态度，学生反馈会对我的教学态度有很大的影响，比如在我的阅读课上，让学生讨论某一个案例，学生甚至会说出很多他们在课后阅读的相关文章或书籍，畅所欲言地表达自己的观点和看法，有时还会提出质疑。学生的这种配合对我的促进很大，我在备课时会做更多的准备工作，这样课堂的互动更多，大家对这门课也产生了强烈的兴趣。所以我认为学生在课堂学习中所表现出的学习态度对我的教学绩效影响较大。相反，同事及教学督导的影响少很多，他们主要对我的教学设计及知识更新方面有一定的帮助。所以我非常希望他们能够提出一些真正有用的能改进教学的意见。但目前的教学督导水平还是非常有限的，可能还达不到这种水平，所以他们对教师们的帮助不是很大。"（A5）"我对自己教学绩效的满意度还可以。在双语教学课堂中，我也进行了很多的改革，学生基本还是比较认可我上课的方式，我主要是用汉语来讲解。但有些学生因汉语较差，上课有时跟不上进度，有些内容需要用少数民族语言反复来解释他们才能明白。在与学生的互动中，他们对我的教学影响较大，在汉语水平高的班级里，学生能很好地配合我教学，我的教学积极性也明显会提高很多，学生的评价也好些。另外，同事对我的教学有一定的影响，比如听一些教学能力很强的教师上课，教研活动时和他们一起讨论一些在教学中遇到的问题，感觉还是很有收获的。但教学督导对我的教学影响倒不是很大，主要原因是目前学校教学评价体系尚不科学，教学督导的指导能力不高，评价结果不被重视。"（B3）

41 岁以上的高校教师对教学的满意度比较高，他们的知识面相对比较广泛，思维的独立性较强，在教学中能充分调动学生主动学习的积极性。"我对自己的教学绩效较为满意。在课堂上学生基本能积极主动配合我的教学，在专业课程的授课过程中，为了让学生对专业知识有更加深入的理解，会要求他们课下去查找相关资料，课堂上讲到相关内容时，还会要求学生说出自己的理解，或者是将学生进行分组，每组布置一个相关课题，课堂上进行资料分享。之所以这样要求，一方面是由于课堂讲授时间有限，内容讲解不能深入；另一方面由于本专业是个交叉学科，涉及心理学、教育学、信息科学、管理学、计算机等新媒体，要求学生对这些领域都要有所了解。学生在课下基本能主动查找相关材料，能在课堂上积极主动地回答课前布置的查询内容。我认为学生学习主动性的高低对我的教学绩效有影响，主动性低，教学中互动无法有效开展，影响教学质量的提升。从学生对上课的反馈来看，我感觉他们对上课还是挺满意的，很多学生在继续读研究生后或者工作后还会经常同我联系，告知其近况，感谢我的指导。另外，同事之间的听课评课、督导的教学质量监督，一定程度上能够促进自己注重教学绩效的提升。"（A6）

四、边疆少数民族地区高校教师教龄差异分析

比较不同教龄教师在社会资本、教学效能感、教学知识获取和教学绩效上是否存在差异，运用方差分析方法对上述变量及其维度分别

进行差异比较，结果如表 7 - 8、表 7 - 9 和表 7 - 10 所示。

由表 7 - 8 可知，不同教龄阶段的高校教师社会资本存在显著差异。从网络规模、网络凝聚力、上下级关系、同事关系和师生关系五个变量来看，方差分析整体检验的 F 值（$P = 0.000 < 0.001$）均达到显著性水平。而后通过采用最小显著差异法（LSD）的多重比较结果发现，在五个子维度上，有 10 ~ 20 年教龄的教师显著高于 10 年以下教龄的教师，有 21 年以上教龄的教师显著高于 10 年以下教龄的教师，而 10 ~ 20 年与 21 年以上教龄的教师之间差异不明显。

表 7 - 8　高校教师社会资本的教龄差异分析

维度	教龄	频数	均值	标准差	F 值	事后比较
网络规模	10 年以内（A）	172	9.44	2.667	25.646***	B > A C > A
	11 ~ 20 年（B）	139	11.050	2.164		
	21 年以上（C）	120	11.225	2.273		
网络凝聚力	10 年以内	172	9.360	2.417	31.199***	B > A C > A
	11 ~ 20 年	139	11.000	2.309		
	21 年以上	120	11.141	1.676		
上下关系	10 年以内	172	9.784	2.676	30.822***	B > A C > A
	11 ~ 20 年	139	11.338	2.107		
	21 年以上	120	11.716	1.764		
同事关系	10 年以内	172	9.534	2.591	23.836***	B > A C > A
	11 ~ 20 年	139	10.942	2.257		
	21 年以上	120	11.241	1.874		
师生关系	10 年以内	172	13.000	3.169	34.237***	B > A C > A
	11 ~ 20 年	139	15.165	2.822		
	21 年以上	120	15.466	2.340		

注："***"代表 $p < 0.001$。

（一）教师社会资本维度的教龄差异分析

通过对访谈资料文本的分析，10 年以内教龄教师的结构性社会资本数量不多，范围主要限于本专业的同事、学生、大学时的同学及家人等方面，凝聚力相对也不是太强；关系资源社会资本不很牢固，相对较弱。"我的社会关系网比较简单，交往的群体有限，范围不大，数量不多，主要有我的家人、与自己同专业的同事、大学时的同学以及课堂中的学生。与学生的交往主要是在课堂上，一般通过提问等方式交流或通过网络的方式间接交流，单独面对面直接交流不多。与同事的交流主要是通过听课、教研活动、聚会或电话联系，微信交流也比较多一些。与教学督导的交流主要是在督导听完自己的课以后，他们会跟我们做一个简单交流。个人认为，关系网的数量不多，质量还可以。这只是感觉而已，因为不知道别人在这方面的情况。"（A3）"我感觉自己的关系网络不好也不坏，平时有交往的人不是太多，但我觉得交往的质量还是蛮不错的，与各个民族的老师关系都可以，给汉语班学生上课，大家对我很尊重，这也促使我更加努力地掌握专业知识和教学知识。尽量上好课，课前认真备课，课后也会反思，这种方法很好，我有时也会把在教学中遇到的问题和同事一起商量，请教他们，大家都说我的教学进步很大，听到这些当然也很高兴，但我会继续努力的。"（B2）

10年以上教龄教师的社会资本相对于青年教师来说要丰富，而且教龄越长，教师的社会资本就越丰富，获得教学资源也越容易。"我理解的社会资本是一种社会关系网吧，我的朋友比较多，有不同层次的，也有不同民族的，还有不同年龄的，有单位的也有社会中的。在学校的社会关系中，主要有同事和学生，当然与同事的交流会更多一些，而与学生则主要是限于在课堂，还有就是已毕业的学生，与很多已毕业的学生还是保持着一种密切的联系，比如我是讲教育学、心理学等公共课的教师，很多人认为公共课的教师是不会被学生记住的，但各院系的学生与我联系还算比较多，有时如果需要中小学的一些教学资源，毕业的学生会毫不保留地提供给我，如果需要给在校的学生联系见习或实习单位，他们也会提供最大方便，这一点是我感到很欣慰的。我与同事的联系也比较多，不分民族和年龄，我都比较喜欢和他们交朋友，谁如果遇到困难了，会自觉去帮助他们，当然这种帮助也不一定是物质上的，他遇到难处了，你打个电话关心一下，给予精神上的安慰，关系也自然拉近了，所以我与同事关系相处都比较融洽。除了单位的这种关系网外，社会中的关系网相对比较复杂，我比较喜欢玩，生活中有很多'玩友'，没事的时候一起去徒步、假期一起去旅游或者从事其他一些户外活动，这样通过朋友的朋友，结识的人也就越来越多，关系网络比较大，俗话说多一个朋友多一条路，的确是这样，遇到什么需要帮助的时候，一般都能很快找到朋友帮忙。"（B5）

（二）中间变量的教龄差异分析

由表 7 - 9 可知，在教学效能感维度上，整体检验的 F 值为 58.442（$P = 0.000 < 0.05$），达到显著水平，表明不同教龄教师的教学效能感有显著差异存在。通过采用最小显著差异法（LSD）的多重比较结果表明，有 10~20 年教龄的教师显著高于 10 年以下教龄的教师，有 21 年以上教龄的教师显著高于 10 年以下教龄的教师，而 10~20 年与 21 年以上教龄的教师之间差异不显著。在教学知识获取维度上，整体检验的 F 值为 60.100（$P = 0.000 < 0.05$），达到显著水平，表明不同教龄教师对教学知识的获取是存在显著差异的。通过采用最小显著差异法（LSD）的多重比较发现，有 21 年以上教龄的教师显著高于有 10~20 年教龄的教师，10~20 年教龄的教师又显著高于 10 年以下教龄的教师。

表 7 - 9　高校教师教学效能感与教学知识获取的教龄差异分析

维度	教龄	频数	均值	标准差	F 值	事后比较
教学效能感	10 年以内（A）	172	12.976	3.098	58.442 ***	B > A C > A
	11~20 年（B）	139	15.697	2.631		
	21 年以上（C）	120	16.041	2.190		
教学知识获取	10 年以内	172	12.825	3.194	60.100 ***	C > B > A
	11~20 年	139	15.359	2.820		
	21 年以上	120	16.250	2.119		

注："***"代表 $p < 0.001$。

访谈资料文本分析显示，10 年以下教龄教师教学效能感的显著特点是：教学效能感不稳定，具有情境性，往往会随着教学环境的变化而提高或降低，尤其是课堂教学环境，当感知环境有利于自己在教学上的成长时，教师教学效能感就会增强；而感知环境对教学不利时，教学效能感则会减弱。"……在课堂教学中，学生如果能很好地配合，课前认真预习，课中能跟上思路，认真听课，回答问题时也能有自己独到的见解，如果我在上课中能感受到这些，上课的积极性自然就会提高很多，有时在备课中根本没有预设的知识或案例，在上课时突然会冒出来，不知不觉就会增加很多内容，而且会感受到上课给自己带来的快乐感和成就感。我们一般都可以从学生的眼神和表情中判断他们的学习态度和认真的程度，这种特殊的互动关系在教学中很重要，尤其是对青年教师的教学态度有很大的影响，在很大程度上会影响我们的教学信念和教学行为。也就是说，如果学生对教师的教学过程反响热烈，教师对于教学的热情会大增，更愿意花时间和精力去准备课程，教学效能感也大大提高。相反，学生在课堂里死气沉沉，思维僵化，缺乏独立见解，甚至有些学生还在玩手机、打瞌睡，不会也不愿学，这时我也会感觉教学索然无味，站在讲台上就提不起精神，甚至想发脾气，出现教学倦怠现象，这时就说不上还有很强的教学效能感了。"（A1）"……我感觉大学里的人际关系，如师生关系、同事关系、教师与教学管理者之间的关系，对我的教学效能感形成都有一定的影响，尤其是在教学行为上，比如授课认真与否，授课质量好坏及内容的多少等通常会受到学生配合与否的影响。"（B2）

11年以上教龄的教师，教学效能感的特点是具有稳定性，在教学中已形成了比较稳定的教学信念，用信念来指导自己的教学行为。"大学的课堂教学不仅仅只是传授知识，更主要的是通过知识的传递发展学生的思维能力，尤其是批判性思维和逻辑思维的培养，这也是我的教学信念。比如在我的《法律基础》这门课程中，通过法学专业课，既要给学生传授法律知识技能，更重要的是引导他们培养法律思维、树立法治精神，这是我讲授专业课的基本出发点。如果仅仅是传授法律知识技能，不去培养他们的法律思维，特别是不注重培养他们权利义务为核心的法治精神，法学专业课就和手工制作或劳动技能课没有任何差别。这个教学信念一直影响着我的教学工作和学术研究。在大学的评教制度中其实很缺乏这一点，教学评价在某种意义上说是一种教学导向，大学之所以缺乏对大学生的思维力培养，与大学对教师的评价指标有关，像学生评价、同事评价、教学督导评价基本都是凭感觉来评价的，终究导向不了教师教学信念的形成和教学行为的改变。所以建议大学的领导层要制订一个科学可行的评价指标体系。"（B7）

（三）教师教学绩效的教龄差异分析

由表 7 - 10 可知，不同教龄的高校教师教学绩效存在显著差异。从教学行为、教学结果、工作奉献和人际促进四个因变量上看，方差分析整体检验的 F 值（$P = 0.000 < 0.001$）均达到显著性水平，表明四个子维度上有显著差异存在。而后通过采用最小显著差异法（LSD）的多重比较发现，在教学行为、教学结果和人际促进三个子维度上，有 21 年以上教龄的教师显著高于有 10 ~ 20 年教龄的教师，而 10 ~ 20 年教龄的教师又显著高于 10 年以下教龄的教师。在工作奉献维度上，有 10 ~ 20 年教龄的教师显著高于 10 年以下教龄的教师，有 21 年以上教龄的教师显著高于 10 年以下教龄的教师，而 10 ~ 20 年与 21 年以上教龄的教师之间差异不显著。

表 7 - 10　高校教师教学绩效的教龄差异分析

维度	教龄	频数	均值	标准差	F 值	事后比较
教学行为	10 年以内（A）	172	9.523	2.455	71.418***	C > B > A
	11 ~ 20 年（B）	139	11.589	1.914		
	21 年以上（C）	120	12.391	1.897		
教学结果	10 年以内	172	16.808	3.148	116.261***	C > B > A
	11 ~ 20 年	139	19.856	2.480		
	21 年以上	120	21.458	2.037		
工作奉献	10 年以内	172	9.802	2.771	35.994***	B > A
	11 ~ 20 年	139	11.446	2.127		C > A
	21 年以上	120	12.041	1.972		
人际促进	10 年以内	172	13.087	3.071	50.602***	C > B > A
	11 ~ 20 年	139	15.021	2.969		
	21 年以上	120	16.400	2.209		

注："***" 代表 $p < 0.001$。

访谈资料文本分析显示，10 年以内教龄的教师对自己的教学绩效满意度不高，但非常看重学校对自己教学绩效的评价结果，注重探索教学和研究中的不足，努力提高教学能力，提升教学绩效。"我虽然工作已有好几年了，但感觉自己的教学工作目前还处于入门阶段，虽然每堂课都是精心准备，但自我觉得离合格的教育工作者还存在一定差距，对自己的教学绩效结果并不满意，所以自己也经常会总结和反思教学中的成绩与不足，不断改进教学，提高教学能力，使课堂教学更有效率，教学研究能力不断加强。在我的教学中，感觉相对满意的是在与学生互动的过程中，学生能够积极响应。当然，这样感觉满意的教学状态一般发生在课前我对教学内容作了充分的准备，设计好了每一个问题及与学生的每一次对话，即我有了充分的自信讲好这堂课的时候，还与学生的整体状态和素质息息相关。我认为导致较为满意的课堂效果的因素有：教师课堂设计、教师综合素质、教师教学风格（或教学魅力）、学生素质、学生动力以及学习环境等因素。在这一过程中，教师、学生必不可少，当然还会有教学能手的教学经验借鉴。"（A3）"我对自己的教学绩效不太满意，因为没有达到本可以达到的最好教学效果。学生、同事和教学督导这三者比较起来，我觉得学生对我的教学绩效影响相对较大，同事和教学督导对我的影响相对较小。学生对我的影响主要表现为：授课班级的规模、学生本身的素质、知识水平以及学生在课堂上的反应等因素都会影响到我的授课效果，比如学生课堂反应积极，我的授课积极性也会提高，就会讲得比较细，讲的内容也会增多，授课质量就会比较高；反之，如果学生人数很少，课堂反应不积极，对老师课堂授课回应少，或者跟不上，我就会减少授课内容，降低难度，授课情绪会比较低落，授课质量随之下降。所以我希望学生能按老师的要求进行课前预习，带着问题上课；另外，上课能够跟上老师的授课思路并积极回应老师的提问。"（B1）

显然，教龄较短的教师在教学中由于相对缺乏经验，教学知识与实践性知识积累不够，在教学与研究方面还需要大力加强，积累经验。与教龄较短的教师相比，拥有 11 年以上教龄的教师，对教学绩效的满意度较高，他们对自己的教学比较有信心，在教学过程中能充分调动学生的积极性，关注学生通过学习能自我成长。"我认为对教师教学绩效的评价应该是学生说了算，主要表现为学生在学习过程中对自己的教学是否认可，对所授课程是否满意或是否学到了知识、增强了能力。如果学生非常喜欢你上的这门课，他们认为通过学习，自己的学习能力提高了，思维能力提高了，并系统地掌握了这门学科的知识，那么可以说，教师的教学绩效是高的。我曾接手过一位老师的一门《小学生综合实践课程》，他上了一半后由我继续上，学生对这门课程不感兴趣，我针对这门课程的特点进行了重新设计，由老师讲变为学生自己活动。我将全班民汉学生进行了混合分组，设置了一些主题活动，让他们自己去策划与实施，最后几堂课再进行总结和归纳。学生表现较好，基本每个人都可以参与进去，课堂气氛非常活跃。课程结束后我进行了总结，学生之所以愿意参与课程学习的过程，其原因有：（1）形式比较新颖，学生感兴趣；（2）给予了学生很大的自由发挥空间；（3）小组间的竞争激发了学生的参与动机；（4）对每个人的表现进行考评，避免有人浑水摸鱼；（5）全程拍照或视频记录，也有一定的监督作用。在这个过程中，学生是绝对的主体，教师作为引导者和观察者存在。如果教学督导来评这门课，他们肯定会认为这种教师少讲而学生多动的形式，没有体现教师的主导作用，不符合他们的评价标准，应该是不成功的课堂。但我认为这一教学过程符合学生的需要，只要学生在这门课中有所成长，教学就应该是高绩效的。"（A6）

五、边疆少数民族地区高校教师职称差异分析

高校教师的职称主要有四个等级：助教、讲师、副教授和教授，不同职称是否会对教师的社会资本、教学绩效以及教学效能感和教学知识获取产生影响呢？运用方差分析法对其进行差异比较，其结果如表 7 – 11 ~ 表 7 – 13 所示。

（一）教师社会资本维度的职称差异分析

由表 7 – 11 可知，高校教师不同的职称水平对其社会资本存在显

著差异。在教师社会资本的五个子维度上，方差分析整体检验的 F 值（$P = 0.000 < 0.001$）均达到显著性水平。而后通过采用最小显著差异法（LSD）的多重比较发现，五个子维度均表现为：教授、副教授均显著高于讲师，讲师又显著高于助教，但副教授与教授之间的差异不明显。

表 7 – 11　教师社会资本职称差异分析

维度	职称	频数	均值	标准差	F 值	事后比较
网络规模	助教（A）	59	8.186	2.44	26.714***	C > B > A D > B > A
	讲师（B）	166	10.313	2.431		
	副教授（C）	163	11.110	2.084		
	教授（D）	43	11.651	2.715		
网络凝聚力	助教	59	8.322	2.459	30.100***	C > B > A D > B > A
	讲师	166	10.078	2.204		
	副教授	163	11.165	2.085		
	教授	43	11.441	1.547		
上下关系	助教	59	8.474	2.409	31.131***	C > B > A D > B > A
	讲师	166	10.692	2.468		
	副教授	163	11.619	1.912		
	教授	43	11.534	1.817		
同事关系	助教	59	8.372	2.188	25.241***	C > B > A D > B > A
	讲师	166	10.277	2.500		
	副教授	163	11.239	2.066		
	教授	43	11.116	1.841		
师生关系	助教	59	11.474	3.070	35.052***	C > B > A D > B > A
	讲师	166	14.000	2.943		
	副教授	163	15.490	2.512		
	教授	43	15.674	2.337		

注：" *** " 代表 $p < 0.001$。

　　访谈资料文本分析显示，拥有助讲职称的教师在社会资本上表现相对较单纯，这与他们的生活阅历有一定关系，这些教师参加工作的时间较短，一般都是 1～2 年时间，虽与同事还处于不太熟悉阶段，对学生的了解和把握有时也难以到位，但他们会利用自己所能利用的社会关系，努力提高自己的教学能力和研究水平。"目前我的社会关系的范围主要是与同事、以往同学、老师联系较多，主要是通过电话、微信、邮件方式联系。我从自己的社会关系网中获得了较多的教学和研究资源。可以这样说：（1）以前的研究生导师可以给予我科研上的一些指导，我现在与导师的联系还是挺多的，遇到什么问题就会去请教或者说是求救，导师都会给我很多建议，我觉得这对我的科研意识很有帮助，我希望导师一直都能给予指导。（2）教过我的中小学教师、家人（从事教师行业）目前也在中小学中做一些管理工作，为我听课、科研调查提供了条件，我的教学经验很欠缺，从事教师教育工作，我必须对中小学教学和管理要有所了解，所以我会利用这些有用的资源到中小学去听课，我希望下一步能和中小学的教师一起做一些基础教育方面的研究。至于在哪些方面，现在还没有一个完善的计划，等自己对教学有更好的了解后再考虑如何和他们（中小学教师）合作，拟出一个详细的计划和提纲。（3）工作后结识了一些幼儿园、中小学校长，他们也为我的教学和科研工作提供了有用的资源。（4）在单位，师生之间和同事之间的互动对我的影响比较大，因为根据学生的反馈我会调整我的教学进度和教学内容的难易；我的同事对我的帮助也比较大，我通过听他们的课，遇到问题就去请教他们。还有就是在教研活动中积极参与，与大家一同讨论学习，收获很大，在与同事交谈中涉及的教学问题也会让我主动去反思自己的教学行为；目前教学督导的反馈对我的影响不大，因为督导都不是本专业的，有时候感觉沟通比较困难，教学理念方面差异也很大。"（A1）

拥有讲师职称教师的社会资本相对比较多，但同质性的特点比较突出，以师生关系、同事关系为主。"我自己感觉我的社会资本还算比较丰富，如果分类来说，主要有：一是自己的同事，比如我是学数学专业的，在数学这一领域，有很多在教学和学术研究上都很有造诣的教师，我就特别喜欢和他们交流，探讨数学领域的一些前沿性的问题，感觉这样做对自己的教学和研究非常有益；与本专业的同事交往比较多，因为有共同的学术语言，交流起来感觉轻松愉快；当然也有与其他院系和专业的同事交往，但一般涉及教学和研究的少，可能纯粹就是一种感情的默契，谈得来吧。二是与学生的关系，包括在校和已毕业的学生两部分，与在校的学生交流，主要表现是在课堂教学中和课外的交流，课堂教学主要通过眼神、提问、学生的质疑、讨论等方式，教与学相辅相成；课后的交流主要是以 QQ 或微信等聊天平台进行，有关于学习方面的问题，也有其他方面。有时甚至与一些私人关系比较好的学生能够海阔天空地无话不谈；与已毕业的校外学生的交往也比较多，学生会将自己在工作中所遇到的各种问题，包括喜怒哀乐都通过 QQ、微信或电话告之。三是同学，主要是大学时期的同学，读研时的同师门同学，尤其是关系比较好的，经常保持联系，离得比较近的还常在一起聚聚，喝酒聊天，打牌娱乐，有时也聊聊学术方面的事情，感觉挺惬意的。四是亲戚，与他们的交流更多的是生活中的一些事情，这种关系更多的是建立在血缘关系的基础上。"（B4）

副教授或教授职称的教师，社会资本都比较丰富，其特点是既具有同质性，也具有异质性。"……与人交往，一般是分层次、分圈子、分团队的。第一种是与亲人的交往，这是一种缘于血缘与亲情的交往关系，爱与不爱它都是存在的，都是需要接受的。第二种是朋友关系，是因共鸣而相识相知，包括一般朋友和无话不说的知心朋友，朋友联系感情的方式有各种各样，如聚会，酒逢知己千杯少，感情很多的时候会在这种聚会过程中慢慢升温；还有与朋友一起旅游，分享各地的人文、自然美景；与朋友一起参加娱乐活动，放松身心，畅谈各种见闻、观点，总体上说，与朋友的交往更多的是使自己的生活能够更加丰富多彩，在遇到困难需要得到社会支持的时候，朋友就会给你伸出援助之手，助你一臂之力。就我自己而言，朋友数量最多，凝聚力也较强。第三种是同事关系，当然这里也包括好朋友关系，同事的交往更多的是以沙龙性质的形式进行，针对某一课题或主题展开讨论，比如我所主持的课题中，课题组的成员都是同事，就有经常组织他们一起讨论相关事项，有时大家在研究中遇到了什么问题，就会以沙龙形式进行探讨，大家各抒己见，'三人行必有我师'，很多问题就在这种比较轻松愉快的情境中解决了，甚至会产生一些新的灵感与思路，同事关系体现了志同道合的特点，在我的人际关系里，大概占到三分之一吧。"（B6）

（二）中间变量的职称差异分析

由表 7 - 12 可知，在教学效能感维度上，整体检验的 F 值为 49.613（$P = 0.000 < 0.05$），达到显著水平，表明不同职称的教师在教学效能感上存在显著性差异。通过采用最小显著差异法（LSD）的多重比较发现，教授、副教授的教学效能感均显著高于讲师，讲师的教学效能感显著高于助教，但副教授与教授之间的教学效能感没有明显差异。说明职称高的教师教学效能感也高。在教学知识获取维度上，整体检验的 F 值为 57.357（$P = 0.000 < 0.05$），达到显著水平，表明不同职称的教师在获取教学知识时也存在显著性差异。通过采用最小显著差异法（LSD）的多重比较发现，在对教学知识的获取上，教授、副教授显著高于讲师，讲师显著高于助教，说明职称越高越容易获得教学知识。

表 7 - 12 教师教学效能感与教学知识获取的职称差异分析

维度	职称	频数	均值	标准差	F 值	事后比较
教学效能感	助教（A）	59	11.559	3.130	49.613***	C > B > A D > B > A
	讲师（B）	166	14.174	2.996		
	副教授（C）	163	15.797	2.189		
	教授（D）	43	16.953	1.975		
教学知识获取	助教	59	11.101	2.928	57.357***	D > C > B > A
	讲师	166	14.024	2.992		
	副教授	163	15.871	2.370		
	教授	43	16.767	2.169		

注："***"代表 $p < 0.001$。

访谈资料文本分析显示，助讲职称教师在教学效能感和教学知识获取上的显著特点是：教学效能感是随着对教师职业的认同和教学能力的提高而不断增强的，对教学知识获取能逐渐从书本过渡到课堂中的师生关系，善于学习、把握机会、积累各种有利于教学的知识。

"我所理解的教学效能感，就是对自己的教学能力的一种主观判断，在我工作的这一年里，第一学期感觉自己的教学效能感比较低，没有形成一种稳定的教学信念，教师职业认同感不是很强。有时自己也反思为什么会这样，可能与自己并没有在整个的教学过程中体验到一种成就感有关。给学生上课，总感觉教学效果不好，虽然用心去备课、找资料、准备课件，但学生在课堂根本不用心学，不是打瞌睡就是玩手机或者是悄悄说话，看到这些，就会有种不想上课的冲动，下课后就会感觉心里非常难受，没有成就感。一学期结束后，在假期里我将自己的思绪进行了整理，比较客观地总结和反思了第一学期的教学工作，认为应该改变自己的一些教学理念，重新确定方向，改进教学方法，提高教学能力。我在假期里将自己在下一学期要上的课程进行了很好的准备，并且反复熟悉教材，设计讨论问题，认真做好每一章的PPT。从开学的第一堂课起，我就告诉自己一定要用饱满的热情上好每节课，多跟学生交流互动，可能是自己的理念改变了，第二学期上课的效率提高了很多，与学生之间建立了一种直接或间接的联系，感觉学生对我的课还是比较认可的，教学的效能感比第一学期增强了很多。当然，我会继续努力探索更好的教学方法，我认为只有感受到在课堂里的成功，也就是学生对自己的教学满意了、认可了，自己的教学效能感也会随之增强……我所理解的教学知识，主要有专业知识、教育类知识（包括教育学、心理学、教学法等），在少数民族学校，还应该有多元文化知识。专业知识主要通过看书、学习来获得；教育类知识，理论方面也主要靠看书获得，实践性知识主要是在教学实践过程中来获得，像我现在，主要是在课堂中获得的，最明显的是与学生的互动，通过课后的反思，对学生的了解就更多了，知道如何与他们相处，课堂里如何与他们对话，其实我感觉教学实践性知识比教学理论知识更重要，所以更应加强。另外，我还经常请教同事，学习他们很多好的经验，这样也能积累起很多教学知识；多元文化知识获取的途径也很多，因为这里就是一个多民族的地区，如与同事、学生的交流、看书学习，还有平时在社会中的各种所见所闻，只要留心就能获取。"（B3）

讲师职称教师在教学效能感和教学知识获取上的特点主要表现为：教学效能感具有情境性，教学效能感的高低往往会随学生在课堂上的表现而有所不同。"……我感觉自己还没有形成稳定的教学效能感，我的教学效能感往往会随着教学情境和自己的心情而发生变化，比如，在课堂教学中如果我和学生都能以愉快的心情去教学和学习，学生能积极地配合，思维活跃，愿意参与各种讨论，主动回答问题，对我的教学有回应并且课下仍然有兴趣，双方关系融洽，在这种情境中我有很强的教学效能感，反思这样的教学情境，需要教师不仅要具有扎实的专业知识，而且还要有丰富的专业之外的知识，充分备课，选择灵活的教学方法，这样学生才能对课堂感兴趣，同时学生方面也需要有良好的学风和较强的求知欲望。但与此种情境相反，如果学生在课堂里死气沉沉，对学习没有兴趣，我即便准备得再好，也难以进入教学状态，越上越没兴趣，情绪也会很差，这时就说不上有教学效能感了，对此，我也总结了主要有三种状态：一是课堂上学生不注意听课，二是学生将学习和校内活动主次不分，三是毕业生对待论文工作不认真。第一种情况主要是在公共课教学中表现比较明显，第二种情况主要是一些在学校或学院担任学生工作的学生干部中比较明显，第三种情况在大四学生中较为普遍。结果就是公共课挂课学生较多，学生干部成绩不高，尤其在民族学生中，毕业论文质量很低，甚至有些毕业论文可以说不合格。其根本原因主要在于学生学习的主动性很低，很多都只为取得学分，没有考虑过知识的获得是为了能力的提高，感觉学习有点无用。最迫切需要改进的是教学方式的改变，尤其是公共课程，如果能改善教学环境，提供更多的硬件支持，改变现有教师讲授的教学模式，改为讲授和实践相结合，可能会取得更好的教学效果，同时也会改变学生被动接受知识的这种情况。"（B3）

教授和副教授职称教师教学效能感和教学知识获取上的显著特点是：教学效能感较强，且较稳定，不会随着交往情境的变化而动摇，在教学过程中善于将多元文化作为背景来进行知识教学，提高学生学习和理解知识的能力。

"教师的教学效能感主要体现在教师对自己影响学生学习行为和

学习能力的一种主观判断。师生之间、同事之间和教师与教学督导之间所建立的二元互动关系是大学必要的、必不可少的关系。良好的互动关系会促进双方发展，反之则有消极作用。特别是师生之间的关系是最重要的一种关系。师生之间的良好互动会促进双方关系的改进，是教师不断提高教学质量的坚定信念和动力。这种信念会支撑教师不断地在各方面提高和完善自己，教学效能感也会在这一过程中得到升华。在多民族的高校教学，教师要特别注重以多元文化为背景的课堂，将多元文化的知识融入自己的教学中，这样学生就会非常感兴趣。但是引进一个什么样的多元文化作为背景来理解概念，一定要看不同民族文化成分的学生，也就是说，你所输出的文化知识是否是学生所排斥的，能否让学生产生共鸣，如果用异质文化背景来讲解学生所要学习的知识，学生能产生共鸣，则会起到积极作用。相反，如果学生反馈给你的是消极，不感兴趣，那显然达不到教学的效果。所以在多元文化背景下，必须找到一个受众（即主体）有相似的文化背景，把异质文化作为知识学习的背景，可能就会达不到想要的学习结果。"（B8）

"我给汉族学生上《法律基础》这门课，讲刑法这一部分，中国的死刑多而西方的死刑少，学生不好理解，这时我就从文化背景来分析原因，西方是基督教文化，终身监禁和终身劳役是它对人最严厉的惩罚，这时我列举了古希腊神话中普罗米修斯的故事……善良的普罗米修斯因将科学、艺术、医术、占卜等都传授给人类，使人类有了能战胜一切困难和危险的智慧，却激怒了众神拥立的宙斯，为了惩罚普罗米修斯，将他绑在高加索悬崖上，白天让一只鹰来啄食他的肝脏，晚上又使肝脏长好，不杀害他但让他不断遭受难熬的痛苦，受尽折磨。而中国是儒家文化，它是以剥夺生命为最大的惩罚，我接着列举了大家都非常熟悉的《西游记》中的孙悟空，当他触犯了谁的法律，谁就会将他缉拿问斩，要他性命。在这样一个文化背景中来分析刑法，学生非常感兴趣，教学效果也非常好，甚至有些学生毕业多年后还会想起当初课堂里的情形，我说的某一句话或某一个故事他们还能记忆犹新。在《法学概论》课中讲到成文法和民间法，学生对成文法能理解，但对民间法不太理解，我就结合学生的文化背景，以哈萨克民族的部落习惯为例给学生讲解，如哈萨克女人在出嫁时，所嫁到的人家只需要给几匹马或几只羊就可将其换取，这充分反映了妇女在家庭里的地位是很低的。但是生活中，哈萨克孕妇是绝对受到保护的，如果有谁冲撞了孕妇，那是绝对不行的，是要受到一定惩罚的。这就反映出一种矛盾，一方面妇女的地位很低，她们的价值就等同几匹牛马，但另一方面又要保护好她们，谁伤害她们又要受到一定的处罚，体现了她们较高的社会地位。这就是由哈萨克民族的草原文化所决定，因为部落的出生率低，要使部落能人丁兴旺，部落不断壮大，必须保护好孕妇，鼓励她们多生而且要生出健康的宝宝。用这种文化背景来介绍民间法，哈萨克族的学生比较感兴趣，但汉族学生就不感兴趣。"（A8）

（三）教师教学绩效的职称差异分析

由表 7-13 可知，高校不同职称教师的教学绩效存在显著差异。在高校教师教学绩效的四个子维度上，方差分析整体检验的 F 值（$P = 0.000 < 0.001$）均达到显著性水平。而后通过采用最小显著差异法（LSD）的多重比较发现，在教学行为与工作奉献子维度上，教授、副教授均显著高于讲师，讲师显著高于助教，但副教授与教授之间没有明显差异。在教学结果与人际促进子维度上，教授显著高于副教授，副教授显著高于讲师，讲师显著高于助教，说明职称越高越倾向于获得良好的教学结果，越易于形成个人良好的人际氛围。

表 7-13　教师教学绩效的职称差异分析

维度	职称	频数	均值	标准差	F 值	事后比较
教学行为	助教（A）	59	8.559	2.380	51.227***	C > B > A D > B > A
	讲师（B）	166	10.415	2.364		
	副教授（C）	163	12.006	1.827		
	教授（D）	43	12.674	1.795		

维度	职称	频数	均值	标准差	F 值	事后比较
教学结果	助教	59	14.610	2.918	129.000***	D > C > B > A
	讲师	166	18.247	2.583		
	副教授	163	20.619	2.117		
	教授	43	22.651	1.811		
工作奉献	助教	59	8.711	3.205	41.293***	C > B > A
	讲师	166	10.385	2.260		D > B > A
	副教授	163	11.865	1.973		
	教授	43	12.790	1.566		
人际促进	助教	59	11.525	2.955	51.126***	D > C > B > A
	讲师	166	14.018	2.768		
	副教授	163	15.687	2.690		
	教授	43	17.279	1.943		

注："***"代表 $p < 0.001$。

　　访谈资料文本分析显示，助讲职称的教师由于初涉职场，对大学教学的特点还没完全把握，加之教学任务较重，教学过程和教学结果都还存在一些问题，教学绩效水平不高，这些新手教师对自己的教学绩效满意度偏低。"作为一名教学新手，我的课比较多，一学期一般都要安排 3~4 门课程，每天都忙于上课，自己感觉课前的备课都不是很充分，由于没有充足的时间去思考和搜集资料，课堂设计存在的问题较多，案例匮乏，因而课堂效果较差，从而引发学生状态不佳，响应度不够，所以我对自己的教学绩效感到不满意。我也常反思自己的教学，我认为课堂效果不佳的时候大部分原因在于教师不能很好地从课堂设计方面吸引学生的注意力，尤其是民汉合堂课中，民族学生的基础比较差，加上有些学生形成了一种不良的学生习惯，在认知方面也与汉族学生存在偏差，所以我在下一步要做的就是要进一步吃透大纲、教材，充分了解少数民族学生学习的特点，积极学习增加自身课堂教学技能，补充相关学科知识，借鉴典型教学案例，提高教学素质，这可能需要一个比较长的时间，慢慢积累和总结经验吧。"（A2）

讲师职称的教师在教学上有较大进步，基本能信任教学，进取心比较强，能有意识地反思自己的教学，积极总结经验。"我对自己的教学绩效也不是太满意，虽然同事们认为我在教学上进步很大，基本能把握好课堂氛围，督导听完课后感觉也还可以，但自己觉得并没有达到自己的目标，离自己想要的最佳教学效果还有差距。比如我上《教育心理学》这门课程，这门课程的基础理论非常多，在讲前面几个章节的时候，基本上一直在讲枯燥的理论，学生上课昏昏欲睡，自己讲起来也索然无味。反省一下，最主要的原因是自己对相关的理论不够熟悉，不能很好地把理论和实践结合起来。在教学中，学生、同事和教学督导这三者比较起来，我觉得学生态度对我的教学绩效影响相对较大，相对而言，同事和教学督导对我的影响要少一些，他们主要对教学设计及知识更新方面有一定的帮助与监督。学生对我的影响主要表现为：授课班级的规模、学生本身的素质、知识水平以及学生在课堂上的反应等因素都会影响我的授课效果，比如学生课堂反应积极，我的授课积极性也会提高，就会讲得比较细，讲的内容也会增多，授课质量就会比较高；反之，如果学生人数很少，课堂反应不积极，对老师课堂授课回应少，或者跟不上，我就会减少授课内容，降低难度，授课情绪会比较低落，授课质量随之下降。我认为教师的教学经验是在不断反思和积累中进步的，所以在教学中不管遇到什么样的情形，我都会去反思教学过程中的得与失，并且认真做好课前的准备工作，弄懂弄透每一个知识点，不断积累与教学相关的实践经验，并要学会积极自觉地研究教学，提高教学绩效。"（A4）

教授、副教授职称的教师对教学绩效的满意度相对较高，这种满意度主要来自学生的认可与肯定，他们认为学生对教师教学的匿名评价是一种很好的评价方式，基本上能反映学生对教师的满意度；注重与同事的交流，能正确对待教学督导的作用。"对教师教学绩效高低的评价主要应关注学生对教师上课的满意度，教师可通过学生的匿名评教了解到学生对教学效果的满意程度，而且这种评教相对也是比较客观的。如果学生满意度高，表明他们对教师上课是认可的，那么教师一定要坚持做得更好；如果学生的满意度低，教师就应考虑问题出在哪里，通过反思、总结，有针对性地进行课堂教学改革。同事对教师教学绩效也有一定的影响，但这种影响要低于学生，很多时候同事之间因碍于面子会持许多保留意见，真正要从同事处获得相关的教学知识与能力，需要自己仔细思考，要学会才能有收获，我的经验是可以通过听同事的课，和同事交流（与同事交流的形式有很多，我一般是通过在一起吃饭、喝茶、聊天中有意识地进行一些教学的交流，这种形式比较轻松愉快）来理解他的授课模式，为什么要采用这样的教学方法和教学组织形式，需要一些什么样的知识储量等。好的课听多了，自己在教学中就会有个标杆，慢慢也会形成自己的教学模式和风格。此外，教学督导对教师的教学绩效也有影响，但更多的是形式上的，实质性的内容不多，赶不上学生与同事的作用。这其中我想有两个原因，一是督导的身份所决定的，督导的身份是监督，这种身份决定了他与教师之间是存在排斥心理，有心理的距离感，所以教师有时是不太愿意去接近他们的；二是学校的教学督导基本上是退休的教师，年龄比较大，思想和观念相对比较保守，知识陈旧，跟不上信息社会的步伐，他们对教师尤其是年轻教师的需求了解并不多，所以他们在教学上更多起到的是'督'而并不是'导'的作用，在这种情况下，教师们对他们的信任度不高，甚至在'督'的过程中产生矛盾。因此，在对教师教学进行绩效评价中，要充分发挥学生的主要作用，同时兼顾同事和督导。但具体应怎样做才能真正达到的绩效评价的目的呢？我想这需要很好地研究和设计，确立好权重，设计出科学而又可操作的制度来管理和实施。"（A7）

六、边疆少数民族地区高校教师学历差异分析

学历与学习能力有一定关系，高校教师的学历是否会影响教师的社会资本、教学绩效以及教学效能感和教学知识的获取呢？通过运用方差分析方法对其进行差异比较，其结果如表7－14～表7－16所示。

（一）教师社会资本维度的学历差异分析

由表7－14可知，不同学历教师的社会资本存在着显著差异。就

网络规模、网络凝聚力、上下级关系、同事关系、师生关系五个因变
量而言，方差分析整体检验的 *F* 值均达到显著，说明社会资本的五个
子维度在不同学历上具有显著差异。而后通过运用最小显著差异法
（LSD）的多重比较发现，在网络规模与网络凝聚力两个子维度上，
博士显著高于硕士，硕士又显著高于本科；在上下级关系、同事关系
和师生关系三个子维度上，博士和硕士均显著高于本科，而博士与硕
士之间没有明显差异。

表 7 - 14　教师社会资本维度的学历差异分析

维度	学历	频数	均值	标准差	*F* 值	事后比较
网络规模	本科（A）	147	9.455	2.527	22.236 ***	C > B > A
	硕士（B）	207	10.753	2.416		
	博士（C）	77	11.571	2.232		
网络凝聚力	本科	147	9.394	2.506	24.153 ***	C > B > A
	硕士	207	10.729	2.139		
	博士	77	11.350	1.890		
上下关系	本科	147	9.836	2.799	21.034 ***	B > A C > A
	硕士	207	11.227	2.081		
	博士	77	11.623	1.864		
同事关系	本科	147	9.557	2.646	16.872 ***	B > A C > A
	硕士	207	10.893	2.169		
	博士	77	11.039	2.136		
师生关系	本科	147	13.020	3.240	26.537 ***	B > A C > A
	硕士	207	14.898	2.747		
	博士	77	15.610	2.545		

注："***"代表 $p < 0.001$。

　　访谈资料文本分析显示，本科学历教师的社会资本相对较缺乏，
社会关系网较简单，交往的群体有限，目前在边疆少数民族地区高校
中，本科学历的教师基本上是以少数民族教师为主，他们的社会资本
主要是集中在本民族范围内，同质性较强，获取异质的资源少。"我
感觉我的社会关系网极其简单，主要交往的是校园里的同事、学生，

还有大学生时代的部分同学（主要是同行业工作的教师），以及孩子上幼儿园和小学时的老师和同学家长。同事中主要是以我自己的民族为主，因为语言相通，交往起来比较有共同的语言，我们民族的同事之间经常会举行恰依（类似于 AA 制的聚会活动但又不完全是），大家在一起吃饭、聊天，进行各种娱乐活动，很高兴，这个过程常常会使大家相互间的感情更多加深一层，还有就是同事之间家里有什么事情，比如孩子割礼、结婚，也就是婚嫁丧娶吧，我们都会去参加，有些关系好的会提前过去帮忙做事，就像是自己家的事情一样。跟汉族或其他民族的同事也有来往，但一般只是限于工作上的事，交往不是太多，所以从情感上来说肯定没有自己民族的情感深。和学生的交往主要是在课堂上，也不算太多，有时会向学生提问，他们回答，民族学生的基础相对差一些，有些也不太爱学习，很多时候提问回答不上，讨论也讨论不起来，这样与学生的互动就比较少了。还有就是下课有些学生有事会找我说，我也会和学生聊聊，问问他们的学习情况和家庭情况。我还担任班主任，班级的事情管理就比较多了，学生的吃喝拉撒都要管，与学生的交往比较多，尤其是班干部和团干部。我大学的同学比较多，有一些也是在学校工作，也会经常联系或聚会，工作累了、生活累了，都可以跟他们诉诉苦，工作上有什么困难，大家也会相互帮助，提供有用的资料。"（B3）

拥有硕士、博士学历的教师社会资本相对比较广泛，获取教学资源的渠道比较多，在教学和研究上善于通过多渠道获取有用的社会资源。"我认为要使自己在教学和研究上都能有所成就，人脉是很重要的，因为很多信息是在相互交流中传递的，比如我在上研究生时的导师团队，大家虽然毕业了，但通过 QQ 群和微信群，团队成员之间的联系依然非常密切，很多学术上的资源还能共享，如果需要什么一时难以找到的资料，在群里一求救，大家都会想办法给你提供，有时候导师也会给大家提供共享的资源，所以我的很多信息就是通过导师团队获得的，我觉得这样特别好。在学校里，交往的对象主要是同事、学生和领导，在与同事交往中，会受到很多因素的影响，比如性格、兴趣、志趣、专业、爱好、价值观、人生观、宗教、制度等，这些都会影响到同事之间关系的远近。关系近，可能成为好朋友，关系远，可能只是一种认识关系。学校的师生关系，我认为师生之间，是一种相辅相成、教学相长的关系，在现代社会，信息的流通不像过去那样，教师已不是知识权威的象征了，在某些方面学生有可能比教师懂得的更多，所以教师要把教学的过程看成是一种师生相互学习的过程，而且教师还要不断地学习新知识。教师与领导的关系说白了，它是一种对立的关系，比如目前教师与教学督导之间，督导的'督'就是对教师起到管理作用，现在学校里的督导都是已退休的教师，思想观念和知识相对来比较老套，不善于吸收新的思想，所以在'导'的方面作用不是很大，这样一来，只管理而不能指导教师，于是督导与教师之间的矛盾对立就更明显，真正能促进教师在教学上提高的本意可能并不能达成，还有可能招来教师的怨言甚至降低教学的积极性，所以从这一点上来说，我特别期待学校能在'导'上多做文章，真正引导教师提高教学效率，学校要有一个清晰的把握，在顶层设计上下功夫，对教师起到正向影响和积极影响的作用。"（A8）

（二）中间变量的学历差异分析

由表 7-15 可知，不同学历教师在教学效能感和教学知识获取两个因变量上存在着显著差异，整体检验的 F 值（$P = 0.000 < 0.05$）均达到了显著水平。通过采用最小显著差异法（LSD）的多重比较发现，在教学效能感和教学知识获取两个维度上，博士显著性高于硕士，硕士又显著性高于本科。这说明学历越高，教学效能感越强，也越容易获得更多的教学知识。

表 7-15　教师教学效能感与教学知识获取的学历差异分析

维度	学历	频数	均值	标准差	F 值	事后比较
教学效能感	本科（A）	147	12.993	3.161	49.840***	C > B > A
	硕士（B）	207	15.222	2.610		
	博士（C）	77	16.597	2.318		
教学知识获取	本科	147	12.789	3.352	48.026***	C > B > A
	硕士	207	15.241	2.769		
	博士	77	16.311	2.027		

注："***"代表 $p < 0.001$。

访谈资料文本分析显示，在边疆少数民族地区高校里，拥有本科学历的教师大部分为少数民族教师，教学效能感不高，在得到别人认同的前提下效能感才会加强，在教学中如果遇到挫折，教学的信心就会减弱。对学生身心发展的特点了解和研究不多，很少能从与学生的互动交流中总结和获取教学知识，也很少研究课堂教学的有效性，教学的效果并不理想。"对我本人来讲，比较看重青年教师的讲课比赛，我一般都会提前很长时间去用心准备，同事通常也会互相提意见和指导，给予很大的支持。如果能获奖，就能得到系领导和老师们的肯定和认可。这会让我体验到一种很强的成就感，自我效能感也会很高，对教学有一种信心。但在教学中，学生不好好学习，学习态度不端正，在学生学习热情不高的情况下，我觉得我就会失去教学的效能感，提不起精神，我有时去听汉语部老师的课，我感觉汉族班学生比民族班学生学习要认真，比较听老师的话，在课堂中能积极回答问题，不学习的要少。但我上的民族班级中，有些学生养成了非常不好的学习习惯，上课看手机的、说话的、睡觉的，什么样的都有，看到他们这样，我就不想上课了，讲课时的那种信心也没有了。另外，如果去上自己不喜欢的课效能感也会很低，比如《小学语文教材解读与案例分析》这门课，大家都不愿意上，结果领导强行安排让我上，我自己本来就不是学习课程与教学论专业的，对语文教学研究不多，上课比较吃力，已经提过很多次意见了，但还是没有解决，这也让我对教学越来越没兴趣……我是从师范大学毕业的，学过教育学、心理学和教学法的知识，自己觉得教学理论知识还可以，平时还会在教学之余去翻翻，有时去听同事的课，学习他们的教学方法，这样也能丰富自己的教学知识。"（B3）

拥有硕士和博士学历的教师，学科专业知识都比较扎实，知识的系统性较，且具有较强的问题意识和研究能力，教学理念明确，教学效能感较强，而且善于利用各种因素来获得教学知识，提高教学效率。"高校教学不同于中小学教学，它不仅要求教师要具有扎实的专业理论知识、教育理论知识和实践性知识，还需要有学科专业的前沿性知识和非常渊博的专业之外的文化知识，只有这样才能在融会贯通的基础上将知识系统地传授给学生，培养学生的创新性思维和创新能力。我的教学理念是：课堂里知识的传授是为发展学生能力服务的，发展学生的思维能力是大学教学的根本任务。我对自己在高校教学还是比较有信心的，在知识教学中比较注重让学生形成学科知识的系统性，一般在第一堂课里就会让学生了解到所学学科的知识框架和逻辑体系，之后在教学中逐渐引导他们掌握以归纳或以演绎推理的形式对知识进行归类总结，学生最开始会觉得有些困难，但通过一段时间的训练后都会有所提高，甚至有些学生能将这种学习方法迁移到其他学科的学习，每当看到他们的点滴进步，我都感到很高兴，并会鼓励他们克服困难，坚持下去，虽有困难但学生还是比较认可这种教学，认为在课堂里自己的思维能力得到了很大提高。经常听到很多老师说课堂教学中找不到成就感，因而教学效能感也很低，而这种低效能感又与学生的配合和表现密切相关，这一点我在平时不是太认同，我认为教师应该有坚信的信念来支撑自己的教学，不能因为学生不好好学习就动摇自己的信心，学生的各种好的或不好的学习状态肯定都是有原因的，我们要经常分析和反思自己，总结经验，不断研究学生的各种行为状态与其心理因素之间的关系，只有这样，教学才会有效率，才能促进学生的发展。多民族高校的学生是由不同民族组成的，如维吾尔族、哈萨克族、汉族、回族、蒙古族等，在民汉合班中，高校教师必须具有多元文化的知识，这对教师的知识传递和教学改革研究、教师教育研究都有很大影响。这些知识的获取可以有多种途径，如可以从书本中了解各个民族的文化、心理及行为，可以从实践中去获得，在田野中去交往，甚至可以通过各种幽默、笑话、玩笑等来了解文化，产生正向交流反馈。将知识升华为能力，就能更好地提高教学水平。"（A5）

（三）教师教学绩效的学历差异分析

由表 7-16 可知，不同学历教师的教学绩效存在显著差异。就教学行为、教学结果、工作奉献和人际促进四个因变量而言，方差分析整体检验的 F 值均达到显著，说明教学绩效的四个子维度在不同学历上具有显著差异。而后通过运用最小显著差异法（LSD）的多重比较表明，在每个子维度上，博士显著高于硕士，硕士又显著高于本科。说明学历越高，教学绩效更倾向于良好。

表 7 - 16 教师教学绩效的学历差异分析

维度	学历	频数	均值	标准差	F 值	事后比较
教学行为	本科 (A)	147	9.517	2.422	55.979 ***	C > B > A
	硕士 (B)	207	11.468	2.101		
	博士 (C)	77	12.506	2.023		
教学结果	本科	147	16.517	3.134	123.107 ***	C > B > A
	硕士	207	19.855	2.447		
	博士	77	21.922	2.011		
工作奉献	本科	147	9.129	2.607	88.598 ***	C > B > A
	硕士	207	11.584	1.980		
	博士	77	12.753	1.548		
人际促进	本科	147	12.421	2.852	100.058 ***	C > B > A
	硕士	207	15.202	2.576		
	博士	77	17.324	2.048		

注："***"代表 $p < 0.001$。

访谈资料文本显示，本科学历的教师教学绩效不高，教学效果不明显，知识的储量不足，很少反思教学，对教学成败的归因基本都是外归因，所以教学和研究方面都存在一些问题，对教学绩效的满意度不高。"我对自己的教学绩效不是太满意，每学期学生、同事和督导都要给上课的老师一个评价分，有些班的学生给我的分数挺高的，有90分，但有些的分数比较低，可能只有60多分，同事的分数还可以，一般都上80分了，但督导每次给的分都不高，督导每次听完课都说好，也没有给过我们的意见，但每次打分就打得很低，很多老师都这样说。我对自己的上课，有些课比较满意，有些课不太满意。比较满意的课就是在课堂上学生能很好地和我配合，提的问题能很好地回答，师生的交流也比较多，这时我们都会心情比较愉快，上完课自己也感觉挺好，对这样的课我会感到很满意。但有时候由于太忙，或者身体不舒服、体力跟不上的情况下，自己的课没准备充分，授课状态也不太好，结果就是课堂里的学生不喜欢听，自己课后会觉得比较沮丧，心情也不太好。还有就是民族双语班的学生汉语水平都不是太好，学习基础也差，大学课程有好多都学不明白，所以在有些班级上课非常吃力，提问题而学生一问三不知，满堂课都是教师在唱独奏曲，这时候也会感觉到上课太没意思了，甚至都不想给他们上了。有时候我也会去检查自己的原因，自己在专业上还需要加强，对教材的理解有时不太好，这样在讲解的过程中会不太深入，有时想好好备课，但觉得太费时间，课前的准备就会出现不充分的情况，这是自己今后要加强的地方，多花点时间精心备课，课堂要进行认真设计，才会有比较好的授课效果。"（B3）

具有硕士学历的教师，对教学绩效的满意度较高，他们的专业知识比较扎实，并具备了一定的研究能力，在教学中有自己的想法，并通过反思来研究教学。"……我上的是《大学英语》公共课程，大部分学生英语基础都比较差，学习积极性也不高，上课师生互动环节配合不理想，课堂成了我一个人的'独角戏'，这在一定程度上也影响了我上课的热情，授课结束后会有种严重的沮丧感和挫败感。分析原因有自己的也有学生方面的，自己的原因主要是备课不充分，对教学内容挖掘不够，讲解不够深入，缺乏激情，不富有启发性，自认为学生会有兴趣的教学内容与学生对该内容是否感兴趣不对称，对学生的了解不全面，没有很好地把握学生的基础和水平以及学习的特点；学生方面的原因主要有：英语基础差，学习态度不端正，对课程没有兴趣等。通过反思，我不断改进教学方法，对英语基础差的学生更有耐心，尽量用自己的人格魅力和知识感染学生，提高学生学习的积极性和创造性。这样，课堂中师生关系更为融洽，学生对英语学习的积极性也不断提高。当我看到这些的时候，我在想，这就是教学绩效的表现，教师的教学绩效不是老师自己说的算而是要让学生真正有所发展。其实，在教学中，教师对知识的广度与深度方面的储备，教师拥有一桶水，才能给学生一杯水，知识广度的储备量很重要，教育不在于灌输，而是点燃火焰，这就要求教师知识的深度，只有深入浅出，发人深省的课才是一堂好课。"（A4）

具有博士学历的教师，对教学绩效的满意度也较高，他们已具有系统性的学科专业知识，同时也具备研究能力，对教学中的问题有自己独到的见解，并也具备有问题意识，在教学中比较重视大学生思维能力的培养。

"我认为在大学的课堂教学中，知识的传授是次要的，主要的应该是培养学生的能力，包括问题解决的能力、学习的能力、发现问题的能力、创新能力等，学生只有具备了这些掌握知识的能力，他们才能更好地掌握和积累知识，如果单纯只以传授知识为主，就如授其鱼而未授其渔一样。我在读博期间，对教学理论、教学方法和教学手段有一些新的认识并也进行过一定的研究，所以现在有意识地将这些知识积极地应用到课堂教学中，我给学生上的是物理专业的一些课程，平时在知识教学中，很注重学生的逻辑性思维的训练，使他们养成一种良好的思维习惯，注重总结学习方法，尽量要做到深度学习，对一些重要的知识点也一定要做到知其然也要知其所以然。我自己也投入了大量的时间和精力备课做课件，探索了适合不同层次学生学习的教学方法，并借鉴精品课程建设的成果，尽可能地丰富教学资源，学生的收获也比较大。物理专业课程的难度是比较大的，但大部分学生学习的积极性都比较高，有部分学生志愿大四报考本专业的研究生继续深造，看到学生们的这些学习成就，我也感到很开心。我认为教师最成功和最满意的莫过于整个教学过程中教师运用灵活的教学方法积极引导学生，学生有良好的学风，有很强的求知欲望。教师有愉快的心情去教学，而学生能快乐地学习，即教师愉快地教，学生快乐地学。总体上，我对自己的教学绩效还是很满意的，无论是在教学实践上还是在教学研究上，我都付出了自己应该付出的努力，发表的研究成果也比较多。"（A7）

通过运用 SPSS19.0 对背景变量进行独立样本 t 检验和方差分析，发现边疆少数民族地区高校教师在性别变量上基本上没有差异，即男性教师与女性教师在自变量（社会资本）、中介变量（教学效能感、教学知识获取）和因变量（教学绩效）上不存在差异性，但在民族、年龄、教龄、职称、学历五个变量上，自变量、中介变量和因变量这三者之间存在有显著的差异性，具体表现为：民汉教师之间存在显著差异，汉族教师高于少数民族教师；不同年龄教师之间存在显著差异，随着年龄的增长而逐渐增强；不同教龄教师之间存在显著差异，教龄越长越显著；不同职称的教师之间存在显著差异，副教授以上职称的教师高于讲师，而讲师又高于助讲；不同学历的教师之间存在显著差异，学历越高越显著。

通过对访谈材料的分类编码，从访谈的细节描述中发现，不同教师自身内部细节因素的作用方式和路径也体现了其复杂性的一面。高校民语教学部教师的社会资本更多地体现出了同质性的特点，教学效能感不强，不善于从社会资本中获取教学知识，教学绩效明显要低于汉语部教师。而汉语教学部教师的社会资本也表现出了异质性的特点，教学效能感较强，能从较丰富的社会资本中获取教学知识；年龄比较大、教龄比较长的教师会拥有比较丰富的社会资本，善于总结和反思教学经验，教学效能感较稳定，教学绩效的满意度较高。而年龄小、教龄短的教师工作经验欠缺，教学认同感不强，对教学不成功的归因基本是外归因，教学效能感体现出情境性的特点，教学绩效不高；副教授以上的教师善于从社会资本中获取教学资源，教学效能感强，对教学绩效的满意度高。而讲师尤其是助讲教师的社会资本的数量和质量都受到一定的限制，这在一定程度上会影响教师教学效能感形成和对教学知识的获取，从而影响对教学绩效判断；博士的教学资源相对比较丰富，知识的体系性强，研究能力已具备，体现了社会资本丰富，教学绩效高，而高校中本科学历的教师基本上是少数民族教师，社会资本受限，教学效能感不稳定，教学的理论知识与实践性知识都比较欠缺，对教学绩效的满意度不高。这些也表明了社会资本的差异会对不同教师的主观能动性产生影响，教学信念、教学动机等内在心理变化会随着主观能动性的不同而不同，进而影响到教师能否主动自觉地获取教学知识，能否形成教学能力，这些将进一步影响到教学绩效水平。

总体上来看，在对边疆少数民族地区高校教师社会资本与教学绩效的总体差异分析上，质性研究结果基本验证了量化研究的结果，并进一步丰富了量化研究的结论，使得本书对教师社会资本与教学绩效关系的研究探讨更加立体，内容更加微观具体。

第四节　本章小结

本章采用了定量研究与质性研究相结合的方法对边疆少数民族地区高校教师社会资本与教学绩效关系群体差异展开了分析，包括性别、民族、年龄、教龄、职称、学历六个方面的背景变量。在定量研究中，运用统计学中的独立样本 t 检验和方差分析对 431 份有效样本是否具有显著性差异进行了平均数差异检验。采用质性研究范式，通过对 16 名高校民汉教师的深度访谈和理论描述，从性别、民族、年龄、教龄、职称、学历六个方面做了深入分析。研究结果表明：这六个背景变量中，除了性别变量不存在差异，其他五个背景变量都有显著性差异。质性研究结果基本验证了量化研究的结果，并进一步丰富了量化研究的结论。

第八章　研究结论与建议

　　本书以提高边疆少数民族地区高校教师教学质量为关注焦点，通过理论研究、实证研究和质性研究，依据辩证唯物主义关于"外因通过内因而起作用"的原理，深入探索了多元文化背景中高校教师社会资本对教学绩效内在的影响机理和影响关系，在一定程度上解决了"多元文化环境中高校教师的教学绩效差异及其形成原因"这一问题。通过对大量文献的研究分析，本书肯定了边疆少数民族地区高校教师社会资本对教学绩效的提升有积极作用，并初步构建了教师社会资本通过教学效能感和教学知识获取影响教学绩效的理论框架。在此基础上设计问卷展开调查，通过大样本调查统计，获得了包括来自新疆维吾尔自治区、西藏自治区和内蒙古自治区等边疆少数民族地区高校431份样本数据。根据所研究问题的具体要求和特点，运用结构方程建模方法，采用SPSS19.0和AMOS17.0统计软件，对数据进行较全面的分析和探索。实证结果一方面验证了教师社会资本影响教学绩效的内在作用机理，另一方面证实了教师教学效能感和教学知识的获取在教师社会资本与教学绩效关系之间起着重要的中介作用。同时研究也发现，在多元文化背景中，高校教师社会资本是一个由多要素组成的变量，而不同要素对教学绩效的影响能力是存在差异的。在实证研究的基础上，运用定量研究与质性研究相结合的方法对边疆少数民族地区高校教师社会资本与教学绩效关系群体差异展开了分析，包括性别、民族、年龄、教龄、职称、学历六个方面的背景变量。因此，对于边疆少数民族地区高校教师关系网络构建策略的选择，以及如何运用不同的关系网络构建策略来影响高校教师教学能力的提升，本书的研究具有重要的现实指导意义。

第一节　主要研究结论

一、边疆少数民族地区高校教师社会资本体现了多元文化的特点

我国边疆少数民族地区高校教师社会资本是嵌入教师的社会关系网络之中，教师可投资、获取和利用，并最终实现教学期望的有效（现实和潜在）社会资源的总和。能力、机会和动机三个因素是边疆少数民族地区高校教师社会资本生成的基本条件，教师社会关系网络、信任及嵌入式互动共同促进了各民族教师社会资源的获取，促进了教师教学能力的发展。在教师的社会关系网络节点上布满了各个不同民族的学生、同事和教学管理者，充分体现了多元文化背景的特点。

边疆少数民族地区高校教师社会资本是由结构性社会资本和关系资源社会资本两大维度组成，具体可由 5 个子维度 16 道题项的测量量表进行有效测量。在已有的社会资本理论研究中，许多研究者从不同的视角提出了社会资本维度，包括单维度和多维度的划分，单维度结构主要针对的是个体层面的社会资本分析，有的强调结构性维度，有的强调关系性维度；而多维度结构一般是针对团体层面来分析社会资本，比较典型的有"关系—结构—认知"三维度划分。本书关注于高校教师的社会关系网络系统，通过对文献整理与分析，整合了纳哈彼特与高莎尔（Nahapiet, J. & Ghoshal, S.）的三维社会资本结构研究成果和林南（Lin, N., 1999）关于个体单一维度衡量社会资本的研究成果，将边疆少数民族地区高校教师社会资本结构划分为结构性社会资本和关系资源社会资本两大维度。结构性维度是教师通过嵌入

社会关系结构并与结构中的节点相互连接而获取的资源,强调网络联系范围和联系强度,具体包括网络规模和网络凝聚力两个测量子维度;关系资源维度是教师在教学中通过与他人互动和交换所获取的资源,具体包括师生关系、同事关系和上下级关系(教师与教学管理者)三个测量子维度。并在整合了纳哈彼特(Nahapiet, J.),高莎尔(Ghoshal, S.)的社会互动量表与查维斯(Chavis, D. M.),莱依(Lee, K. S.)和阿科斯塔(Acosta, J. D.)的社群意识量表的基础上开发了高校教师结构性社会资本量表;借鉴了 George B. Graen & Mary U hl – Bien 的领导—员工关系量表设计了教师关系资源社会资本量表,最终开发了包括 16 道题项在内的边疆少数民族地区高校教师社会资本测量量表。为了确定教师社会资本量表测量结果的一致性、可靠性和稳定性,本书以 Cronbach α 系数为指标对量表的 5 个子维度进行了信度检验,各子维度测量题项的 Cronbach α 系数都分别达到了 0.8 以上,说明量表具有较好的信度。为了确定教师社会资本量表能够比较真实地测量出本研究想要考察的内容,分别采用探索性因子分析和验证性因子分析检验了量表的效度,探索性因子分析结果表明,16 个题项在指定因子上的因素负荷系数均大于 0.6,超过了最低标准0.5 的水平,且没有交叉符合的现象,说明量表具有较好的区别效度。验证性因子分析结果则表明,所有题项的标准化因子负荷都在 0.9 以上,且在 $p < 0.001$ 的条件下呈现显著性,说明量表具有很好的收敛效度;收集的样本数据均能较好地拟合教师社会资本的 5 个子维度结构,拟合指数 AGFI、比较拟合指数 CFI、相对拟合指数 RFI、非标准拟合指数 TLI、标准拟合指数 NFI、拟合优度指数 GFI 等都大于 0.9,残差平方根 RMR 小于 0.05,均达到了各自的最低要求,说明量表具有很好的交叉效度。因此,本书开发的边疆少数民族地区高校教师社会资本量表是一个具有很好信度和效度的量表。

二、教学效能感与教学知识获取在边疆少数民族地区高校教师社会资本与教学绩效关系中起中介作用

教师教学效能感与教学知识获取要素是影响边疆少数民族地区高

校教师教学绩效的内因，在教师社会资本与教学绩效关系间起中介作用。研究发现，教师教学效能感要素与教学知识获取要素在边疆少数民族地区高校教师社会资本提升教学绩效的过程中有着显著的效应。针对现有的研究在解释个体社会资本对工作绩效的影响关系时，大多并未关注社会资本如何通过影响个体内在特征因素进而对工作绩效产生影响这一不足，本书将教师教学效能感和教学知识获取作为教师个体内部影响要素引入到研究模型中，探索教师个体教学效能感与个体知识获取对其社会资本和教学绩效之间关系的影响。教学效能感作为教师自我信念和归属感形成的源泉，代表了教师工作动机的原动力，这在很大程度上会影响教师对社会资本价值潜力的投资和获取。本书通过对 431 份有效样本数据的分析发现：边疆少数民族地区高校教师教学效能感与教学知识获取对教师的结构性社会资本与关系资源社会资本分别与教学绩效之间关系具有正向积极的作用，当教师教学效能感水平较高时，教师结构性社会资本与关系资源社会资本对教学绩效的促进作用均会得到增强；当教师拥有的教学知识越多时，教师结构性社会资本与关系资源社会资本对教学绩效的促进作用就会越大，与此同时，教学效能感对教学知识的获取也具有积极作用，当教师教学效能感越强，教师获取教学知识的行为也会得到增强，进而对教师教学绩效的提高也有利。可能的原因是，教学效能感较高的教师自身会有较强的工作意识和创新教学精神，并愿意将大量时间和精力投入到教学工作中，努力钻研教学，只要认为是对教学有利的知识和资源，便会抓住一切机会努力去获取，提高教学绩效。

三、边疆少数民族地区教师社会资本对教师教学绩效有正向影响

第一，边疆少数民族地区高校教师社会资本对教学绩效有正向影响，影响的基本路径是：教师社会资本通过影响教师的教学效能感形成和教学知识获取行为进而影响教学绩效水平的提高，即外因（社会

资本）通过内因（教学效能感、教学知识）而对结果（教学绩效）发挥更大的影响作用。实证研究和质性研究结果表明，处于多元文化背景下的高校教师社会资本所构成的社会关系系统因素是影响各民族教师教学绩效的重要因素，但教师社会资本对教学绩效的影响是一个间接的过程，"大学是知识集合的场所"，教学知识是教师教学绩效的关键因素，教师的自我信念和成就动机是教师是否愿意提升自己能力，是真诚奉献于教育事业的原动力。基于心理学理论和社会交换理论的分析，揭示了教师的教学效能感和教学知识是教学绩效产生的内在因素。教师的社会资本正是通过教学效能感这样的心理动机因素和教学知识获取内在行为因素而影响教学绩效水平的提高。本书通过实证研究分析了边疆少数民族地区高校教师社会资本影响教师教学效能感的形成以及教学知识获取的效果，验证了教师社会资本间接影响教学绩效的具体机制和过程，并通过构建自变量（教师社会资本）、中介变量（教学效能感、教学知识获取）和因变量（教学绩效）的概念关系模型，实证结果进一步论证和支持了概念模型中的全部假设。通过定量研究与质性研究相结合，分析了教师个体之间所存在的差异表现，进一步验证了实证研究的结果。从研究结果看，教师社会资本各要素对教学效能感和教学知识获取行为的影响是显著的，而教学知识获取对教学任务绩效影响具有较大的路径系数，教学效能感对教学任务绩效和情境绩效均具有较大的影响路径系数，且教学效能感还影响教师教学知识的获取行为。这充分说明了教学效能感和教学知识获取在教师社会资本与教学绩效之间也具有中介作用，验证了教师社会资本对教学绩效的间接影响过程。边疆少数民族地区高校教师社会资本对教师教学绩效的积极作用，为高校探求提升教师教学质量策略提供了新的切入点。

第二，边疆少数民族地区高校教师社会资本各维度通过中介变量对教学绩效的影响均呈现显著的正向影响，但影响程度存在有差异。实证研究结果表明，从教学效能感的影响因素看，教师结构性社会资本对教学效能感形成的影响程度比教师关系资源社会资本的影响更大，而在关系资源要素中，师生关系比同事关系和上下级关系的影响程度大；从教学知识获取的影响因素看，网络凝聚力因素和上下级关系因素对教学知识获取的影响程度比其他三个因素的影响大；教学效能感对教学结果的影响程度最大；教学知识获取对教学行为的影响最大。这说明教师社会资本各要素对教学绩效的影响是不同的，呈现出不均衡性的特点。

第三，在边疆少数民族高校教师的社会资本与教学绩效中，男女教师之间基本上不存在差异，但在民族、年龄、教龄、职称和学历等变量中，不同的教师之间存在显著差异，具体表现为：汉族教师高于民族教师；年龄大的教师高于年龄小的教师；教龄在 10 年以上的教师高于教龄在 10 年以下的教师；副教授以上的教师高于讲师和助理教师；学历越高的教师教学绩效越大。

第二节　相关建议

基于国内外相关的社会资本理论研究成果，借鉴相关研究的思路和测量方法，本书运用"外因通过内因而起作用"的观点，重点探索了边疆少数民族地区高校教师社会资本对教学绩效的影响关系。结果表明，教师的结构性社会资本（网络规模、网络凝聚力）和关系资源社会资本（师生关系、同事关系和上下级关系）均通过中介变量（教学效能感、教学知识获取）正向影响教师教学绩效。那么，如何促进边疆少数民族地区高校教师通过社会关系网络获得丰富的结构性社会资本和关系资源社会资本以提升教学绩效呢？如何规避负向影响因素而积极发挥正向影响因素的作用？下面从三个方面阐述基于研究成果的实践建议。

一、以培育优质的教师社会资本替代教学管理

本书研究的重点是在明确以提高教师教学绩效为目标的基础上，

着重从社会资本的角度，阐释教师社会资本对教学绩效的影响因素问题，这一研究将会帮助高校认识到教学管理者应如何指导和支持教师的教学活动，在对教师教学管理过程中不仅要关注教学能力的提升，更要重视教师社会资本的生成及其深层作用。这一切也将为我国边疆少数民族地区高校教师自我诊断，将"关系"转化为社会资本以提升教学绩效提供了理论指导。因此，边疆少数民族地区高校教师社会资本为高校内的教学管理提供了新的切入点和思路。

第一，目前，边疆少数民族地区高校对教学的管理主要通过出台各项教学管理制度来规范教学行为促进教学绩效提高，同时，为了鼓励少数民族教师和学生提高教与学的积极性，高校往往会对少数民族教师和学生制定相应的优惠和激励政策，出现"一校两制"现象。根据本书对高校教师背景变量的分析结果，民、汉教师之间在教学绩效上存在有显著差异，因此，高校对少数民族教师制定相应鼓励措施是可以理解，也是必要的，但这种做法在高校可能会出现负面作用，各民族教师、学生之间会被一条无形的线分隔，不利于形成和谐的校园人际环境。本书研究结果表明，边疆少数民族地区高校教师社会资本不仅可以促进教师发展，而且是高校提高教育质量的重要社会环境系统，将建立在关系、信任、协作等基础之上，反映不同民族教师之间互动和心理状态的社会系统各要素植入复杂的多元文化高校环境系统之中，能为多元文化高校内部创造出更好的社会交换关系，进而激励教师提高教学绩效。这说明教师对教学的关注和重视并非完全基于学校教学管理规范或奖励制度，教师高质量的社会关系能帮助教师形成自我信念，获取教学资源，提升教学绩效。究其原因，教学规范管理和物质鼓励两者均未考虑到教师主体的社会心理因素，缺乏对教师社会关系网络功效的思考，实际上，教师基于各种参与动机将个人的行为选择置于社会资本的系统环境中会大大改善教师在教学中的行为和行为结果。因此，高校教师的社会资本能弥补高校内部教学管理系统中的一些不足，是教学管理的一种有益补充。优质的高校教学管理体系应充分体现出以互动、信任、协作为基础的教师社会资本导向。探析边疆少数民族地区高校教师社会资本对教学绩效的影响，密切关注教师社会资本各变量在教学绩效提升中的作用，可以为我国以多元文化为背景的高校实施有效的教学管理实践提供新的视角和理论依据。

第二，根据实证研究结果，师生关系、同事关系和上下级关系会对教师教学效能感和教学知识的获取产生正向影响，进而间接影响教学绩效。这一结果有助于教师正确认识高校内的"关系"文化以及由此产生的关系资源对自身教学能力提升的重要作用，清楚地了解自身的社会资本可通过什么样的方式去积累，在教学经营过程中应注意维持好重要的人际关系，以便在需要工具性动员这些关系时，使这些社会关系成功地转化为社会资源，最终有利于教学绩效的提升。与西方社会相比，我国是一个"关系"本位的社会，而这种"关系"又不完全等同于社会资本，"关系"网络的建构更多的是基于情感性需求或工具性目的的基础之上，基于情感性需要所建构的"关系"，更多的是依据"物以类聚，人以群分"的关系规则，容易形成"小群体"、"小团伙"，出现"弊大于利"的现象。而基于工具性目的基础上所建构的"关系"，更多的是依靠利益而建立起的二元关系，对于以多元文化为背景的高校来说，无论是基于情感性需求还是基于工具性目的而形成的教师"关系"，对高校内的集体行为可能会产生积极的促进作用，但也可能产生消极的阻碍作用，即利与弊同时存在。本书探索了边疆少数民族地区高校教师社会资本的来源及其影响机理，分析了如何将"关系"转化为社会资本。当高校教师与各民族学生之间、同事之间及教师与教学管理者之间产生共同信任、相互尊重、团结协作并且在产生较强的网络凝聚力的条件下，教师对高校有种强烈的归属感和满足感，能从具有凝聚力的师生关系、同事关系和上下级关系中获取教学资源，进而改善工作绩效。高校在管理实践中也可以通过高校内部制度、规范、文化等因素的建设，促进教师"关系"向社会资本转变。

二、营造合作交流平台以形成发展合力

巴西著名教育家保罗·弗莱雷在《被压迫者的教育》一书中指

出，"没有对话就没有交流，没有交流就没有教育"。营造合作与交流的良好教学氛围是边疆少数民族地区高校教师提高教学绩效的根本保证。交流平台即是一种合作，在边疆少数民族地区高校里，教师、学生、教学管理者等均是来自于不同的民族，课堂也是由多元文化的学生组成，而每个民族都有自己的语言、文字以及不同于其他民族的风俗习惯和风土人情，因此高校内各成员的合作与交流、彼此理解与尊重对于高校内的稳定与发展尤为重要。教师的合作包括师生合作、同事合作以及教师与教学管理者合作。大学课堂本就是一个对话的场所，在教学过程中，师生之间平等地交流与对话能够有效地促进师生之间相互提供较为广泛的思路和反馈信息，能集思广益、协作攻关，进而使知识更加趋于完整，结论趋于完满，这样能大大推进学生创造性思维的有序发展，提高思维活动的有效性。因此，教师在多元的课堂中营造一种开放的、心理相容的和谐交流氛围，其本身就是一种合作教学，这种宽松的教学环境，有利于各民族学生形成自我教育、自我提高、相互学习的良好学风和彼此了解与尊重的民族大团结氛围。教师与同事的合作主要体现在教学实践中，教师"以自愿、平等的方式，就共同感兴趣的问题，共同探讨解决的办法"，[1] 由于多元文化的大学教学活动特点具有复杂性，教师在应对不同民族学生的教学中必然会遇到许多教学中的困难和困惑，同时也要求教师要不断探索多元文化课堂教学的规律，教师如果能够与同事进行及时的交流和讨论，有利于发挥集体智慧，及时克服所遇到的各种问题。因此，教师与同事之间的合作不仅有利于教师共享资源，更有助于消除教师在教学中"孤军奋战"的孤独感和无助感，在情感上为教师提供社会性支持。迈克·富兰指出："如果我们不与人交往，我们能学到的东西是有限的……只要他思想开放，个人的力量与有效的合作相结合将变得更为巨大。"[2] 教师要突破彼此孤立与封闭的状态，必须与不同学科、不同

---

① 饶从满、杨秀玉、邓涛：《教师专业发展》，东北师范大学出版社 2005 年版，第149 页。

② 迈克·富兰，中央教育科学研究所，加拿大多伦多国际学院译：《变革的力量——透视教育改革》，教育科学出版社 2000 年版，第 27 页。

专业的教师进行交流与合作，这样才能拓展视野，不断提升教学能力，真正把握多元文化的课堂。教师与教学管理者之间的合作主要表现在教学管理者通过与教师协商合作，以教师教学评价为手段，通过督导的方式对教师提供积极的"形成性评价"以促进教师重视教学实践和教学研究。教师与管理者合作的核心要素是共同的教学目标、平等的权利和义务、彼此的协商与改进、有效的引导与督促；合作的目的是形成一种批判性互动关系，实现教师教学能力与教学学术水平的提升。

本书建议，打破传统的教师单一合作模式，努力探索资源共享的多渠道教师合作模式。教师合作的形式可以多种多样，如相互观摩学习、共同分享经验、相互提供教学资源、进行知识转移、共同规划教学活动、教学课题研究、实践社群等。教师与合作伙伴进行交流与沟通的渠道也应形式多样，可通过正式的场合，如教研室、研讨会、研究性教学、探究性教学等；也可通过非正式场合，如教师休息室、教师沙龙、教师工作坊、头脑风暴讨论、电子邮件、电话联系、网络平台等。最值得推广和重视的是，学校搭建网上交流平台。从访谈中我们也发现，学校为教师提供网上交流的机会不多，教师的网络应用意识比较欠缺，在信息技术高度发达的今天，网络技术的发展为教师交流提供了许多行之有效的途径和方法，网络交流可以避免很多直接交流的弊端，教师与学生、同事、领导等在这里都是平等的，大家可以畅所欲言地表达自己的质疑和观点，无须紧张和担忧。如教学网站一方面可以为师生之间的交流提供平台，教师可以通过教学网站为学生提供个别化教学；另一方面教学网站是教师教学思想外化的展示平台，教师之间相互学习、反思和交流，教学管理者对教学的反馈以及学生对教学的评价等信息均可在这里进行交流，这些信息将为教师教学提供更广阔的思维空间。教师还可以利用 BBS、通信类软件（如QQ、微信等）与学生、同事、管理者等进行跨时空的交流，由于这种交流可以是非同步的，所以可大大拓展思考的角度，使问题的解决更加深入和全面。因此，教师与学生、同事、教学管理者之间结为平等的伙伴，形成合作伙伴关系，营造良好合作、交流的氛围，是提升教师教学质量的根本保证。

三、建构教师教学共同体以保障教学资源的获取渠道

依据本书的实证检验结果以及质性研究结果，教师的网络规模和网络凝聚力对教师教学效能感和教学知识获取有着正向影响，从而间接影响教学绩效。教师的关系网络是教师形成教学效能感、获取教学知识的渠道，有助于教师树立起强烈的自我信念，影响着教师获取教学知识的效率和进程。因此，加强教师的关系网络建设，构建教师学习共同体团队是提高边疆少数民族地区高校教师教学能力的必经之路，它有利于提高教师的归属感和工作动机，获取更多教学资源，进而提高教学绩效。共同体是社会学研究中的一个基本概念，反映了人与人之间不同的社会联结性质。教师学习共同体概念源自美国彼得·圣吉 1990 年所提出的"学习型组织"思想，1995 年美国卡内基教育振兴财团理事长博耶（Boyer，E. L.）在《基础学校：学习的共同体》（The Basic School：A Community of Learning）研究报告中首次提出"学习的共同体"的概念，倡导学校建立人人平等、能够彼此交流、拥有共享愿景的真正意义上的学习共同体，这对于培育教师创新性、延伸性的思维，拓展教师的能力以获得自己真正的需要是非常重要的。教师学习共同体的实质就是建立一个"为了共同体目标而共同努力、同伴关系、分享的领导、共同发展和共同学习"[①]的学习团队，包括"关注学生学习成绩、反思对话、教师间的互动、充分的信任与合作、共同价值观和规范"[②]五个方面的基本要素。实践证明，教师学习共同体有利于改善教师之间、师生之间、教师与领导之间的人际关系，减少教师个人与集体的分离感和孤独感；有助于教学知识的流动、运用、生成与创新，共享集体的智慧；有利于教师形成更强的责

[①] 赵健：《学习共同体：关于学习的社会文化分析》，华东师范大学出版社 2006 年版，第 4 页。

[②] ［美］Sylvia M. Roberts & Eunice Z. Pruitt：《学习型学校的专业发展（Schools as Professional Learning Communities）》，赵丽等译，中国轻工业出版社 2004 年版，第 7~8 页。

任感、成就感、使命感以及对学校的归属感。①

　　教师群体的智慧是教学系统中不可或缺的资源，在教师教学共同体团队中，各成员之间的互动不仅可以使教师相互汲取力量得到心理支持，更重要的是可将每位教师的优势整合为集体智慧，从而产生新思想。那么，在边疆少数民族地区高校应如何在多元文化背景下来构建教师教学共同体团队？

　　第一，高校教学管理者应该转变认知，为教师着力营造良好的团队互动条件，真正从根本上认识到教师教学共同体团队对各民族教师专业发展、学生成长和学校发展的价值。研究发现，当高校教学管理者有意识地创造条件，增加教师教学共同体团队成员的互动时，就能建立广泛的网络联系，共同体成员在平等、民主、分享的气氛中参与决策，贡献思想，分享彼此的实践智慧、教学理念以及改革创意。在实践中教学管理者可通过有计划地组织名家讲堂，成立高校教师发展中心、教学论坛、教师岗前培训以及联谊等集体活动，为教师提供展示自己的舞台，创造机会并鼓励教师广泛参与感兴趣的话题讨论，使教师在轻松自由的互动中感受到集体的温暖并能意识到自己被集体成员接纳，这样的教学共同体团队一旦形成，教师都乐于参与团队活动，教学管理将自然会减少规则和经济利益的驱使。

　　第二，教师教学共同体团队需要形成强大的网络规模和网络凝聚力。网络规模和网络凝聚力产生于网络成员间的理解、尊重和信任关系，而高校和谐的多元文化环境是形成尊重和理解的基础，它将促进教师在多元文化的教学共同体团队中相互帮助和支持、彼此合作和信任、分享经验、接纳不同思想，客观地评价和认识彼此之间产生的不同观点和分歧，对成员所遇到的困难和困惑表示同情并愿意及时援助。在教师教学共同体团队的建设过程中，教学管理者须重视教师与其他共同体成员之间相互尊重和理解、相互信任和支持的引导，形成合力促进团队的发展。研究结论表明，教师的网络规模和网络凝聚力能推动人际信任关系的建立，而教师与学生、同事及教学管理者之间

―――――――――――

　　① 李志厚：“教师校本学习研究”，西北师范大学 2005 年博士学位论文，第 132 页。

的互动为信任关系的建立提供了一个过程和契机。这也给多元文化背景的高校教师教学共同体团队建设带来重要的启发意义。在实践中，我们需要共同体团队中各民族身份的成员形成亲密的伙伴关系，彼此信任并致力于为团队贡献全力。因此，高校将有目的、有步骤、系统地进行工作安排，激励每个民族的成员积极参与教学共同体团队，同时将团队成员之间的相互尊重、关怀、信任与承诺作为建立团队人际信任培养的一条捷径，及时了解并反馈各成员对团队的心声、建立有效的团队沟通机制，促进团队成员对团队的归属感和主人翁精神，进而树立起自我信念和工作、学习的动机。

第三，完善教师教学共同体团队成员的知识结构。教师教学共同体团队的知识总是处于不停地变动、补充和更新的过程中，因此团队成员需要不断的"充电"，这样才能保证教学共同体团队的知识资源库有持续不断的知识来源和丰富的资源储备，保障团队成员能在此充分利用知识、整合知识和创新知识。高校可采用多种形式的积极措施，为教师教学共同体团队成员提供充足的时间去参加各种培训活动，鼓励教师积极地参与国内外各种教学学术性活动和学术论坛，拓宽教师与外界进行不同知识交流的渠道，开阔视野，为教学研究提供知识来源和思维基础。

第三节　研究的贡献、局限与展望

一、研究的贡献

综观整个研究过程和研究结果，一方面将教师教学绩效影响研究与社会资本相联系，另一方面将社会资本的功能研究从宏观领域推进到微观层面，从而进一步丰富了社会资本的理论研究。具体而言，本研究的贡献主要体现在以下三个方面：

第一，整合了社会结构理论和社会交换理论，阐释了边疆少数民族地区高校教师社会资本的微观生成机制，通过对教师社会资本与教学绩效关系的考察，从一定程度上拓展了社会资本理论对高校教师教学能力构建的研究。阿贝尔（Abell，P.）等学者曾在《惯例、能力和绩效的微观基础建构》（Building Micro-foundations for the Routines, Capabilities, and Performance Links）一文中论证了提高个体创新能力需要关注微观基础因素，而社会资本是其重要来源。[①] 考虑到边疆少数民族地区高校教师社会资本是高校内多元文化社会关系的一种反映，体现了教师个体的社会能动性和心理主动建构的过程和结果。本书以社会结构理论和社会交换理论为基础，以个体能动性与环境约束性为视角，重点关注微观层面的教师社会资本结构，既丰富了个体社会资本要素的研究，也为教师社会资本结构框架的构建、测量以及教师社会资本的微观效能研究奠定了理论基础。通过大样本统计分析，发现边疆少数民族地区高校教师建立的网络关系为教师教学绩效的提高提供了重要的情感性资源和知识性资源。因此，教师社会资本不仅是教师提高教学绩效的渠道，而且也是高校教师教学能力构建的重要来源。

第二，从社会资本理论视角对边疆少数民族地区高校教师教学绩效影响因素展开研究，扩展了教师教学绩效影响因素研究的领域，同时识别了教学效能感和教学知识获取在教师社会资本与教学绩效关系间的中介转换作用，进一步揭开了教师社会资本对教学绩效影响过程中的"黑箱"，丰富了基于社会资本理论对高校教师教学绩效提升的研究。在绩效影响因素的研究中，目前的研究大多是从人力资本这一影响因素展开分析，从社会环境因素探索对绩效影响的研究则不多，而系统地分析多元文化社会环境因素对边疆少数民族地区高校教师教学绩效影响的研究则更少。阿马比尔（Amabile，T. M.）曾在《在组织中激发创造力：你喜欢什么和喜欢做什么》（Motivating Creativity in Organizations：On Doing What You Love and Loving What You Do）的研

① Abell, P., Felin, T. & Foss, N. Building Micro-foundations for the Routines, Capabilities, and Performance Links, Managerial and Decision Economics, 2008 (6)：489 – 502.

究中指出，凡是具有正常工作能力的个体都能在工作中发挥出创造力，取得创造性成绩，而环境是一个重要的影响因素，它影响个体在工作中的创造力水平和发生频率，因而个体在不同的环境中做出的工作绩效也会不同。① 这一研究结论也验证了社会环境因素影响个体心理与行为及其行为结果。社会资本理论认为，基于利益相关者的个体所建构的关系网络具有"渠道"（conduit）的功能，能为个体获得资源提供可能性与机会。② 但是对"如何将可能性转化为现实的工作绩效"这一问题并未做出明确分析，本书基于社会学、心理学等领域的相关理论对高校教师社会资本与教学绩效关系展开研究，并引入了"教学效能感"和"知识获取"这一变量，用实证的方式探讨了边疆少数民族地区高校教师社会资本提升教学绩效的内在机制，即教师社会资本必须要转化为教师现实的自我信念和知识资产才能有效地提升教学绩效。因此，本书可以丰富教师绩效影响因素研究领域理论研究的广度和深度。

第三，从微观层面验证了高校教师社会资本的功效，丰富了个体社会资本微观效能的研究。本书借鉴相关的经典社会资本理论研究成果，对边疆少数民族地区高校教师社会资本的微观效能进行了理论、实证和质性的分析与探讨，验证了教师的社会关系和心理状态不同程度地影响教师个体。本书的成果不仅丰富了教师社会资本的效能研究，更重要的是将社会资本的效能从宏观层面的研究推进到微观层面的探讨。

二、研究的局限

本书在国内外相关社会资本理论与绩效理论研究的基础上，勾勒了边疆少数民族地区高校教师社会资本与教学绩效关系研究的新框

---

① Amabile, T. M. Motivating Creativity in Organizations: On Doing What You Love and Loving What You Do, California Management Review, 1997 (1): 39 – 60.

② Adler, P. S., Kwon, S. W. Social Capital: Prospects for a New Concept, Academy of Management Review, 2002 (1): 17 – 40.

架，运用社会结构化理论、社会交换理论及现代心理学等理论，研究了教师社会资本通过教学效能感和教学知识获取影响教学绩效的不同作用机理，提出了教师社会资本影响教学绩效的理论模型和研究假设，并通过对边疆少数民族地区高校教师的问卷调查和实证分析，得到了一些较有理论价值和实践意义的结论，但在研究过程中仍存在一定的局限性和不足之处，在未来的研究中还需进一步深化和完善，具体表现在以下几个方面：

第一，在样本的选取方面，尽管在访谈和问卷调查过程中花费了大量的时间和精力，所获取的有效问卷也基本满足了研究中样本量的要求，但由于调查的对象涉及高校各个民族的教师，调查工作相对较困难，研究的实证分析还不属于真正意义上的大样本研究。同时问卷发放基本上是以院系教师为单位，主要是通过便利抽样而不是随机抽样的方式获取，所以样本所涉及的学科和专业受到了一定的限制，代表性和广泛性欠缺。另外，由于能力所限，本书的问卷调查对象主要集中在新疆维吾尔自治区所属高校，样本的代表性和说服力存在一定局限性，收集的数据可能会带有一定的地域特征，在一定程度上制约了研究结论的推广和普及。

第二，在变量测量方面，对自变量、因变量和中间变量的测量题项基本上是借鉴相关研究领域已有的研究成果，被试通过主观评价的方式进行测量，主观成分较大，同时高校教师尤其是部分少数民族教师对做问卷持有一种普遍的抗拒心理，对一些指标不能真正做到客观评价，因此难以获得完全真实的数据。尽管在研究中尽可能增加测量的信度和效度，但这些仍可能影响到研究结论的可靠性和准确性。在未来的研究中，设计更为客观的指标和尽可能获取真实客观数据，将有助于提高研究的有效性。

第三，缺乏对教师社会资本促进机制的探讨。本书通过对边疆少数民族地区高校教师社会资本效能的分析和论证，教师社会资本对教学绩效的积极作用已得到检验，但在管理实践中如何促进教师社会资本的形成进而为管理实践服务，还需要在理论和实证上进一步探索和验证。

三、后续研究与展望

首先，本书结论显示，边疆少数民族地区高校教师社会资本各要素对教学绩效的影响存在差异。后续的研究可以针对这一结论做进一步的细致研究，如通过对教师社会资本各要素的比较研究，揭示所存差异的原因，为边疆少数民族地区高校教师社会资本对教学绩效影响提供更加详细的分类指导。

其次，在变量测量上，本书主要是通过借鉴国内外已有的成熟量表，通过 Cronbach α 系数分析、探索性因子分析和验证性因子分析来确保测量的信度和效度，但由于国别文化存有差异，测量必然会存在有不妥之处。今后的研究可以继续通过科学方法开发出更加适合于我国边疆少数民族地区高校教师实际的测量量表，丰富这一领域的实证研究成果。

再次，进一步探索促成边疆少数民族地区高校教师社会资本形成的管理机制。同大多数研究一样，本书关注教师社会资本对教学绩效的影响作用，但对如何促进教师社会资本的生成机制问题，在教师社会资本功效得到验证后，下一步应该对教师社会资本的保障机制做更加系统的理论和实证探索，使其真正成为我国边疆少数民族地区高校教学管理系统的有益补充。

最后，本书的被试样本数比较有限，在后续研究中，将进一步扩大样本数。同时可根据自身工作的需要，还可以重点针对新疆高校教师与教学绩效关系做全面研究，以此提升新疆高校教师教学能力，提高新疆高校整体教育教学质量。

参考文献

一、中文部分（按姓名拼音排序）

［1］白钦先，杨涤．21世纪新资源理论——关于国民财富源泉的最新研究［M］．北京：中国金融出版社，2006．

［2］包亚明．布尔迪厄访谈录——文化资本与社会炼金术［M］．上海：上海人民出版社，1997．

［3］边燕杰．找回强关系：中国的间接关系、网络桥梁和求职［J］．国外社会学，1998（2）．

［4］边燕杰，丘海雄．企业的社会资本及其功效［J］．中国社会科学，2000（2）．

［5］辞海编辑委员会．辞海［Z］．上海辞书出版社，1980．

［6］陈晓萍，徐淑英，樊景立．组织与管理研究的实证方法［M］．北京：北京大学出版社，2012．

［7］陈伯璋．教育研究方法的新取向［M］．广州：南宏图书公司，1990．

［8］陈向明．质的研究方法与社会科学研究［M］．北京：教育科学出版社，2000．

［9］陈向明．定性研究方法评介［J］．教育研究与实验，1996（03）．

［10］陈亮，段兴民．基于行为的组织中层管理者工作绩效评价结构研究［J］．管理工程学报，2009（2）．

［11］陈瑛．内蒙古民族高等教育现状及发展对策研究［D］．内蒙古农业大学硕士学位论文，2008．

［12］豆丁网．工作动机［EB/OL］．http：//www.docin.com/p-395482925.html，2015-3-28．

［13］豆丁网．结构方程模型［EB/OL］．http：//www.docin.com/p-672371101.html，

　　　　2015 - 1 - 8.

[14] 杜亚丽. 社会资本对工程咨询项目绩效的影响 [D]. 东北财经大学博士学
　　　位论文, 2012.

[15] 董培健. 对现行教师评价体系的几点思考 [J]. 沈阳大学学报, 2003
　　　(6).

[16] 董奇. 心理与教育研究方法 [M]. 北京: 北京师范大学出版社, 2004.

[17] 冯增俊. 教育人类学教程 [M]. 北京: 人民教育出版社, 2005.

[18] 富维岳, 唱印余主编. 教育学 [M]. 长春: 东北师范大学出版社, 2000.

[19] 付亚和, 许玉林. 绩效管理 [M]. 上海: 复旦大学出版社, 2008.

[20] 付菁华. 内部社会资本对跨国母子公司内部知识转移绩效的影响研究
　　　[D]. 复旦大学博士学位论文, 2009.

[21] 傅松涛, 张扬. 论教育资源的深度开发 [J]. 河北师范大学学报, 1998
　　　(1).

[22] 顾明远主编. 教育大辞典 [Z]. 上海: 上海教育出版社, 1990.

[23] 顾琴轩, 王莉红. 人力资本与社会资本对创新行为的影响——基于科研人
　　　员个体的实证研究 [J]. 科学学研究, 2009 (10).

[24] 耿新. 企业家社会资本对新创企业绩效影响研究 [D]. 山东大学博士论
　　　文, 2008.

[25] 嘎日达. 方法的论争——关于质的研究与量的研究之争的方法论考察
　　　[M]. 北京: 文津出版社, 2008.

[26] 侯杰泰, 温忠麟, 成子娟. 结构方程模型及其应用 [M]. 北京: 教育科学
　　　出版社, 2004.

[27] 何芳玲. 业缘资本与大学教师专业发展 [D]. 中南大学硕士学位论
　　　文, 2008.

[28] 何芳蓉. 新产品开发团队之社会资本、知识分享与绩效的实证研究 [D].
　　　"国立"高雄第一科技大学硕士学位论文, 2003.

[29] 胡鸿保, 姜振华. 从社区的词语历程看一个社会学概念内涵的演化 [J].
　　　学术论坛, 2002 (5).

[30] 贺远琼, 田志龙, 陈昀. 企业高管社会资本与企业经济绩效关系的实证研
　　　究 [J]. 管理评论, 2007 (3).

[31] 贺远琼, 田志龙, 陈昀. 环境不确定性、企业高层管理者社会资本与企业
　　　绩效关系的实证研究 [J]. 管理学报, 2008 (3).

[32] 韩翼, 廖建桥, 龙立荣. 雇员工作绩效结构模型构建与实证研究 [J]. 管

理科学学报, 2007 (5).

[33] 黄喜珊, 王永红. 教师效能感与社会支持的关系 [J]. 中国健康心理学杂志, 2005 (1).

[34] 贾翠新. 企业内训师教学效能感、领导支持度和其主职工作绩效的关系 [D]. 华东师范大学硕士论文, 2011.

[35] 教育部人事司编. 管理创新与学校发展 [M]. 西安: 陕西师范大学出版社, 2004.

[36] 景丽珍. 高校教师教学科研成果的影响因素研究 (英文版) [M]. 北京: 中央民族大学出版社, 2012.

[37] 景丽珍, 杨贞兰. 同事关系对高校教师工作绩效的影响 [J]. 高等教育研究, 2013 (5).

[38] 柯江林, 孙健敏, 石金涛. 企业 R & D 团队之社会资本与团队效能关系的实证研究——以知识分享与知识整合为中介变量 [J]. 管理世界, 2007 (43).

[39] 联合国教科文组织. 高等教育变革与发展的政策性文件 [A]. 赵中建编. 全球教育发展的研究热点: 90 年代来自联合国教科文组织的报告 [M]. 北京: 教育科学出版社, 1999.

[40] 李惠斌, 杨雪冬. 社会资本与社会发展 [M]. 北京: 社会科学文献出版社, 2000.

[41] 李志厚. 教师校本学习研究 [D]. 西北师范大学博士学位论文, 2005.

[42] 李志宏, 朱桃. 社会资本对个体间非正式知识转移影响的实证研究 [J]. 科学学与科学技术管理, 2009 (9).

[43] 李琼. 教师专业发展的知识基础 [M]. 北京: 北京师范大学出版社, 2012.

[44] 李怀祖. 管理研究方法论 [M]. 西安: 西安交通大学出版社, 2004.

[45] 李林艳. 社会空间的另一种现象——社会网络分析的结构视野 [J]. 社会学研究, 2004 (3).

[46] 李晔, 刘华山. 教师效能感及其对教学行为的影响 [J]. 教育研究与实验, 2000.

[47] 李忠. 高校科研创新团队建设的几点思考 [J]. 长沙铁道学院学报: 社会科学版, 2004 (3).

[48] 刘军. 社会网络分析导论 [M]. 北京: 社会科学文献出版社, 2004.

[49] 刘少杰. 以行动与结构互动为基础的社会资本研究 [J]. 国外社会科学,

2004（2）.

［50］林亿明．团队导向的人力资源管理实务对团队知识分享与创新之影响——社会资本的中介效果［D］．东吴大学硕士学位论文，2001.

［51］林筠，刘伟，李随成．企业社会资本对技术创新能力影响的实证研究［J］．科研管理，2011（1）.

［52］林南．社会网络与地位的获得［J］．马克思主义与现实，2003（2）.

［53］吕淑丽．企业家社会资本对技术创新绩效的影响［D］．东华大学博士论文，2008.

［54］潘杰义，李燕，詹美求．企业—大学知识联盟中知识转移影响因素分析［J］．科技管理研究，2006（7）.

［55］卜长莉．社会资本的负面效应［J］．学习与探索，2006（2）.

［56］马克斯·韦伯．社会科学研究方法论［M］．韩水法，等译．北京：中央编译出版社，1998.

［57］［美］马克·格兰诺维特．镶嵌——社会网络与经济行动［M］．罗家德，译．北京：社会科学文献出版社，2007.

［58］迈克·富兰．变革的力量——透视教育改革［M］．中央教育科学研究所，加拿大多伦多国际学院，译．北京：教育科学出版社，2000.

［59］［美］林南（Lin，N）．社会资本：关于社会结构与行动的理论［M］．张磊，译．上海：上海人民出版社，2005.

［60］［美］詹姆斯·科尔曼．社会理论的基础（上）［M］．邓方，译．北京：社会科学文献出版社，1990.

［61］［美］福山．信任：社会美德与创造经济繁荣［M］．彭志华，译．海口：海南出版社，2001.

［62］［美］Sylvia M. Roberts and Eunice Z. Pruitt．学习型学校的专业发展［M］．赵丽，等译．北京：中国轻工业出版社，2004.

［63］饶从满，杨秀玉，邓涛．教师专业发展［M］．长春：东北师范大学出版社，2005.

［64］芮明杰．管理学——现代的观点［J］．上海：上海人民出版社，1999.

［65］［日］富永健一．社会学原理［M］．严立贤，陈婴婴，等译．北京：社会科学文献出版社，1992.

［66］孙振东．教育研究方法论探索［M］．重庆：重庆大学出版社，2008.

［67］孙涛．高校教学评价制度存在的问题及其对策研究［J］．北京教育（高教），2006（11）.

[68] 孙健敏，焦长泉．对管理者工作绩效结构的探索性研究［J］．人类工效学，2002（3）.

[69] 孙立平．"关系"、社会关系与社会结构［J］．社会学研究，1996（5）.

[70] 苏延云．知识转移的障碍及应对策略［J］．科技情报开发与经济，2006（5）.

[71] 司海燕．中学组织气氛、教师教学效能感与工作投入的关系研究［D］．河北师范大学硕士学位论文，2008.

[72] 托马斯·福特·布朗著，木子西译．社会资本理论综述［J］．马克思主义与现实，2000（2）.

[73] 王奇等编著．高等教育绩效评优研究［M］．北京：高等教育出版社，2012.

[74] 王子平，百侠，徐静珍．资源论［M］．石家庄：河北科学技术出版社，2001.

[75] 王凤彬，刘松博．企业社会资本生成问题的跨层次分析［J］．浙江社会科学，2007（4）.

[76] 王伟清．教育资源学及其创建［J］．教育与经济，2006（2）.

[77] 王立生．社会资本、吸收能力对知识获取和创新绩效的影响研究［D］．浙江大学博士学位论文，2007.

[78] 王晖，李晓轩，罗胜强．任务绩效与情境绩效二因素绩效模型的验证［J］．中国管理科学，2003（4）.

[79] 王凯．基于网络结构的企业集群创新行为研究综述［J］．科技管理研究，2009（12）.

[80] 汪轶．知识型团队中成员社会资对知识分享效果作用机制研究［D］．浙江大学博士学位论文，2008.

[81] 吴东方，司晓宏．对我国高校本科教学水平评估工作的评价与反思［J］．陕西师范大学学报，2009（1）.

[82] 吴湘萍，徐福缘，周勇．高校教师工作绩效的影响因素分析［J］．华东师范大学学报，2006（1）.

[83] 吴明隆．问卷统计分析实务［M］．重庆：重庆大学出版社，2014.

[84] 吴明隆．结构方程模型［M］．重庆：重庆大学出版社，2014.

[85] 韦影．企业社会资本对技术创新绩效的影响：基于吸收能力的视角［D］．浙江大学博士论文，2005.

[86] 尉建文．关系网络与资源获取——私营企业主关系网络建构与运作的社会

学分析 [D]. 中国社会科学院研究生院，2006.

[87] 温志毅. 工作绩效的四因素结构模型 [J]. 首都师范大学学报（社会科学版），2005（5）.

[88] 谢荷锋. 企业员工知识分享中的信任问题实证研究 [D]. 浙江大学博士学位论文，2007.

[89] 辛涛，申继亮，林崇德. 教师个人教学效能感量表试用常模修订 [J]. 心理发展与教育，1995（4）.

[90] 薛艳，唐国强. 论高校课堂教学质量评估指标体系的构建 [J]. 高教探索，2006（6）.

[91] 新华网. 吴晶，于春生. 教育部：本科教学评估对高等教育发展功不可没 [EB/OL]. http://news.xinhuanet.com/newscenter/2008204226/content_8052839.htm，2012.

[92] 杨静. 供应链内企业间信任的产生机制及其对合作的影响——基于制造业企业的研究 [D]. 浙江大学博士学位论文，2006.

[93] 杨雪冬. 社会资本：对一种新解释范式的探索 [J]. 马克思主义与现实，1999（3）.

[94] 杨杰，方俐洛，凌文铨. 绩效评价的若干问题 [J]. 应用心理学，2000（2）.

[95] 杨国枢. 中国人的性格与行为：形成及蜕变 [J]. 中华心理学刊，1981（1）.

[96] 燕继荣. 投资社会资本：政治发展的一种新维度 [M]. 北京：北京大学出版社，2006.

[97] 姚小涛，席酉民. 企业联盟中的知识获取机制：基于高层管理人员个人社会关系资源的理论分析框架 [J]. 科学学与科学技术管理，2008（6）.

[98] 叶澜. 教育研究方法论初探 [M]. 上海：上海教育出版社，1999.

[99] 易丹辉. 结构方程模型方法与应用 [M]. 北京：中国人民大学出版社，2008.

[100] 俞国良，辛涛，申继亮. 教师教学效能感：结构与影响因素的研究 [J]. 心理学报，1995（5）.

[101] 俞国良，罗晓路. 教师教学效能感及其相关因素研究 [J]. 北京师范大学学报，2000（1）.

[102] 中华人民共和国教育部. 2013 年全国教育事业发展统计公报 [EB/OL]. http://www.moe.edu.cn/publicfiles/business/htmlfiles/moe/moe _ 633/201407/

171144. html. 2015 – 01 – 5.

[103] 张敏. 适应性绩效：教师绩效结构的新发展 [J]. 高等工程教育研究，2007（2）.

[104] 张春兴. 现代心理学 [M]. 上海：上海人民出版社，2003.

[105] 张红霞. 教育科学研究方法 [M]. 北京：教育科学出版社，2009.

[106] 张大为. 员工关系对知识共享的影响研究 [D]. 大连理工大学博士学位论文，2011.

[107] 张峰. 社会资本与教师科研发展 [D]. 华中科技大学硕士学位论文，2005.

[108] 张鹏. 企业社会资本、组织学习和技术创新绩效研究 [D]. 山东大学博士论文，2009.

[109] 张文宏. 社会资本：理论争辩与经验研究 [J]. 社会学研究，2003（4）.

[110] 张文宏. 中国的社会资本研究：概念、操作化测量和经验研究 [J]. 江苏社会科学，2007（3）.

[111] 张方华. 企业的社会资本与技术创新——技术创新理论研究的新视野 [J]. 自然辩证法通讯，2003（6）.

[112] 张其仔. 社会资本的投资策略与企业绩效 [J]. 经济管理，2004（16）.

[113] 张其仔. 社会资本与国有企业绩效研究 [J]. 当代财经，2000（1）.

[114] 张体勤，沈荣芳. 知识团队的绩效评价 [J]. 德州学院学报，2002（1）.

[115] 赵立莹，刘献君. 本科教学评估：理性反思与现实选择 [J]. 中国高教研究，2008（10）.

[116] 赵健. 学习共同体：关于学习的社会文化分析 [M]. 上海：华东师范大学出版社，2006.

[117] 朱国宏，桂勇. 经济社会学导论 [M]. 上海：复旦大学出版社，2005.

[118] 朱志勇. 教育研究方法论范式与方法的反思 [J]. 教育研究与试验，2005（1）.

[119] 郑伯埙. 差序格局与华人组织行为 [J]. 本土心理学研究，1995（3）.

[120] 郑也夫. 信任与社会秩序 [J]. 学术界，2001（4）.

[121] 郑也夫. 信任：溯源与定义 [J]. 北京社会科学，1999（4）.

[122] 中共中央马克思恩格斯列宁斯大林著作编译局. 马克思恩格斯选集（第1卷）[M]. 北京：人民出版社，1995.

[123] 中国社会科学院语言研究所词典编辑室. 现代汉语词典 [Z]. 商务印书馆，1996.

[124] 曾晓娟. 大学教师工作压力研究 [D]. 大连理工大学博士学位论文, 2010.

[125] 仲理峰, 时勘. 绩效管理的几个基本问题 [J]. 南开管理评论, 2000 (3).

[126] 周守军, 袁小鹏. 农村教师的社会资本及其社会地位 [J]. 教育发展研究, 2010 (23).

二、英文部分（按姓名字母排序）

[1] Abell, P., Felin, T. & Foss, N. Building Micro-foundations for the Routines, Capabilities, andPerformance Links [J]. Managerial and Decision Economics, 2008 (6).

[2] Adler P S., Kwon SW. Social Capital: Prospects For a New Concept [J]. Academy of Management Review, 2002 (1).

[3] Adam, F. & Borut, R. Social Capital: Recent Debates and Research Trends [J]. Social Science Information, 2003 (42).

[4] Allen, H. L. Faculty Workload and Productivity in the 1990s: Preliminary Findings [J]. The NEA 1996 Almanc of Higher Education, 1996.

[5] Allworth, E., Hesketh, B. Construct-oriented Biodata Capturing Change-related and Contextual Relevant Future Performance [J]. International Journal Selection & Assessment, 1999 (2).

[6] Amabile TM., Conti R, Coon H. Assessing the Work Enviornment for Creativity [J]. Academy of Management Journal, 1996 (5).

[7] Amabile, T. M. Motivating Creativity in Organizations: On Doing What You Love and Loving What You Do [J]. California Management Review, 1997 (1).

[8] Anderson, A. R. Paradox in The Periphery: An Entrepreneurial Reconception [J]. Entrepreneurship Reg, 2000 (2).

[9] AnnMM, Cannella Jr. AA. Social Capital and Knowledge Creation: Diminishing Returns of the Number and Strength of Exchange Relationships [J]. Academy of Management Journal, 2004 (5).

[10] Association, Montreal, Canada, 2006. Retrieved from Building a Network Theory of Social Capital [J]. Connections, 1999 (1).

[11] Avolio, B. J., Gardner, W. L. & Walumbwa, F. O. Unlocking the Mask: A

Look at the Process by Which Authentic Leaders Impact Follower Attitudes and Behaviors [J]. Leadership Quarterly, 2004 (6).

[12] Bandura, A. Self-efficacy : Toward a Unifying Theory of Be-havioral Change [J]. Psychological Review, 1977 (3).

[13] Bandura, A. Self-efficacy : Toward a Unifying Theory of Be-havioral Change [J]. Psychological Review, 1977 (3).

[14] Barrett G V, Depinet R L. A Reconsideration of Testing for Competence Rather Than for Intelligence [J]. American Psychologist, 1991 (10).

[15] Bernardin H. John, Jeffrey S. Kane, Susan Ross, et al. Performance Appraisal Design, Development, and Implementation, InG. Ferris, S. Rosen, D. Barnum, eds. Handbook of Human Resource Management [M]. Cambridge, Massachusetts: Black ell, 1995.

[16] Bigley, G. , Pearce, J. , Straining for Shared Meaning in Organization Science: Problems of Trust and Distrust [J]. Academy of Management Review, 1998 (23).

[17] Bland, C. J. Center, B. A. , Finstad, D. A. , Risbey, K. R. & Staples, J. The Impact of Appointment Type on The Productivity and Commitment of Full-time Faculty in Research and Doctoral Institutions [J]. Journal of Higher Education, 2006 (1).

[18] Boman. W. C. Motowidlo S. J. Expanding the Criterion Domain to Include Elements of Contextual Performance [M]. Schmitt W C. Borman (Exls) Personnel Selection in Organizations. Sanfrancisco: Jossey-Bass, 1993.

[19] Borman, W. C. , Motowidlo, S. J. Task Performance and Contextual Performance: The Meaning for Personnel Selection Research [J]. Human Performance, 1997 (10).

[20] Bourdieu, P. The Forms of Capital. In J. G. Richardson (ed.) Handbook of Theory and Research For The Sociology of Education [M]. New York: Greenwood Press, 1985.

[21] Bolino M C, Turnley W H, Bloodgood J M. Citizenship Behavior and The Creation of Social Capital in Organization [J]. Academy of Management Review, 2002 (4).

[22] Borgatti, S. P. & Foster, P. C. The Network Paradigm in Organizational Research: A Review and Typology [J]. Journal of Management, 2003 (6).

[23] Brumbrach, A. Performance Management [M]. London: The Cromwell Press, 1988.

[24] Burt, R. S. The Contingent Value of Social Capital [J]. Administrative Science Quarterly, 1997 (42).

[25] Burt, R. S. The Network Structure of Social Capital [J]. Research in Organizational Behavior, 2000 (22).

[26] Burt Ronald. Structure Holes: The Social Structure of Competition [M]. Cambridge: Harvard University Press, 1992.

[27] Carbonaro, W. Parent, Peer, and Teacher Influences on Student Effort and Academic Outcomes [M]. Paper Presented at the Annual Meeting of the American Sociological Association, San Francisco, CA, 2004.

[28] Campbell, J. P. Modeling the Performance PredictionProblem in Industrial and Orangizational Psychology. In M. D. Dunnette & L. M. Hough (Eds.), Hankbook of Industrial and Organizational Psychology [M]. Palo Alto: Consulting Psycologists Press, 1990.

[29] Campbell JP, Ford P, et al. Development of Multiple Job Performance Measures Representative Sample of Jobs [J]. Personnel Psychology, 1990 (2).

[30] Campbell JP, McCloy RA, Oppler SH, et al. A theory of Performance. In: Schmitt N, Borman WC (Eds.). Personnel Selection in Organizations [M]. San Francisco: Jossey-Bass, 1993.

[31] Campbell, D. E. & Yonish, S. J. Religion and Volunteering in America. In C. Smidt (Ed.), Religion as Social Capital [M]. Waco, TX: Baylor University Press, 2003.

[32] Carbonaro, W. Parent, Peer, and Teacher Influences on Student Effort and Academic Outcomes [M]. Paper Presented at the Annual Meeting of the American Sociological Association, San Francisco, CA, 2004.

[33] Carsrud A. L., Johnson, R. W. Entrepreneurship: A social Psychological Perspective [J]. Entrepreneurship Reg, 1989 (1).

[34] Cai, Y., Lin, C. & Chen, X. Confirmatory Factor Analysis of Students' Evaluations on Teacher Performance [J]. Journal of Psychology, 2003 (3).

[35] Chavis, D. M., Hogge, J. H., McMillan, D. W., & Wandersman, A. Sense of Community Through Brunswick's Lens: A First Look [J]. Journal of Community Psychology, 1986 (1).

[36] Chavis, D. M., Lee, K. S. & Acosta, J. D. The Sense of Community (SCI)

Revised: The Reliability and Validity of the SCI – 2 [C]. Paper Presented at the 2nd International Community Psychology Conference, Lisboa, Portugal, 2008. http: //www. senseofcommunity. com/files/SOC _ II% 20product. pdf, 2014 – 6 – 23.

[37] Cheri Hoff Minckler. Teacher Social Capital: The Development of a Conceptual Model and Measurement Framework With Application to Educational Leadership and Teacher Efficacy [D]. University of Louisiana at Lafayette, 2011.

[38] Chen, Z. X. , Francesco, A. M. Employee Demography, Organizational Commitment and Turnover Intention in China: Do Cultural Differences Matter? [J]. Human Relations, 2000 (6).

[39] Chipuer, H. M. & Pretty, G. M. H. A Review of The Sense of Community Index: Current uses, Factor Structure, Reliability, and Further Development [J]. Journal of Community Psychology, 1999 (27).

[40] Chiu, C. , Hsu, M. & Wang, E. T. G. Understanding Knowledge Sharing in Virtual Communities: An Integration of Social Capital and Social Cognitive Theories [J]. Decision Support Systems, 2006 (42).

[41] Chow, T. C. , Chen, J. R. & Shan, L. P. The Impacts of Social Capital on Information Technology Outsourcing Decisions: A Case Study of a Taiwanese High-tech Firm [J]. International Journal of Information Management, 2006 (26).

[42] Churchill, G. A. A Paradigm for Developing Better Measures of Marketing Constructs [J]. Journal of Marketing Research, 1979 (16).

[43] Chung-KaiLi and Chia-hung hung. The Influence of Transformational Leadership On Workplace Relationships And Job Performance [J]. Social Behavior And Personality, 2009 (8).

[44] Clelland D. C. Testing for Competence Rather Than for Intelligence [J]. American Psycholigist, 1973 (1).

[45] Cnaan, R. A. , Boddie, S. C. & Yancey, G. I. Bowling Alone But Serving Together: The Congregational Norm of Community Involvement. In C. Smidt (Ed.), Religion as Social Capital [M]. Waco, TX: Baylor University Press, 2003.

[46] Coleman, J. S. Social Capital in The Creation of Human Capital [J]. The American Journal of Sociology, 1988 (94).

[47] Coleman, V. L. , Borman W. C. Investigating the Underlying Structure of the Citizenship Performance Domain [J]. Human Resource Management Review, 2000 (10).

[48] Cornelius-White J. 2007. Learner-centered Teacher-student Relationships are Effective: A Meta Analysis [J]. Review of Educational Research, 77 (1).

[49] Cohen, W. M. Levinthal, D. A. Absorptive Capacity: A New Perspective on Learning and Innovation [J]. Administrative Science Quarterly, 1990 (1).

[50] Croninger, R. B. & Lee, V. E. Social Capital and Dropping Out of High School: Benefits to At-risk Students of Teachers' Support and Guidance [J]. Teachers College Record, 2001 (4).

[51] Cross, R. , Cummings, J. N. Tie and Network Correlates of Individual Performance in Knowledge-intensive Work [J]. Academy of Management Journal, 2004 (6).

[52] Cummings, J. L. & Teng, B. S. Transferring R & D Knowledge: The Key Factors Affecting KnowledgeTransfer Success [J]. Journal of Engineering & Technology Management, 2003 (20).

[53] Curry, J. Social Capital and Societal Vision: A Study of Six Farm Communities in Iowa. In C. Smidt (Ed.), Religion as Social Capital [M]. Waco, TX: Baylor University Press, 2003.

[54] Dansereau, F. J. , Graen, G. A Vertical Dyadic Linkage Approach to Leadership within Formal Organizations [J]. Organizational Behavior and Human Performance, 1975 (13).

[55] Flap, H. D. & De Graf, N. D. Social Capital and Attained Occupational Status [J]. The Netherlands' Journal of Sociology, 1965 (22).

[56] Flap, H. D. , Bulder, B. & Volker, B. Intra-organizational Networks and Performance [J]. Computational and Mathematical Organizational Theory, 1998 (4).

[57] Gefen, D. , Straub, D. W. , Boudreau, M. C. Structural Equation Modeling and Regression: Guideline for Research Practice [J]. Communications of the Association for Information Systems, 2000 (4).

[58] Gagna, R. M. , Wager W. W. , Golas, K. C. & Keller, J. M. Principles of Instructional Design [M]. Thomson Wadsworth, 2005.

[59] Gambetta, D. G. , Can We Trust Trust? In D. G. Gambetta (Eds.), Trust: Making and Breaking Cooperative Relations [M]. Basil Blackwell. 1988.

[60] Gan, Q. Y. Reflection of University Teachers' Job Performance Assessment [J]. Journal of Guizhou Institute of Ethnic Minorities, 2006 (1).

[61] Garcia-Reid, P. Examining Social Capital as a Mechanism for Improving School Engagement Among Low-income Hispanic Girls [J]. Youth & Society, 2007 (39).

[62] Gellatly, I. R. & Irving, P. G. Personality, Autonomy, and Contextual Performance of Managers [J]. Human Performance, 2001 (3).

[63] George B. Graen & Mary Uhl-Bien. Relationship-based Approach To Leadership: Development Of Leader-Member Exchange (LMX) Theory Of Leadership Over 25 Years: Applying A Multi-Level Multi-Domain Perspective [J]. Leadership Quarterly, 1995 (2).

[64] George JM, Zhou J. Dual Tuning in a Supportive Context: joint Contributions of Positive Mood, Negative Mood, and Supervisory Behaviors to Employee Creativity [J]. Academy of Management Journal, 2007 (3).

[65] Gerstner CR, Day DV. Meta-analytic Review of Leader-member Exchange Theory: Correlates and Construct Issues [J]. Journal of Applied Psychology, 1997 (6).

[66] Gerald, R. F. , Witt, L. A. & Wayne, A. H. . Interaction of Social Skill and General Mental Ability on Job Performance and Salary [J]. Journal of Applied Psychology, 2001 (6).

[67] Gibson, S. Dembo, M. Teacher Efficacy: A Construct Validation [J]. Journal of Educational Psychology, 1984 (4).

[68] Giffin, M. A. , Neal, A. & Neale, M. The Contribution of Task Performance and Contextual Performance to Effectiveness: Investigating the Role Situational Constraints [J]. Applied Psychology: An International Review, 2000 (3).

[69] Gilliland D I, Bello D C. Two Sides to Attitudinal Commitment: the Effect of Calculative and Loyalty Commitment on Enforcement Mechanisms in Distribution Channels [J]. Journal of the Academy of Marketing Science, 2002 (1).

[70] Goddard, R. D. & Goddard, Y. L. . A multilevel Analysis of the Relationship Between Teacher and Collective Eefficacy in Urban Schools [J]. Teaching and Teacher Education, 2001 (17).

[71] Golembiewski, R. T. & McConkie, M. , The Centrality of Interpersonal Trust in Groupe Process, In Cooper, C. L. (ed.), Theories of Group Process, London, Wiley, 1975.

[72] Graen, G. B. , Cashman, J. F. A Role Making Model of Leader-ship in Formal

Organizations: A Developmental Approach. In J. G. Hunt, L. L. Larson (Ed.), Leadership Frontiers. Kent, OH.: Kent State University Press, 1975.

[73] Graen, G. B., Scandura, T. A.. Toward a Psychology of Dyadic Organizing. In L. L. Cummings and B. M. Staw (Ed.), Re-search in Organizational Behavior. Greenwich, CT.: JAI Press, 1987.

[74] Graen GB, Uhl-Bien M. Relationship-based Approach to Leadership: Development of Leader-member Exchange (LMX) Theory of Leadership Over 25 Years: Applying a Mufti-level Mufti-domain Perspective [J]. Leadership Quarterly, 1995 (2).

[75] Granovetter, M. S. The Strength of Weak Ties [J]. American Journal of Sociology, 1973 (78).

[76] Granovetter; M, "Problems of Explanation in Economic Sociology", in Nohria, N., and Eccles, R Cz, (Eds.), Networks and Organization: Structure, Form and Action, Boston: Harvard Business School Press. 1992.

[77] Greenslade, J. H. & Jimmieson, N. L. Distinguishing Between Task and Contextual Performance for Nurses: Development of a Job Performance Scale [J]. JAN Research Methodology, 2007 (6).

[78] Hansen, M. T. The Search-Transfer Problem: The Role of Weak Ties in Sharing Knowledge Across Organization Subunits [J]. Administrative Science Quarterly, 1999 (44).

[79] Hansen, M. T. Knowledge Networks: Explaining Effective Knowledge Sharing in Multiunit Companies [J]. Organization Science, 2002 (3).

[80] Hansen, E. L. Entrepreneurial Networks and New Organization Growth [J]. Entrepreneurship Theory & Practice, 1995 (4).

[81] Herzberg, F. One More Time: How Do We Motivate Employees? In W. E. Natemeyer & J. T. McMahon (Eds.) Classics of Organizational Behavior (3rd ed.) [M]. Prospect Heights, IL: Waveland Press, 2001.

[82] Hesketh, B. & Allworth, E. Adaptive Performance: Updating the Criterion to Cope with Change [A]. Paper presented at the Second Australian Industrial and Organizational Psychology Conference, Melbourne. 1997.

[83] Hinkin, T. R. A Review of Scale Development Practices in the Study of Organizations [J]. Journal of Management, 1995 (5).

[84] Hoang, H. & Antoncic, B. Network-based Research in Entrepreneurship: A

Critical Review [J]. Journal of Business Venturing, 2003 (2).

[85] Holtshouse, D. Knowledge Research Issues [J]. California Management Review, 1998 (3).

[86] Hunter, J. E. Cognitive Ability, Cognitive Aptitudes, Job Knowledge, and Job Performance [J]. Journal of Vocational Behavior, 1986 (29).

[87] Hunter, J. E. & Schmidt, F. L. , Estimation of Sampling Error Variance in the Meta-analysis of Correlations: Use of Average Correlation in the Homogeneous Case [J]. Journal of Applied Psychology, 1994 (2).

[88] Hunter, J. E. , Schmidt F L. Intelligence and Job Performance: Economic and Social Implications [J]. Psychology, Public Polocy, and Law, 1996 (2).

[89] Hurtz, G. M. , Donovan J J. Personality and Job Performance: The Big Five Revisited [J]. Journal of Applied Psychology, 2000 (6).

[90] Inkpen, A. C. , Tsang E W K. Social Capital, Networks, and Knowledge Transfer [J]. Academy of Management Review, 2005 (1).

[91] Janssen, O. , Nico, W. , Van Yperen. Employees' Goal Orientations, The Quality of Leader-member Exchange, and The Outcomes of Job Performance and Job Satisfaction [J]. Academy of Management Journal, 2004, 47 (3).

[92] Jarzabkowski L. M. A Case Study in Collegiality [J]. Leading and Managing, 2000 (1).

[93] Jiang C Y. The Impact of Eentrepreneur's Social Capital on Knowledge Transfer in Chinese High-tech Firms: the Mediating Effects of Absorptive and Guanxi Development [J]. International Journal of Entrepreneur ship & Innovation Management, 2005 (3/4).

[94] Judge, T. , and Bono, J. The Paradox of Success: An Archival and a Laboratory Study of Strategic Persistence Following Radical Environmental Change [J]. Journal of Applied Psychology, 2003 (6).

[95] Kang S C, Morris S S, Snell S A Extending the Human Resource Architceture: Relational Archetypes and Value Creation [J]. CAHRS' Woking Paper Series, 2003.

[96] Katz, D. The Motivational Basis of Organizational Behavior [J]. Behavioral Science, 1964 (9).

[97] Katz D, Kahn R L. The Social Psychology of Organization [M]. New York: Wiley, 1978.

[98] Kilduff, M. & Krackhardt, D. Bringing the Individual Back in: A Structural A-nalysis of The Internal Market for Reputation in Organizations [J]. Academy of Management Journal, 1994 (1).

[99] Kilduff, M. & Tsai, W. Social Networks and Organizations [M]. London: Sage Publications, 2003.

[100] Kilpatrick, S., Barrett, M. & Jones, T. Defining learning communities [EB/OL]. Retrieved from www. aare. edu. au/03pap/jon03441. pdf, 2013 – 6 – 10.

[101] Kinman, G., & Jones, F. What do People Really Mean When They Say They areStressed [J]. Work & Stress, 2005 (2).

[102] Kocak, R. The Validity and Reliability of the Teachers' Performance Evaluation Scale [J]. Educational Sciences: Theory and Practice, 2006 (3).

[103] Koskinen, K. U., Pihlanto, P., Vanharanta, H. Tacit Knowledge Acquisition and Sharing in a Project Work Context [J]. International Journal of Project Management, 2003 (21).

[104] Krackhardt, D. The Strength of Strong Ties: The Importance of Philos in Organ-ization [A]. In N. Nohria and R. G. Eccles (Eds.), Networks and Organiza-tions. Boston: Harvard Business School Press, 1992.

[105] Kreber, C. How University Teaching Award Winners Conceptualize Academic Work: Some Further Thoughts on the Meaning of Scholarship [J]. Research in Higher Education, 2000 (1).

[106] Kyriakides, L., Demetriou, D. & Charalambous, C. Generating Criteria for Evaluating Teachers Through Teacher Effectiveness Research [J]. Educational Research, 2006 (1).

[107] Lamertz, K. Exchange Processes of Interpersonal Helping in the Social Structure of Work Groups [J]. Academy of Management Proceedings, 1999 (1).

[108] Lawson, B., Petersen, K. J. & Cousins, P. D. et al. Knowledge Sharing in In-terorganizational Product Development Teams: The Effect of Formal and Informal Socialization Mechanisms [J]. Journal of Product Innovation Management. 2009 (2).

[109] Leana, C. R., Van Buren Ⅲ, H. J. Organizational Social Capital and Employ-ment Practices [J]. Academy of Management Review, 1999 (3).

[110] Leana, C. R. & Pil, F. K. Social Capital and Organizational Performance: Evi-dence From Urban Schools [J]. Organization Science, 2006 (3).

［111］ Ledie, J. , Rafajac, B. & Kovac, V. Assessing the Quality of University Teaching in Croatia ［J］. Teaching in Higher Education, 1999 (2).

［112］ Liden RC, Wayne SJ, Sparrowe RT. An Examination of the Mediating Role of Psychological Empowerment on the Relations Between the Job, Interpersonal Relationships, and Work Outcomes ［J］. Journal of Applied Psychology, 2000 (3).

［113］ Liu, M. , Liu, N. Sources of Knowledge Acquisition and Patterns of Knowledge-sharing Behaviors-An Empirical Study of Taiwanese High-tech Firms ［J］. International Journal of Information Management, 2008 (28).

［114］ Lin, Nan, Ensel W. M and Vaughn J. Social Resources and Strength of Ties: Structural Factors in Occupational Status Attainment ［J］. American Sociology Review. 1981 (1).

［115］ Lin N, Dumin M. Access to Occupations Through Social Ties ［J］. Social Networks 1986 (8).

［116］ Lin, Nan. Building a Network Theory of Social Capital ［J］. Connections, 1999 (1).

［117］ Lin, N. Social Capital: A Theory of Social Structure and Action ［M］. New York, NY: Cambridge University Press, 2001.

［118］ Llorens, S. , Schaufeli, W. B. , Bakker, A. B. , et al. Does a Positive Gain Spiral of Resources, Efficacy Beliefs and Engagement Exist? Computers in Human Behavior, 2007 (1).

［119］ Long, D. A. & Perkins, D. D. Confirmatory Factor Analysis of The Sense of Community Index and Development of A Brief SCI ［J］. Journal of Community Psychology, 2003 (3).

［120］ Long, D. A. & Perkins, D. D. Community Social and Place Predictors of Ssense of Community: A multilevel and Longitudinal Analysis ［J］. Journal of Community Psychology, 2007 (5).

［121］ Masterson, S. S. , Lewis, K. & Goldman, B. M. Integrating Justice and Social Exchange: The Differing Effects of Fair Procedures and Treatment on Work Relationships ［J］. Academy of Management Journal, 2000 (4).

［122］ Mathias H. Mentoring on a Programme for New University Teachers: a Partnership in Revitalizing and Empowering Collegiality ［J］. International Journal for Academic Development, 2005 (2).

[123] McBer H. A Model of Teacher Effectiveness [J]. Department for Education and Employment. Recuperadoe1, 2000 (15).

[124] McEvily, B. & Zaheer, A. Bridging ties: A source of firm heterogeneity in competitive capabilities [J]. Strategic Management Journal, 1999 (12).

[125] McLagan P. A. Competeney Model [J]. Training & Development Journal, 1980 (12).

[126] McMillan, D. W. & Chavis, D. M. Sense of Community: A Definition and Theory [J]. Journal of Community Psychology, 1986 (14).

[127] Meire, A. Social Capital and Achievement Among Adolescents. Paper Presented at the American Sociological Association Annual Meeting, Chicago, IL, 1999.

[128] Meyer, M., Hyde, M. M. & Jenkins, C. Measuring Sense of Community: A View From The Streets [J]. Journal of Health and Social Policy, 2005 (4).

[129] Meyerson E. Human Capital, Social Capital and Compensation: The Relative Contribution of Social Contacts to Managers' Incomes [J]. Acta Sociologica, 1994 (4).

[130] Mitchell, J. C. Social Networks [J]. Annual Review of Anthropology, 1974 (3).

[131] Morrison, E. W., Robinson, S. L. When Employees Feel Betrayed: A Model of How Psychological Contract Violation Develops [J]. Academy of Management Review, 1997 (22).

[132] Moran P. Structural vs. Relational Embeddness: Social Capital and Managerial Performance [J]. Strategic Management Journal, 2005 (26).

[133] Motowidlo, S. J., Borman, W. C. & Schmit, M. J. A. Theory of Individual Differences in Task and Contextual Performance [J]. Human Performance, 1997 (2).

[134] Mulholland, J. & Wallace, J.. Teacher Induction and Elementary Science Teaching: Enhancing Self-efficacy [J]. Teaching and Teacher Education, 2001 (2).

[135] Munsterberg Hugo. Psychology and Industrial Efficiency [M]. Boston: Houghton Mifflin, 1913.

[136] Murphy, K. R., Sharella A H. Implications of the Multidimensional Nature of Job Performance for the Validity of Selection Tests: Multivariate Frameworks for Studying Test Validity [J]. Personnel Psychology, 1997 (50).

[137] Nahapiet, J., Ghoshal, S. Social Capital, Intellectual Capital and the Organi-

zational Advantage [J]. Academy of Management Review, 1998 (2).

[138] Nonaka I. , Takeuchi H. The Knowledge Creating Company: How Japanese Companies Create the Dynamics of Innovation. Oxford: Oxford University Press, 1995.

[139] Obst, P. L. & White, K. M. Revisiting The Sense of Community Index: A Confirmatory Factor Analysis [J]. Journal of Community Psychology, 2004 (6).

[140] Onyx, J. & Bullen, P. The Different Faces of Social Capital in NSW Australia. In E. M. Uslaner (Ed.), Social Capital and Participation in Everyday Life [M]. London: Routledge, 2001.

[141] Pajares, F. & Bengston, J. . The Psychologizing of Teacher Education: Formalist Thinking and Preservice Teachers' Beliefs [J]. Peabody Journal of Education, 1995 (70).

[142] Papa M. Communication Network Patterns and Employee Performance With a New Technology [J]. Communications Research, 1990 (3).

[143] Park, S. H. , Luo, Y. Guanxi and Organizational Dynamics: Organizational Networking in Chinese Firms [J]. Strategic Management Journal, 2001 (5).

[144] Park, S. From "Bowling Alone" to "Lattes Together": A Reinvestigation of the Alleged Decline of Social Capital in the United States. Paper Presented at the Annual Meeting of the American Sociological Association, Montreal, Canada, 2006.

[145] Parolia N, Goodman S, Li Y, Jiang J. J. Mediators Between Coordination and IS Project Performance [J]. Information & Management, 2007 (7).

[146] Pastoriza D, Arino M, Ricart JE. Ethical Managerial Behavior As an Antecedent of Organizational Social Capital [J]. Journal of Business Ethics, 2008 (3).

[147] Patton, M. Q. Qualitative Evaluation and Research Methods (2 nd ed) [M]. Thousand Oaks, Calif: Sage, 1990.

[148] Patulny, R. V and Svendsen, G. . Exploring the Social Capital Grid: Bonding, Bridging, Qualitative, Quantitative [J]. International Journal of Sociology and Social Policy, 2007 (1/2).

[149] Paxton, P. Is Social Capital Declining in The United States? A Multiple Indicator Assessment [J]. American Journal of Sociology, 1999 (1).

[150] Penuel, W. , Riel, M. , Krause, A. , & Frank, K. Analyzing Teachers' Professional Interactions in a School as Social Capital: A Social Network Approach

[J]. Teachers College Record, 2009 (1).

[151] Perry-Smith, J. E. , Shalley, C. E. The Social Side of Creativity: A Static and Dynamic Social Network Perspective [J]. The Academy of Management Review, 2003 (1).

[152] Perkins, D. D. & Long, D. A. Neighborhood Sense of Community and Social Capital: A Multi-level Analysis. In A. T. Fisher & C. C. Sonn (Eds.), Psychological Senses of Community: Research, Applications, and Implications [M]. New York: Kluwer Academic/Plenum, 2002.

[153] Perkins, D. D. , Hughey, J. & Speer, P. W. Community Psychology Perspectives on Social Capital Theory and Community Development Practice [J]. Journal of the Community Development Society, 2002 (1).

[154] Peteraf, M. A. The Cornerstones of Competitive Advantage: A Resource-based View [J]. Strategic Management Journal, 1993 (14).

[155] Peterson, N. A. , Speer, P. W. & McMillan, D. W. Validation of a Brief Sense of Community Scale: Confirmation of the Principle Theory of Sense of Community [J]. Journal of Community Psychology, 2008 (1).

[156] Podolny, J. M. , James, N. Resources and Relationships: Social Networks and Mobility in the Workplace [J]. American Sociological Review, 1997 (5).

[157] Pooley, J. A. , Cohen, C. & Pike, L. T. Can Sense of Community Inform Social Capital? [J]. The Social Science Journal, 2005 (42).

[158] Portes A. Social Capital: Its Origins and Applications in Modern Sociology [J]. Annual Review of Sociology, 1998 (24).

[159] Proescholdbell, R. J. , Roosa, M. W. & Nemeroff, C. J. Component Measures of Psychological Sense of Community Among Gay men [J]. Journal of Community Psychology, 2006 (34).

[160] Putnam, R. D, The prosperous community. social capital and public life [J]. the American prospect, 1993 (13).

[161] Putnam, R. D. Bowling alone: America's Declining Social Capital [J]. Journal of Democracy, 1995 (6).

[162] Pulakos, E. D. et al. Adaptability in the workplace: Development of aTaxonomy of Adaptive Performance [J]. Journal of Applied Psychology, 2000 (4).

[163] Ramsden, P. , Margetson, D. , Martin, E. & Clarke, S. Recognising and Rewarding Good Teaching [M]. Committee for the Advancement of University

Teaching, Canberra, 1995.

[164] Reagans, R., McEvily, B. Network Structure and Knowledge Transfer: The Effects of Cohesion and Range [J]. Administrative Science Quarterly, 2003 (2).

[165] Reed, M. I. Expert Power and Control in Late Modernity: An Empirical Review and Theoretical Synthesis [J]. Organization Studies, 1996 (4).

[166] Rice, K. J., Interaction of Disturbance Patch Size and Herbivory in Europium Colonization [J]. Ecology, 1987 (68).

[167] Richard S. Williams. Performance Management [M]. London: International Thomson Business Press, 1988.

[168] Ring P S, A H Van de Ven. Developmental processes of cooperative interorganizational relationships [J]. Academy of Management Review, 1994 (1).

[169] R. K. Elliott, The Third Wave Breaks of Accounting [J]. Accounting Horizons 1992 (6).

[170] Robinson, S. L., Morrison, E. W. The Development of Psychological Contract Breach and Violation: A Longitudinal Study [J]. Journal of Organizational Behavior, 2000 (5).

[171] Rodan S, Galunic C. More Than Network Structure: How Knowledge Heterogeneity Influences Managerial Performance and Innovativeness [J]. Strategic Management Journal, 2004 (6).

[172] Rowley T, Behrens D, Krachhardt D. Redundant Governance Structures: An Analysis of Structural and Relational Embeddedness in The Steel and Semiconductor Industries [J]. Strategic Management Journal, 2000 (3).

[173] Ryan, A. The Greater Public Good: Schools as Creators of Social Capital. Paper Presented at The Annual Meeting of the American Sociological Association [M]. San Francisco, CA, 2004.

[174] Sarason, S. B. The Psychological Sense of Community: Prospects For a Community Psychology [M]. San Francisco, CA: Jossey Bass, 1974.

[175] Saroyan, A. & Amundsen, C. Evaluating University Teaching: Time to Take Stock [J]. Assessment & Evaluation in Higher Education, 2001 (4).

[176] Scott, W. G. Organization Theory: An Overview And an Appraisal [J]. The Journal of Academy of Management, 1961 (4).

[177] Sechrest, L. & Sidani, S. Quantitative and Qualitative Method: Is There an Al-

ternative? [J]. Evaluation and Program Planning, 1995 (18).

[178] Seers A. Team-Member Exchange Quality: A New Construct for Role-making Research [J]. Organizational Behavior and Human Decision Processes, 1989 (1).

[179] Sergiovanni, T. J. Building community in schools. San Francisco, CA: Jossey-Bass, 1994.

[180] Settoon RP, Mossholder. Relationship Quality and Relationship Context asAntecedents of Person- and Task-focused Intersonal Citizenship Behavior [J]. Journal of Applied Psychology, 2002 (2).

[181] Sherony KM, Green SG.. Coworker Exchange: Relationships Between Coworkers Leader-member Exchange, and Work Attitudes [J]. Journal of Applied Psychology, 2002 (3).

[182] Sheehan, E. P. & DuPrey, T. Student Evaluations of UniversityTeaching [J]. Journal of Instructional Psychology, 1999 (3).

[183] Shirabe, M. Measures of Performance of Universities and Their Faculty in Japan [J]. Information Knowledge Systems Management, 2004 (4).

[184] Shulman, L. Those Who Understand: Knowledge growth in Teaching [J]. Educational Researcher, 1986 (7).

[185] Shulman, L. Knowledge and Teaching: Foundations of The New Reform [J]. Harvard Educatoinal Review, 1987 (57).

[186] Simmel G. The philosophy of Money [M]. Boston: Routledge & Kegan Paul, 1978.

[188] Smeby, J. Disciplinary Differencesin University Teaching [J]. Studies in Higher Education, 1996 (1).

[187] Smeby, J. C. Knowledge Production and Knowledge Transmission: The Interaction Between Research and Teaching at Universities [J]. Teaching in Higher Education, 1998 (1).

[189] Son, J. , Lin, N. , Social Capital and Civic Action: A Network-based Approach [J]. Social Science Research, 2008 (3).

[190] Spooren, P. & Mortelmans, D. Teacher Professionalism and Student Evaluation of Teaching: Will Better Teachers Receive Higher Ratings and Will Better Students Give Higher Ratings? [J]. Educational Studies, 2006 (2).

[191] Stack, S. Research Productivity and Student Evaluation of Teaching in Social

Science Classes: A Research Note [J]. Research in Higher Education, 2003 (5).

[192] Stipek, D., Givvin, K., Salmon, J. & MacGyvers, V.. Teachers' Beliefs and Practices Related to Mathematics Instruction [J]. Teaching and Teacher Education, 2001 (17).

[193] Stone, W. Measuring Social Capital: Towards a Theoretically Informed Mmeasurement Framework for Researching Social Capital in Family and Community Life. Research Paper [M]. Melbourne: Australian Institute of Family Studies, 2001.

[194] Subramaniam N, Youndt MA. The Influence of Intellectual Capital on the Types of Innovative Capabilities [J]. Academy of Management Journal, 2005 (3).

[195] Sunindijo RY, Hadikusumo BHW, Ogunlana S. Emotional Intelligence and Leadership Styles in Construction Project Management [J]. Journal of Management in Engineering, 2007 (4).

[196] Tasi YC. Effect of Social Capital and Absorptive Capacity on Innovation in Internet Marketing [J]. International Journal of Management, 2006 (1).

[197] Teigland, R., Wasko, M. Knowledge Transfer in MNCs: Examining How Intrinsic Motivations and Knowledge Sourcing Impact Individual Centrality and Performance [J]. Journal of International Management, 2009 (15).

[198] Tsai W, Ghoshal S. Social Capital and Value Creation: The Role of Intrafirim Networks [J]. Academy of Management Journal, 1998 (4).

[199] Tschannen-Moran M., Woolfolk Hoy, A & Hoy, W. Teacher-efficacy: Its Meaning and Measure [J]. Review of Educational Research, 1998 (68).

[200] Turner JH. The Formation of Social Capital [M]. //In P. Dasgupta & Serageldin, I. (Eds.). Social Capital: A Multifaceted Perspective. Washington DC: World Bank, 1999.

[201] Uekawa, K., Aladjem, D., & Zhang, Y.. The Impact of Comprehensive School Reform on Teachers' Social Capital and Students' Achievement [M]. Paper Presented at the Annual Meeting of the American Sociological Cambridge University Press, 1988.

[202] Uzzi, B. Social Structure and Competition in Interfirm Networks: The Paradox of Embeddedness [J]. Administrative Science Quarterly, 1997 (42).

[203] Van Scoffer, J. R., Motowidlo, S. J. Interpersonal Facilitation and Job Dedica-

tion as Separate Facets of Contextual Performance [J]. Journal of Applied Psychology, 1996 (5).

[204] Van Scotter, J. R. Relationships of Task Performance and Contextual Performance WithTurnover, Job Satisfaction, and Affective Commitment [J]. Human Resource Management Review, 2000 (1).

[205] Van Scotter J. R, Motowidlo, S. J. & Cross, T. C. Effects of Task Performance and Contextual Performance on Systemic Rewards [J]. Journal of Applied Psychology, 2000 (4).

[206] Waldman, D. A., Spangler, W. D. Putting Together the Pieces: A Closer Look at the Determinants of Job Performance [J]. Human Performance, 1989 (2).

[207] Walter, J., Lechner, C. & Kellermanns, F. W. Knowlege Transfer Between and Within Alliance Partners: Private Versus Collective Benefits of Social Capital [J]. Journal of Business Research, 2007 (7).

[208] Wang P, Walumbwa F. Family-friendly Programs, Organizational Commitment, and Work Withdrawal: The Moderatingrole of Transformational Leadership [J]. Personnel Psychology, 2007 (2).

[209] Wayne SJ, Shore LM, Bommer WH, Tetrick LE. The Role of Fair Treatment and Reward in Perceptions of Organizational Support and Leader-member Exchange [J]. Journal of Applied Psychology, 2002 (3).

[210] Welbourme T. M, Johnson D E, Erez A. The Role-based Performance Scale: Validity Analysis of a Theory 2 Based Measure [J]. Academy of Management Journal, 1998 (5).

[211] Woolfolk, A. E. & Hoy, W. K. Teachers' Sense of Efficacy and Organizational Health of Schools [J]. The Elementary School Journal, 1993 (93).

[212] Woolfolk Hoy, A. & Burke-Spero, R.. Changes inTeacher Efficacy During The Early Years of Teaching: A Comparison of Four Measures [J]. Teaching and Teacher Education, 2005 (4).

[213] Woolcock M. Social Capital and Economic Development: Toward a Theoretical Synthesis and Policy Framework [J]. Theory and Society, 1998 (2).

[214] Yli-Renko, H., Autio E. & Sapienza, H. J. Social Capital, Knowledge Acquisition, and Knowledge Exploitation in Young Technology-based Firms [J]. Strategic Management Journal, 2001 (22).

[215] Yli-Renko, H., Autio, E. & Tontti, V. Social Capital, Knowledge, and the

International Growth of Technology-based New Firms [J]. International Business Review, 2002 (11).

[216] Zaheer A., Mcevily B., Perrone V. Does Trust Matter? Exploring the Effects of Interorganizational and Interpersonal Trust on Performance [J]. Organization Science, 1998 (2).

[217] Zhou J, Shin S J, Brass D J, Choi J, Zhang Z. Social Networks, Personal Values, and Creativity: Evidence for Curvilinear and Interaction Effects [J]. Journal of Applied Psychology, 2009 (6).

本书图表索引

图目录

附　　录

附录一：《高校教师社会资本与教学绩效关系》问卷

指导语

尊敬的老师：

　　您好！非常感谢您参与本次问卷调查。本次调查的主要目的是想了解高校教师在教学过程中，教师的社会资本对教学绩效影响的基本规律，以便能为学校更好地进行教学管理及改革提供理论和实践依据。由于您所提供的信息对本调查的结论非常重要，请您务必真实地回答每一个题项，如果某个问题没有完全表达您的意思，请选择最接近您看法的选项。本调查获得的所有信息完全为研究所用，且只做整体分析，不涉及个人的任何秘密，同时我们郑重承诺对调查中的所有信息进行保密。对您参与本次问卷的调查，谨表示衷心的感谢！

南京大学教育研究院

2014 年 10 月

一、基本信息（请在符合您的情况的选项中打"√"）

1. 性别：□男　　　　□女
2. 民族：□汉族　　　□少数民族

3. 年龄：□30 岁以内　□31～35 岁　□36～40 岁
　　　　□41～45 岁　□45 岁以上

4. 教龄：□5 年以内　□6～10 年　□11～20 年
　　　　□21～30 年　□30 年以上

5. 职称：□助讲　□讲师　□副教授　□教授

6. 学历：□本科　□硕士　□博士

二、问卷题项（请根据您的亲身体验和认识，在符合您的情况的空格中打"√"）

	题项描述	完全不同意	不同意	不确定	同意	完全同意
Q_1	我性格开朗，喜欢与不同民族的人交朋友					
Q_2	学生毕业后还能与我保持联系					
Q_3	我与自己民族的朋友聚会多，而与其他民族的朋友聚会较少					
Q_4	我认为各民族教师之间成立教学团队非常重要					
Q_5	如果有教学团队，我非常愿意成为团队成员					
Q_6	我认为教师与学生之间应积极建立教学共同体					
Q_7	教学督导听完课后常会与我讨论教学中的优缺点，并给予指导和建议					
Q_8	学校管理者与教师经常保持沟通与合作，共同研讨教学中存在的问题					
Q_9	我很信任教学管理者和督导，当其他人不理解时我愿意为他们的决策辩护					
Q_{10}	当我在教学中遇到困难时首先会与同事讨论，并寻求帮助					
Q_{11}	我很信任同事，当其他人不理解他们时我愿为他们辩护					
Q_{12}	我平时与自己民族的同事交往较多					
Q_{13}	我能及时了解到学生对我教学的满意度					

	题项描述	完全不同意	不同意	不确定	同意	完全同意
Q_{14}	我常与学生一起讨论学习中遇到的问题，并及时给予指导					
Q_{15}	教学中我喜欢以互动的方式与学生共同探索知识					
Q_{16}	教学中我以民主平等的方式对待各民族学生					
Q_{17}	对于开设的新课程，我有信心能很好地完成，让学生满意					
Q_{18}	对于课堂教学中出现的偶发性事件，我能随机应变，很好地驾驭课堂					
Q_{19}	对于学习困难的学生，我知道如何去帮助他/她掌握适合的学习方法					
Q_{20}	我认为大学课堂教学的重点是要培养学生的批判性思维和创新思维					
Q_{21}	我经常能从与学生、同事及教学管理者的交流中获得有助于教学的知识和灵感					
Q_{22}	教学中我向学生传递知识的同时自己也获取了知识					
Q_{23}	我希望学校成立教师教学发展中心来促进教师的专业发展					
Q_{24}	教学经验主要靠自己琢磨，很难从别人那里学到					
Q_{25}	我注重指导学生使用合适的学习策略和技能					
Q_{26}	我常针对教学问题进行教学反思和研究					
Q_{27}	课堂教学中我以讲授为主					
Q_{28}	我会自觉克服困难以便出色地完成教学任务					
Q_{29}	我注重各种形式的学习，尽量提高教学水平					
Q_{30}	我在工作中能自觉遵纪守法，严于律己					
Q_{31}	不管是哪个民族的师生，只要有困难我都会主动帮助					
Q_{32}	工作中我喜欢团队合作的氛围					
Q_{33}	我会努力帮助化解单位中出现的各种人际矛盾					
Q_{34}	我喜欢与大家一起分享对教学有帮助的各种知识和信息					

Q_{35} 近五年内您在各期刊杂志上发表过的教学论文有：

☐无　☐1 篇　☐2 篇　☐3 篇　☐4 篇及以上

Q_{36} 学生对您的课堂教学评价分数是：

☐优秀（90～100 分）　　☐良好（80～89 分）

☐中等（70～79 分）　　☐合格（60～69 分）

☐不合格（60 分以下）

您对学生的评价是：☐认可　　☐不认可

原因是：＿＿＿＿＿＿＿＿＿＿＿＿＿＿＿＿＿＿＿＿＿

Q_{37} 学校教学督导对您的课堂教学评价分数是：

☐优秀（90～100 分）　　☐良好（80～89 分）

☐中等（70～79 分）　　☐合格（60～69 分）

☐不合格（60 分以下）

您对教学督导的评价是：☐认可　　☐不认可

原因是：＿＿＿＿＿＿＿＿＿＿＿＿＿＿＿＿＿＿＿＿＿

Q_{38} 同事对您的课堂教学评价分数是：

☐优秀（90～100 分）　　☐良好（80～89 分）

☐中等（70～79 分）　　☐合格（60～69 分）

☐不合格（60 分以下）

您对同事的评价是：☐认可　　☐不认可

原因是：＿＿＿＿＿＿＿＿＿＿＿＿＿＿＿＿＿＿＿＿＿

Q_{39} 您对自己的课堂教学评价是：

☐优秀（90～100 分）　　☐良好（80～89 分）

☐中等（70～79 分）　　☐合格（60～69 分）

☐不合格（60 分以下）

原因是：＿＿＿＿＿＿＿＿＿＿＿＿＿＿＿＿＿＿＿＿＿

再次感谢您的参与！

附录二：质性研究访谈提纲

质性研究访谈提纲

被访者姓名（或代号）：_____

编号：_____；访谈时间：_____；开始时间：_____；

结束时间：_____

性别：_____；民族：_____；年龄：_____；

教龄：_____；职称：_____；学历：_____；

首先非常感谢您能在繁忙中抽出时间来接受我的访谈。我们正在做一项有关边疆少数民族地区高校教师社会资本与教学绩效关系问题的调查研究。目前我们的一些想法还比较模糊，相信您的经历和您的观点与看法会对我们有很大启迪。为了整理材料的方便，我想使用录音设备可以吗？您的谈话材料我们会绝对保密，研究成果的使用与发表都是匿名的，请您放心。

1. 请您谈谈在教学中您觉得自己最成功和最满意的教学事例有哪些方面？它们是在什么样的情境或背景中发生的？有哪些因素导致了这样的情境？在这一过程中有哪些人参与其中？

2. 在教学中您感觉最不满意的教学事例有哪些？是在什么样的情境或背景中发生的？其结果如何？你认为是什么原因导致了这一结果？您认为在教学中哪些方面是自己最迫切需要改进的？

3. 与普通高校相比，您认为少数民族地区高校教师是否需要具备多元文化的知识？这些知识对课堂教学和研究是否有帮助？请谈谈您主要是通过什么样的途径来获取多元文化知识的？

4. 您对自己的教学绩效是否满意？您认为您的学生、您的同事和教学督导，他们对您的教学绩效是否有影响？主要表现在哪些方面的影响？您对他们最大的期待是什么？

5. 您是如何看待师生之间、同事之间和教师与教学督导之间所建立的"二元"互动关系？这种"二元"互动关系是否会影响自己的教学信念和教学行为？教学信念对您的教学与研究有什么影响？

6. 请您评价一下您的社会关系网如何（包括与什么样的人交往？通过什么样的方式交往？关系网的数量和质量如何等）？您觉得能不能从自己的社会关系网络中获得有助于教学和研究的资源？

后　记

　　本书系作者在博士论文的基础上修改而成的。

　　一段让人一生都难以忘怀的读博历程，一项凝聚着无数心血、承载着诸多期望的沉甸甸的研究成果，让我真正感受到了科学研究的不易，同时也品尝到了在付出艰辛之后所收获的满足与喜悦。感谢上苍赐予我在茫茫人群、无涯学海中结识的使我终身受益的良师益友，感谢上苍赐予我在孤灯相伴、旅途劳顿时促我前行的亲朋好友。在此研究成果得以付诸正式出版之际，脑海中浮现着研究期间一幕幕温馨的画面，充斥于内心的，更多的是感动、依恋和感激之情。

　　感谢我尊敬的导师汪霞教授！四年前，我带着一颗渴求知识的心，从大西北来到了自己一直仰慕的南京大学，开始不同寻常的博士求学生涯。在师从导师学习期间，导师渊博的专业知识、深厚的学术功底以及精益求精的治学态度常感染着我，使我在学习和研究中遇到难关而思想倦怠时学会了咬紧牙关继续前行。求学路上，有幸得到导师的悉心指导和谆谆教诲，大大提升了我的科研能力，同时，导师的高尚师德以及对学术的执着追求和朴实无华、平易近人的人格魅力，不仅教会了我做事，更教会了我做人，这将成为我终身受益的财富。

　　感谢南京大学教育研究院的师长们！南大教育研究院是我仰慕已久的学术殿堂。院里的每位老师在自己的研究领域里都是大师，"听君一门课，胜读十年书"，他们是学者更是良师。在课堂上，张红霞老师对教育科学研究方法的独到见解及睿智创新的教学风范，王运来老师幽默风趣、妙语连珠的高等教育史讲解，龚放老师实中寓活、轻松质朴的高等教育学课程，桑新民老师情思激荡、扣人心弦的教育哲学课堂，余秀兰老师由浅入深、严谨细致的质性研究教学，操太圣老师思路清晰、逻辑严谨的教学风格，还有吕林海、宗晓华、曲铭峰等老师们的研究性课堂教学……为我启迪心智，开启了智慧之门，使我的逻辑思维能力得到了充分的锻炼。这些在课堂上所获得的专业知识和技能，为我的学习和研究打下了良好的基础，积蓄了力量，是各位老师的知识和智慧、启迪和帮助使我顺利完成了学业。

在求学的旅途上，非常感谢师门中兄弟姐妹们的支持和帮助，和大家在一起的幸福时光已在我的脑海中定格成了一幅幅温馨而永恒的画面。还要感谢我亲爱的同事们，在研究过程中，大家都能倾囊相助，无私地为我提供大量的个人资源，特别要感谢所有参与问卷调查和访谈的高校各民族同行们。正因为有了你们所给予的大力支持和鼓励，我艰辛的研究之路才充满了温情。

大爱无言，我最要感谢的是我的亲人，先生和女儿的爱一直是我的精神支柱和希望所在。在研究期间，爱人在自己繁忙的工作之余承担了大部分家务并无微不至地照顾着我和女儿，同时在我的研究没了思路而陷入迷茫时，他总会在第一时间给予开导和安慰，尽快让我走出困境、平复心情；懂事的女儿也常让我感到莫大的宽慰。每当回忆起一路走来的生活中的点点滴滴，苦中带着甜蜜，痛中带着快乐，便会发自内心地对先生和女儿表达感激之情，是他们滋润无声的爱默默陪伴着我度过了艰难而寂苦的四年时光，给了我克服困难、勇于前行的原动力。

冯晖于南京大学

2016 年 2 月